La Historia y Novena de Nuestra Señora del Buen Suceso

Un compendio del libro escrito por
Rev. Padre Manuel Sousa Pereira

Editado por Reverendo Paul M. Kimball

Dolorosa Press
Camillus, New York

Todos los derechos reservados. Nunguna parte de esta publicación puede ser reproducida o transmitida en cualquier forma o por cualquier medio, electrónico o mecánico, incluyendo fotocopia, grabació o cualquier sistema de almacenamiento y recuperación de información, sin permiso por escrito de propietario del copyright.

Derechos de autor © 2013 Rev. Paul M. Kimball
ISBN: 978-0-9883723-8-2

Editor de traducción: Sra. Joan Mart

Para pedir copias adicionales, póngase en contacto con:
Dolorosa Press
www.dolorosapress.com

Correo electrónico: *avemaria@dolorosapress.com*

Indice

Presentación .... *i*
Introducción .... *iii*
Las Apariciones *1*
Muerte y Testamento *89*
Anécdotas Milagrosas de la Intercesión de la Madre
   Mariana *104*
Notas Finales *123*
Epílogo *126*
Apéndice I *129*
Apéndice II *135*
Apéndice III *137*
Apéndice IV *148*
Appendix V *171*
Novena A La Santisima Virgen Del Buen Suceso *179*

Presentación

El presente relato está basado en el libro "Vida Admirable de la Madre Mariana de Jesús Torres y Berriochoa", escrito en 1790 por el Padre Manuel de Sousa Pereira, OFM, cuya primera edición en español la publicó, el año 2008, la Fundación Jesús de la Misericordia de Quito, Ecuador.

El Padre Sousa escribió su obra a partir de la lectura de la biografía de la Madre Mariana escrita por el franciscano español Padre Bartolomé Ochoa de Alacano y Gamboa, quien vivió y murió en el Convento de San Francisco de Quito.

El Padre Sousa también leyó las biografías escritas por sus Directores Espirituales, los Padres Fray Francisco Anguita y Fray Francisco Pérez, y la autobiografía que la Madre Mariana escribió, en el ocaso de su vida, por orden del Obispo Pedro de Oviedo, que se hallan todas consignadas en un grueso volumen llamado el "Cuadernón", actualmente oculto y extraviado en los muros del Monasterio de la Inmaculada Concepción de Quito.

Directores Espirituales, Confesores y Biógrafos de la Madre Mariana

Directores Espirituales: *Fray Juan de la Madre de Dios Mendoza*
                               Fray Francisco Anguita
                               Padre Ángel Francisco Pérez
                               Venerable Padre Jerónimo Tamayo

Asistieron su muerte: *Fray Juan de la Madre de Dios Mendoza*
                               Fray Francisco Anguita

Escribieron "Cuadernón":   *Fray Francisco Anguita*
                               Padre Ángel Francisco Pérez

Monasterio de la Inmaculada Concepción en Quito, Ecuador

Introducción

La Fundación del Monasterio

El mismo año de la fundación de la ciudad de San Francisco de Quito, 1534, se asentaron las primeras comunidades religiosas: Franciscanos y Mercedarios, y años después, los Dominicos, Agustinos y Jesuitas.

En el año 1556, las piadosas matronas de la ciudad, llevadas por su amor a la Virgen María y sabiendo que en España existía la Orden de Monjas de la Inmaculada Concepción de María Santísima, comenzaron a pedir a las autoridades civiles y eclesiásticas de Quito la fundación de un Monasterio de dicha Orden.

La Orden de la Inmaculada Concepción había sido fundada en 1484, en Portugal, por Santa Beatriz de Silva, a pedido expreso de la Virgen María, quien le dijo: "Beatriz: quiero que fundes una nueva Orden en honor de mi Inmaculada Concepción, vistiendo hábito blanco y manto azul como llevo Yo".

Las autoridades vieron la conveniencia de fundar un Monasterio donde pudieran recogerse a la vida espiritual doncellas pobres, mestizas y españolas, hijas de conquistadores. Éste sería el primer Monasterio de la Real Audiencia de Quito, creada un año antes por el Rey de España. La Audiencia era una provincia que, junto a otras, era gobernada por un Virrey.

El 12 de octubre de 1575, el Ayuntamiento de Quito aprobó la compra de dos casas que ocupaban una cuadra entera, cuya esquina daba a la Plaza Mayor, para la Fundación del Monasterio de la Orden de la Inmaculada Concepción, sujeta bajo la Orden Franciscana con mucha razón, pues el Franciscano Beato Juan Duns Scoto fue el primer teólogo que demostró fehacientemente el Dogma de la Concepción de María sin pecado original.

El mismo día el Padre Provincial Franciscano, Fray Antonio Jurado, tomó posesión de las dos casas, puso una Cruz y una campana, y se pidió formalmente al Rey de España el envío de Monjas concepcionistas para la Fundación. Año y medio duraron los trabajos de adaptación de las casas para el Monasterio.

Su Majestad Católica Felipe II accedió a la petición en 1576, y más tarde escogió a cinco Monjas del Monasterio Franciscano Concepcionista de Galicia para la Fundación, figurando a la cabeza la Madre María de Jesús Taboada, prima del propio Rey.

En 1576 el grupo de fundadoras emprendió el viaje por mar hacia el lejano continente descubierto tan sólo ochenta y cuatro años antes. Junto con las cinco fundadoras, venía una niña, la sobrina de la Madre María de Jesús Taboada, Mariana Francisca Torres y Berriochoa, de trece años. Esta niña, desde los nueve años, con motivo de su Primera Comunión, había tenido un éxtasis en el que la Virgen Santísima le anunció que estaba destinada para religiosa de la Inmaculada Concepción. Al saber que su tía partiría para una Fundación en tierras americanas, comprendió que Jesús la llamaba para esa Fundación lejana, pues durante la Comunión, Él le había dicho: "Deja tu Patria, la casa de tus padres, que el Rey del Cielo está enamorado de tu belleza". Vanos fueron los desesperados intentos de sus padres para que se quedara en un convento concepcionista en España. Mariana Francisca amaba mucho a sus padres, pero amaba más a Jesús y quería cumplir Su Voluntad. Así empezó su aventura espiritual marcada por el heroísmo, que siempre atrae bendiciones incontables del Cielo.

En las ordenanzas de 1564 quedaron fijadas las fechas para la salida y el regreso de las flotas de España teniendo en cuenta las épocas más apropiadas para la navegación. Se dispuso que la flota con destino a la zona septentrional de América del Sur partiría durante el mes de agosto. Con distancias enormes, la travesía atlántica se prolongaba normalmente entre 50 y 70 días, y más tiempo aún para llegar a las costas del Pacífico. Aunque no tenemos documentación al respecto, es de suponer que el barco con las Fundadoras, siguió el camino común de la época, esto es, llegó a un puerto de lo que hoy es Panamá y los pasajeros realizaron el famoso "Paso del Istmo", para luego embarcarse de nuevo en el Océano Pacífico. O tal vez, sin trasbordo alguno, pasaron al sur por el tormentoso Estrecho de Magallanes, también muy usado por los españoles. La ruta marítima por el Cabo de Hornos, aún más al sur, recién fue abierta en 1616.

El viaje por mar fue sorprendido por una tormenta terrible, que amenazaba naufragio. Estando en oración las Monjas sobre cubierta, Mariana Francisca de pronto dio un grito y se desmayó. Su tía siguió orando, y al terminar la oración la niña abrió los ojos. En ese instante, ella oyó un grito espantoso: "¡No permitiré la Fundación, no permitiré que progrese, no permitiré que se conserve hasta el fin de los tiempos, y en todo momento la perseguiré!".

Más tarde, a solas, Mariana Francisca le confió a su tía que, al desmayarse, había tenido la visión de una serpiente gigantesca, con lengua bífida. También había visto a una deslumbrante Mujer con un Niño en un brazo. En el pecho de la Mujer había una Custodia con el Santísimo Sacramento. En el otro brazo la Mujer tenía una Cruz dorada que terminaba en punta de lanza. Ella había apoyado el extremo de la Cruz en el Santísimo Sacramento y en la mano del Niño, y con la punta de

Madre Mariana de Jesus Torres y Berriochaoa

lanza había golpeado la cabeza de la serpiente, despedazándola. Fue el momento del horrendo grito que ella escuchó.

Con el tiempo, la Madre María de Jesús Taboada comprendió el significado de esta bíblica visión (Génesis 3:15, *"Enemistad pondré entre ti y la Mujer, y entre tu linaje y Su Linaje: Él te pisará la cabeza mientras acechas tú Su Talón"*) y se adoptó como la Medalla que en el pecho llevan las Concepcionistas de Quito.

Más tarde, a solas, Mariana Francisca le confió a su tía que, al desmayarse, había tenido la visión de una serpiente gigantesca, con lengua bífida. También había visto a una deslumbrante Mujer con un Niño en un brazo. En el pecho de la Mujer había una Custodia con el Santísimo Sacramento. En el otro brazo la Mujer tenía una Cruz dorada que terminaba en punta de lanza. Ella había apoyado el extremo de la Cruz en el Santísimo Sacramento y en la mano del Niño, y con la punta de lanza había golpeado la cabeza de la serpiente, despedazándola. Fue el momento del horrendo grito que ella escuchó.

Con el tiempo, la Madre María de Jesús Taboada comprendió el significado de esta bíblica visión (Génesis 3:15, *"Enemistad pondré entre ti y la Mujer, y entre tu linaje y Su Linaje: Él te pisará la cabeza mientras acechas tú Su Talón"*) y se adoptó como la Medalla que en el pecho llevan las Concepcionistas de Quito.

Duro fue para las fundadoras españolas llegar a las costas de la Real Audiencia y darse cuenta que no había caballos para la subida a Quito, a 2810 m sobre el nivel del mar, siendo los de aquella época caminos difíciles y escabrosos. Finalmente entraron a Quito el 30 de Diciembre de 1576 y fueron recibidas con gran júbilo por las autoridades civiles, eclesiásticas y la gente piadosa de Quito. Las Monjas se alojaron en algunos sitios del Convento, aún en construcción. Muy pronto, varias damas de la ciudad empezaron a ser admitidas en la vida conventual.

El día 13 de enero de 1577, se fundó solemnemente el Real Monasterio de la Limpia Concepción de Quito, primer convento de Monjas de clausura en Ecuador y primero de la Inmaculada Concepción en América, bajo la dirección de los Frailes de San

Francisco, quedando como Guardián del Monasterio el Venerable Padre Fray Antonio Jurado. La Madre María de Jesús Taboada se constituyó en la primera Priora del Monasterio. Para entonces habían cinco niñas postulantes, entre las cuales se encontraba Mariana Francisca, quienes fueron profesando a medida que cumplían la edad requerida. Los claustros del Monasterio quedaron adosados a una Iglesia con Coro alto y Coro bajo, cuya construcción definitiva se realizó entre los años 1625 y 1635.

Las Apariciones

La Visión del Día de su Profesión

Cuando cumplió 15 años, Mariana Francisca entró al año de prueba del Noviciado. El día 4 de octubre de 1579, profesó sus votos perpetuos, tomando el nombre de Madre Mariana de Jesús. El momento de su Profesión tuvo un éxtasis. Vio a Jesús quien la desposaba colocando en su mano derecha un anillo de piedras preciosas. Jesús le dijo, entre otras cosas: "Tu vida será un continuo martirio". La Madre Mariana de Jesús aceptó complacida y agradecida, y Jesús prometió ayudarla. Conoció también entonces, de forma velada, las futuras apariciones de la Virgen de El Buen Suceso.

La joven Madre Mariana de Jesús empezó una vida de rigurosísimas penitencias, guiadas por el propio Jesús. Cuando su tía y Priora, la Madre María de Jesús, le pidió que le comente al Señor su preocupación por su salud, Jesús le contestó a la Madre Mariana que después de las penitencias ella estaría siempre fresca y vigorosa, y así fue.

Visión de un Castigo Futuro y Primera Muerte (sin fecha)

Una noche la Madre Mariana oraba al pie del Sagrario en la Iglesia. De repente vio el Sagrario iluminado, como de día. Se abrió el Sagrario y salió de él Jesús Crucificado, con la Virgen, San Juan y Magdalena a sus pies, de tamaño natural. Jesús comenzó a agonizar y la monjita le dijo a la Virgen: "Mi Señora, ¿soy la culpable?" La Virgen le contestó: *"No eres tú culpable sino el mundo pecador"*. Entonces oyó la Voz del Padre Eterno que dijo: *"Este castigo será para el Siglo XX"*. *Sobre la Cabeza de Jesús aparecieron tres espadas, y en cada una decía: "Castigaré la herejía, la blasfemia y la impureza"*. Entonces la monjita conoció todo lo que ocurriría en ese siglo y después. La Virgen le preguntó si quería sacrificarse por el pueblo del Siglo XX y la Madre Mariana de Jesús aceptó. Entonces las espadas se clavaron en su corazón y ella cayó muerta.

Las Monjas la encontraron helada en el Coro inferior y la llevaron a su cama. Llamaron al médico de la comunidad, el Dr. Sancho, quien la declaró muerta. El pueblo de Quito se alborotó y llegó al Monasterio, pidiendo besar las manos de la muerta, a quien ya se tenía por santa.

Los Frailes Franciscanos llegaron al lecho de la Madre Mariana y comprobaron su muerte.

Entonces el Padre Director, inspirado por Dios, le ordenó: "Madre Mariana, te ordeno, en nombre de la Santa Obediencia que, si estás muerta, tu alma vuelva al cuerpo para que viva y nos puedas contar lo que sucedió". En ese instante, la Madre Mariana suspiró y abrió los ojos, todavía vidriados por la muerte. Fue llamado el Dr. Sancho, quien no pudo dar ninguna explicación y se retiró. Entonces el Padre Director le pidió que le cuente todo lo ocurrido durante el lapso de su muerte, que fue lo siguiente: la Madre Mariana se presentó al Juicio de Dios y fue encontrada sin culpa. Acto seguido fue presentada a la Santísima Trinidad, algo de cuyo misterio comprendió. El Padre se regocijó por haberla creado, el Hijo por haberla redimido y el Espíritu Santo por haberla santificado. Jesús le presentó entonces dos coronas: una de Gloria y otra de azucenas rodeada por espinas, y le pidió que escoja una, dándole a entender que con la primera llegaba a la Gloria y con la otra regresaba a padecer en el mundo. En ese instante conoció a todas las futuras Monjas concepcionistas de su Monasterio, con nombres y oficios, hasta el fin del mundo. Vio a las que serían fieles y a las infieles. Supo que al regresar a la tierra sería Maestra de Novicias. Vio como los Frailes Franciscanos serían apartados del Monasterio y el sufrimiento que esto causaría. También le fue revelado que el Monasterio de la Inmaculada Concepción de Quito nunca se acabaría. Entonces la Virgen se aproximó a ella y le dijo: *"Hija mía, yo dejé las Glorias del Cielo y descendí a la tierra para proteger a mis hijos. Quiero que me imites también en esto y vuelvas a vivir, pues tu vida es muy necesaria para la Orden de mi Concepción. ¡Ay de la Colonia en el Siglo XX! En él será culpable esta tierra si no se encuentran almas que con su vida de inmolación y sacrificio aplaquen la Justicia Divina, lloverá fuego del cielo y consumiendo a sus habitantes, purificará el suelo de Quito..."*.

La Madre Mariana le respondió a la Virgen que ella no se consideraba apta para Maestra de Novicias, entonces Ella le dijo: *"Hija de mi Corazón, no temas. Tú no serás propiamente la Maestra, sino yo. Por tu medio transformaré tus Novicias en santas Religiosas..."* Entonces La Madre Mariana escogió la corona de azucenas rodeada de espinas y regresó al mundo para ofrecerse como víctima a Dios. Y decimos esto porque durante toda su vida conventual, La Madre Mariana fue víctima de la persecución de Monjas infieles, ya sea envidiosas de su santidad o porque deseaban cambiar la estricta Regla Franciscana a su antojo, llegando al punto de hacerla encerrar varias veces, con calumnias, en la cárcel del Monasterio.

Milagros y Oficios

A su regreso al mundo, la Madre Mariana desempeñó varios oficios.
Primero fue Enfermera. Ocurrió que una monjita se quemó la mitad de la cara y el brazo hasta los huesos. El Dr. Sancho avisó que la herida era mortal. La Madre Mariana oró por ella con lágrimas, de rodillas, y al mes se curó completamente. El médico declaró que la Madre Mariana era una santa.

Luego fue Proveedora. Cuando había poco pan, se multiplicaba en sus manos. Cuando faltaba lo necesario para el sustento del Monasterio, la Madre Mariana se postraba a los pies de Jesús en el Sagrario y le pedía socorro. Inmediatamente llegaban las donaciones de alimentos.

También fue Sacristana. En la noche, cuando la lamparita del Sagrario se apagaba, su Ángel de la Guarda la despertaba. Entonces ella corría hacia el Coro y le pedía a su Ángel que la encendiera.

Fue Tornera. Numerosas y milagrosas conversiones consiguió con sus exhortaciones en el Torno.[1] El demonio, furioso, en forma de serpiente, se retorcía junto al Torno, y la Madre Mariana lo echaba con palabras humillantes. Entonces, dando alaridos, desaparecía.

Fue Vicaria del Coro. En cierta ocasión que limpiaba las sillas, se le aparecieron las Religiosas fallecidas, que penaban en el Purgatorio por haber orado poco o con distracción y por romper el silencio en el Coro. La Madre Mariana oraba por ellas y entonces sus penas se aliviaban. Los sábados, barría con energía los claustros inferiores. Los demonios, para molestarla, esparcían gusanos que dejaban inmundicias sobre los claustros barridos. Entonces la Madre Mariana hacía la Señal de la Cruz y gusanos y suciedad desaparecían, con un estruendo.

Finalmente, fue Maestra de Novicias. Como tal, tuvo un elevado discernimiento, pues sólo permitía entrar al Monasterio a las de verdadera Vocación. La Madre Mariana conocía el interior de cada alma. A cada una le revelaba lo que tendría que pasar en el camino que el Señor le indicaba y las preparaba en las virtudes necesarias. También les decía cuándo y cómo morirían, y si morirían antes o después que ella misma. Sabía cuando una novicia había cometido una falta y se la ocultaba; entonces la llamaba a solas, para juntas pedir perdón por la falta.

En todos los cargos que desempeñó, desde el más humilde hasta el más elevado – el de Priora – se portó siempre con humildad, lo que le

---

1 Torno: Armazón giratoria compuesta de varios tableros verticales que concurren en un eje, y de un suelo y un techo circulares, la cual se ajusta al hueco de una pared y sirve para pasar objetos de una parte a otra, sin que se vean las personas que los dan o reciben.

granjeaba la estima de las demás Monjas. Entonces la Madre Mariana le pidió a Jesús que no la prive de desprecios e injurias, pues ella conocía el inmenso premio que en el Cielo tienen las almas que en la Tierra se unen a su Pasión. Y Jesús se lo concedió.

Estigmas y Postración

El 17 de septiembre de 1588, la Madre Mariana oraba en su dormitorio a media noche, cuando sintió que su cuerpo se estremecía con fuerza. Pensando que era un terremoto, dio un grito y salió corriendo. La Madre María de Jesús salió al oír su grito y abrazándola, la llevó a su cama. Otras hermanas también se levantaron. La Madre Francisca de los Ángeles, enfermera, notó que en las palmas de las manos y de los pies había unas protuberancias que pugnaban por brotar y en el corazón una mancha roja. El dolor era intenso y los gemidos de la Madre Mariana se escuchaban a lo lejos. Al amanecer, su cuerpo estaba totalmente inmóvil, sólo podía mover los ojos y la boca. El Dr. Sancho no pudo más que hacer conjeturas.

La Madre Mariana fue trasladada a la enfermería, donde estuvo cinco meses en ese estado terrible. La piel en contacto con la cama se llagó, y la movían para tratar de aliviarla. Tampoco podía tragar, y la alimentaban con líquidos; a duras penas recibía la hostia. También tenía que soportar la humillación de la limpieza personal. Los dolores, además, eran intensos.

A la prueba física se unía la prueba espiritual, pues Dios le retiró sus consuelos; hasta su Ángel de la Guarda se le ocultaba, y en cambio veía al demonio en forma de serpiente que trataba de subirse a su cama. Éste le sugería que sus experiencias celestiales habían sido ilusión y engaño y que ella estaba condenada. Aún así, la Madre Mariana continuaba con su oración de medianoche y de las tres de la madrugada. En esa época, la Madre Mariana compuso un canto que se lo dictó a la Madre Francisca de los Ángeles, de los cuales citamos un párrafo:

¡Oh, fuego de caridad! Dios escondido, se abrasa mi alma en tu divino ardor. Ni mis dolores, ni tu aparente olvido me alejarán de Ti, que eres mi amor.

Primera Aparición, 2 de Febrero de 1589

Amanecía el día y la Madre Francisca de los Ángeles había dejado a la enferma para ir a Misa. De pronto, la serpiente apareció, arrastrándose por las paredes. La Madre Mariana gritó, desesperada: "Estrella del Mar, María Inmaculada... ¡Sálvame, pues perezco!" Al terminar estas palabras, la rodeó una luz celestial. Sintió que una mano cariñosa le tocaba la cabeza y una dulce voz le decía: *"¿Por qué temes, hija mía? ¿No sabes que estoy contigo en la tribulación? ¡Levántate y mírame!"*

Mother Mariana got up out of bed and contemplated a majestic andLa Madre Mariana se levantó de la cama y contempló a una Mujer majestuosa y dulce. Le preguntó: "¿Quién eres, hermosa Señora?" Ella le contestó: *"Yo soy tu Madre del Cielo, a quien invocaste... Viste lo que es el Infierno. Sientes que ahora te saco de allí para colocarte en el Purgatorio a fin de que termines de purificar tu alma, porque tu Señor y tu Dios te destina para grandes y felices sucesos durante tu vida... Di a tu Madre de la tierra que se prepare para viajar a la Eternidad, pues ha llegado el tiempo que... reciba el premio por tantos sacrificios y sufrimientos padecidos para la Fundación... Comunico ahora vida a tus nervios, venas y arterias y apartando de aquí a la maldita serpiente, quedas en dulce tranquilidad como quedan las almas después de salir del lugar de expiación.""*

Al decir la Virgen estas palabras, la serpiente dio un grito y se precipitó al Infierno con gran estruendo, produciendo un temblor de tierra. La Madre María de Jesús y la Madre enfermera encontraron a la Madre Mariana sin sentido, pero esta volvió en sí y notaron que había recuperado el movimiento del cuerpo. Oraron y alabaron a Dios en acción de gracias, y la enferma pudo comer de nuevo.

Segunda Muerte (1589)

La enfermedad continuó, más con el consuelo de poder moverse y de saber que estaba en paz con Dios y no condenada. Finalmente se agravó tanto, que ya no podía tragar ni líquidos. El miércoles 12 de septiembre de 1589, a las nueve de la mañana, comenzó su agonía y recibió la Extremaunción. Al mediodía del viernes empezó a convulsionar, su rostro se desfiguró y adquirió una palidez mortal. A las tres y media de la tarde elevó sus ojos al cielo, besó el Crucifijo que tenía en las manos y expiró. El Dr. Sancho testimonió su muerte.[2]

Las hermanas amortajaron su cuerpo y arreglaron el velatorio en el Coro inferior, que se prolongó viernes y sábado, con masiva asistencia de las almas piadosas de Quito. Sin embargo, su cadáver helado no daba muestras de corrupción. Se proyectó el entierro para el lunes y la noche del sábado las Monjas se retiraron a descansar.

A la mañana siguiente, al dirigirse las hermanas al Coro Alto para rezar el Oficio Parvo, encontraron a la Madre Mariana rezando. Las Monjas se asustaron y fueron en busca de la Madre Priora. Ésta, pensando hallarse frente al alma de la Madre Mariana, le ordenó que le diga qué necesitaba.

La Madre Mariana entonces se acercó y abrazó a tu tía, insistiendo en que estaba viva; fuerte y sana. Entonces procedieron a rezar junto a ella, pero con gran temor. Terminada la oración, fueron al Coro Inferior, sólo para comprobar que allí sólo estaban las mortajas y las andas vacías.

Los Frailes fueron avisados, y la Madre Mariana se confesó con su Director, el Padre Antonio Jurado. Le contó cómo el Señor, al morir ella, la colocó en un Purgatorio espiritual, en el cual ella veía su cadáver y esto le ocasionaba sufrimiento; que había permanecido en ese Purgatorio hasta las 3 de la madrugada del domingo, hora de la Resurrección del Señor, cuando su alma volvió a su cuerpo, volviendo a la vida con la salud perfecta. Le contó cómo se bajó de las andas y apagó una vela que, por un temblor, se había caído y podía incendiar el Monasterio, y que luego se había dirigido al Coro Alto a esperar a sus hermanas.

Las hermanas se admiraban del tono rosado y del vigor de la antes pálida y extenuada Monja. El Dr. Sancho se negó a ir al Monasterio a verificar el milagro, tachándolas de dementes, y se dirigió al Convento de los Franciscanos, para decirles que entierren pronto el cuerpo de la Madre Mariana, pues las monjitas estaban enloqueciendo. Al no encontrar a los Frailes, se dirigió al Monasterio, encontrando viva a la Madre Mariana. Entonces declaró bajo juramento lo ocurrido, junto con los Padres Franciscanos y las Religiosas. Estas declaraciones constan en los Archivos del Monasterio.

---

2 La razón de conocer la hora exacta de los acontecimientos es porque en aquella época ya existían relojes. En el siglo XV se inventaron los relojes de una manecilla para marcar las horas y en 1505 el herrero alemán Peter Henlein consiguió construir relojes mecánicos tan pequeños que podían llevarse en el bolsillo.

El Primer Priorato de la Madre Mariana

La vida de la Madre Priora María de Jesús Taboada se extinguía, como lo había anunciado la Virgen. Entonces el Padre Provincial Franciscano decidió convocar a las Monjas para elegir la nueva Priora. En la primera votación, con unanimidad de votos, resultó canónicamente elegida la Madre Mariana de Jesús Torres, a la sazón de 29 años. La Madre Mariana rogó al Padre Provincial, con lágrimas, que la eximiera del cargo, pues no tenía la edad requerida por la Regla y consideraba que había hermanas mejor preparadas que ella, a lo que el Provincial le exigió que acepte el cargo en nombre de la Santa Obediencia.

La tarde de su elección, un desconocido llegó al Torno y entregó a las monjitas un manjar, diciendo: "La Señora, sabiendo que la Madre Mariana de Jesús fue elegida Priora le manda este manjar, diciendo que la tenga siempre presente". El regalo era tan grande que tuvieron que transportarlo entre varias. La Madre Mariana sonrió sin decir nada al verlo y repartió entre sus Religiosas el manjar, que era exquisito y parecía no acabarse.

Al día siguiente la Marquesa María de Solanda, benefactora del Monasterio, envió presentes y fue personalmente al Monasterio a felicitar a la Madre Mariana. La Madre María le agradeció por el Manjar del día anterior, pero la Marquesa le aseguró que no era ella quien lo había enviado; entonces la tía comprendió que era la misma Virgen quien había enviado el regalo.

La noche de su elección, la Madre Mariana estuvo cinco horas en éxtasis, durante el cual vio la muerte de su tía, la separación de los Franciscanos de la dirección del Monasterio y cómo ella sería perseguida y encarcelada por algunas hermanas.

La salud de la Madre María continuaba deteriorándose, hasta que el 4 de octubre de 1593, día de San Francisco de Asís, amaneció como restablecida. Después de la recibir la Santa Comunión en su celda, recibió nuevamente la Extremaunción. Luego se sentó, sonriente y rejuvenecida, pidió perdón a todas sus hijas, prometió cuidarlas desde el Cielo y bendijo a toda la Comunidad con un Crucifijo que tenía en la mano. Luego dejó caer el Crucifijo y comenzó la agonía. Repetía la jaculatoria "Jesús, María, José y Francisco". Su última palabra, casi inaudible, fue "Francisco". Con una sonrisa, exhaló el último suspiro. Habían pasado dieciséis años desde la Fundación del Monasterio.

En el momento de su muerte, la Madre Mariana vio como su alma se presentó al Juicio de Dios y fue destinada a un breve Purgatorio. También vio el Trono de Gloria que la esperaba en el Cielo, en un Coro especial reservado a las Fundadoras de Órdenes Religiosas. Al tercer día, la sepultaron en el Coro inferior, incorrupta. Una vez sepultada, la Madre Mariana rogó al Señor que el alma de la Madre María volara al Cielo; Jesús le pidió entonces una reparación de cinco días. Al quinto día, durante la Santa Misa, en la elevación, la vio subir al Cielo.

La Madre Mariana, llena de pesar por la separación de su tía, siguió gobernando el Monasterio con dulzura y suavidad. Y entonces le llegó la gran prueba. Algunas religiosas del Monasterio estaban descontentas con la severidad de la Regla Franciscana, y hacían continuos esfuerzos para que la dirección del Monasterio pasara al Obispo de Quito. Los Frailes Franciscanos decidieron entonces retirarse parcialmente de la dirección. La Madre Mariana quedó sumida en el dolor, tanto, que una noche bajó al Coro inferior y se postró sobre el sepulcro de su tía. "No resisto más, Madre mía, levántate y favoréceme", le dijo.

Y la Madre María, milagrosamente, le contestó, diciéndole entre otras cosas: *"Hija mía, por ahora es necesaria la separación de los Franciscanos... llegará, pues, el tiempo de oro en que los Franciscanos volverán a gobernar mi Monasterio.... Habrá un miembro de mi Comunidad que alterará el espíritu de las Religiosas... Estará ciega, sin luz para ver las cosas de Dios... hará sufrir mucho a la Comunidad, quejándose al Obispo. Ella se gloriará de esto, mas la hora de Dios llegará... Comunícate con las Fundadoras, pues todas reciben visitas celestiales...".*

Entonces la Madre Mariana se postró delante del Santísimo, pidiéndole morir. Una luz brillante salió del Sagrario y una Voz le dijo: *"Conviene, hija mía, que por ahora los Franciscanos se separen del Monasterio, más esto no ocurrirá en tu tiempo de Priora".*

Y sobre la Madre Francisca de los Ángeles, quien también pedía a Dios morir por la separación de los Franciscanos, le dijo: *"Mándale, por obediencia, que por ahora no pida la muerte".* Así lo hizo la Madre Mariana y la Madre Francisca, besando el escapulario de su Priora, acató la orden.

Primera Mención del Nombre de El Buen Suceso

La Madre Mariana acostumbraba a cargar, de noche, por los claustros, una Cruz grande de madera, llevando además una corona de espinas en la cabeza.

Una noche, en el claustro inferior que conduce al Coro, surgió frente a ella un inmenso mar de fuego. Una voz horrenda que salía de lo profundo de ese mar le dijo: *"Aquí queremos sepultar este maldito Con-*

vento. Pero esas malditas no nos dejan, especialmente esa maldita..."
Dos perros monstruosos se colocaron a los lados de la Madre Mariana.

Ella gritó: "Estrella de los Mares, María Santísima de El Buen Suceso, socórreme". En ese instante vio aparecer una estrella brillante, enorme, del tamaño del techo del Coro. En el centro de la Estrella se leía "María". De la Estrella surgió una pequeña canoa dorada, un Ángel conducía la embarcación. *"Soy el Arcángel Gabriel, enviado por tu Madre, María de El Buen Suceso, para socorrerte"*. El Ángel subió a la Madre Mariana con todo y Cruz a la canoa y avanzó. *"Esta canoa significa tu larga vida"*, le dijo.

Atravesando el mar de fuego, sufrieron un ataque similar al del barco cuando vino de España. El Arcángel la colocó sana y salva en la tierra firme del claustro. Entonces el Arcángel rezó el Avemaría. *"Son tantas las grandezas que encierra la salutación angélica –* explicó *– que los mortales no consiguen comprender"*. Entonces el Arcángel y el mar de fuego desaparecieron, y todo quedó en paz.

La Madre Mariana Francisca invocó a María de El Buen Suceso, pues esa era una devoción española de tiempos inmemoriales, ligada a los santos mártires de Abla: los soldados romanos Apolo, Isacio y Crotato, convertidos al cristianismo y martirizados por el emperador Diocleciano, quienes primero fueron salvados de morir en el fuego de la hoguera por la Virgen de El Buen Suceso, aunque finalmente fueron martirizados. Esta Virgen se representaba con el Niño en el brazo izquierdo, coronados los Dos, y la Virgen con un cetro en su mano derecha.

Segunda Aparición, 2 de Febrero de 1594

Una noche la Madre Mariana escuchó un estruendo terrible: parecía que se derrumbaban las paredes de la Iglesia. Corrió y se postró ante el Sagrario y le preguntó a Jesús qué eran esos ruidos. Jesús, desde el Sagrario, le respondió: "Hija mía, esto que escuchas espiritualmente sufrirán materialmente tus sucesoras, pues llegará el tiempo en que los demonios querrán demoler este Monasterio... pero no lo conseguirán mientras exista espíritu de sacrificio... y tú, hija mía, prepárate a recibir la visita de mi Madre Santísima, con la que quiere favorecerte".

Se dirigió entonces la Madre Mariana, llena de gozo, al Coro Alto, y comenzó a rezar con la frente en el suelo. Después de un tiempo, percibió a alguien delante de sí y oyó que una voz dulce la llamaba por su nombre. Se levantó enseguida y se encontró con una bellísima Mujer, que tenía en su mano izquierda al Niño Jesús y en la mano derecha, un báculo de oro, adornado con piedras preciosas. La Madre Mariana le preguntó:

"Hermosa Señora, ¿quién sois y qué queréis?...".

La Mujer le respondió: "Soy María de El Buen Suceso, la Reina del Cielo y de la Tierra... En el brazo derecho tengo el báculo que ves, pues quiero gobernar éste mi Monasterio como Priora y Madre. Los Franciscanos están para dejar el gobierno de este Convento, el cual necesita, más que nunca, en esta dura prueba que durará siglos, de mi amparo y protección. Satanás comenzó a querer destruir esta obra de Dios valiéndose de hijas mías ingratas, mas no lo ha de conseguir porque soy la Reina de las Victorias y la Madre del Buen Suceso, bajo cuya invocación quiero hacer prodigios en todos los siglos, a favor de la conservación de éste mi Convento y de sus moradoras... Tu vida será larga para la Gloria de Dios y de su Madre que te habla. Mi Hijo Santísimo te presentará el dolor en todas sus formas, y para infundirte el valor que necesitas, tómalo de mis brazos, y recíbelo en los tuyos...".

La Virgen colocó entonces al Niño en los brazos de la Madre Mariana, quien lo estrechó contra su corazón y lo colmó de cariños. El contacto con María y Jesús duró hasta las tres de la mañana. Durante la Aparición, la luz que emanaba de la Madre y el Hijo iluminaban el lugar con una claridad intensa; al terminar, todo quedó en oscuridad.

La Madre Mariana, transformado el rostro y el alma por la grandeza del don recibido, se dirigió a su asiento de Priora para esperar a las Hermanas que venían a rezar el Oficio Parvo.

Despedida de los Frailes Franciscanos y Primera Cárcel

Llegó el día de la elección de la nueva Priora y salió electa la Madre Magdalena de Jesús Valenzuela. La nueva Priora, débil de carácter, condescendió con las exigencias de las Monjas inobservantes de la Regla Franciscana y rápidamente gestionó la salida de los Franciscanos de la dirección del Monasterio, pasando el gobierno del mismo al Señor Obispo.

Sin los Franciscanos vigilando con caridad y firmeza el cumplimiento de la Regla, comenzó el relajamiento de la clausura y del silencio estricto. La Madre Mariana le pidió a la Madre Magdalena, con humildad, que frene las inobservancias. Enterado de esto el Obispo, quien no entendía la Regla Franciscana, mandó un documento ordenando que se encarcele a la Madre Mariana durante tres días, se le quite el velo, se le dé una disciplina pública en el comedor y que coma en el suelo.

La Madre Mariana quedó además privada, durante esos días, de la Santa Misa y de la Sagrada Comunión. Terminados los tres días, la colocaron en un cuartucho miserable, prohibiéndole la comunicación con las demás Monjas. Pero las otras seis Fundadoras españolas y ocho Monjas observantes no resistieron ese aislamiento y fueron a ver a la Madre Mariana. Entonces las inobservantes gestionaron un nuevo documento del Obispo, en el que ordenaba que se las encarcele a las quince durante un mes.

Las quince Monjas fueron encerradas y privadas, durante todo el mes, de la Santa Misa, de los Sacramentos y del Oficio Divino. Las inobservantes quisieron sacarles los hábitos, pero el Obispo permitió que les sacaran únicamente los velos. Sólo podían salir de la cárcel conventual para el comedor; permitiéndoles comer poco y en el suelo; y siendo objeto de desprecios y burlas en ese momento.

La Madre Mariana dirigió entonces una nota al Obispo, pidiéndole que les conceda asistir a la Santa Misa y rezar el Oficio Divino en el Coro alto. Las Monjas inobservantes trataron de impedir la entrega de la nota, pero la Madre Mariana hizo valer su calidad de Fundadora, y el Obispo finalmente concedió que asistan a la Santa Misa y al Oficio Divino, sin levantar en lo demás el encarcelamiento.

Las demás Monjas observantes sufrían al ver a sus Hermanas encarceladas y las iban a visitar, siendo también encarceladas las visitantes, de tal manera que se elevó a veinticinco el número de Monjas prisioneras. Las Prisioneras besaban humildemente los pies de sus perseguidoras en el comedor, y hasta cosieron con abnegación y amor sus vestidos en la cárcel; y soportaban el martirio de no tener la Santa Comunión, sin quejarse.

La cárcel había sido trabajada con dedicación por los Frailes Franciscanos. Quedaba en el Claustro Inferior, contigua al Coro Inferior, y medía ocho metros por cuatro noventa. La puerta era doble, con grandes trancas en la primera hoja, y un gran cerrojo de hierro, además de trancas, en la segunda. En lo alto de las dos hojas había una pequeña ventana con barras de hierro, recubierta con tela de alambre, que dejaba filtrar alguna luz. La única otra abertura era una ventanita de cuarenta centímetros por cincuenta, en una pared. Esa ventana tenía también barras de hierro, y una puertita interior de tabla, donde estaba pintada, por un lado, la escena de la Anunciación, y por el otro, una escena de Jesús atado con gruesas correas y dos Ángeles llorando. En una pared había un pequeño nicho con una Cruz colgante, y debajo de él, una cavidad grande con un banco de piedra, para dormir. En dos de las cuatro paredes, a todo lo largo, había bancos de ladrillo, de un metro diez de largo. Del techo colgaban tres candiles.

En el centro de la cárcel habían dos columnas circulares, de un metro setenta de altura, con tablas redondas en la parte superior, que servían de altares. Uno de los altares tenía una estatua de Jesús atado a una columna sobre la que estaba un gallo, con San Pedro a sus pies pidiéndole perdón. En el otro altar, una bella estatua de la Virgen Dolorosa. En cada una de las dos columnas habían tres argollas de hierro, de las que colgaban sendas correas de hierro, con esposas que se echan llave en el extremo; para los pies, manos y cintura. También había un cepo, y un armario para alimentos, costuras, libros e instrumentos de penitencia. El piso era de ladrillo. La cárcel del Monasterio era un lugar que infundía temor y respeto.

Una noche, cuando Madre Mariana oraba en su pobre cama, una Cruz pintada en la pared de la cárcel se iluminó. Era tanta la claridad que se despertaron todas las cautivas. Entonces la Cruz creció al tamaño real y las Fundadoras españolas cayeron en éxtasis.

Visión de la Madre Mariana de Jesús.

La Madre Mariana contempló la escena del Gólgota. El Señor le dijo que sus llagas se debían a las Religiosas inobservantes y que su dolor continuaría por los siglos hasta que se restableciera el gobierno de los Franciscanos en el Monasterio de la Inmaculada Concepción. También vio como la Madre Valenzuela, al morir, estaría en el Purgatorio hasta el día del Juicio.

Visión de la Madre Francisca de los Ángeles.

Vio a San Francisco de Asís recorriendo el claustro con arco y flecha; disparando flechas a

diestra y siniestra. Una de las flechas alcanzó el corazón de una Hermana, que murió instantáneamente. San Francisco le reveló a la Madre Francisca que esa Hermana era la principal causante de la separación de los Franciscanos, y que sobre ella caería toda la culpa de las futuras inobservancias de la Regla. A la mañana siguiente se encontró el cadáver de la Hermana con el rostro negro y amoratado.

Visión de la Madre Ana de la Concepción.

Vio a la Virgen apagar la lamparita del Santísimo. La Virgen le dijo: *"Hija mía, así estará apagado el espíritu de mis hijas en todos los siglos hasta que vuelva el gobierno de los Franciscanos... Pero también tendré hijas santas que amando mi Inmaculada Concepción, amarán a mi siervo Francisco, y serán columnas firmísimas que conservarán el Monasterio en el mismo lugar que fue fundado, en el corazón de la ciudad, para aplacar la Divina Justicia por los crímenes que en ella se cometen..."* Durante todo el día y la noche siguiente, la lámpara del Santísimo permaneció apagada, sin que nadie, de dentro ni de fuera del Convento la pueda prender. Al segundo día, se encendió sola.

Visión de la Madre Lucía de la Cruz.

Vio a Nuestro Señor Jesucristo con el Sagrado Corazón visible en el pecho, rodeado de espinas y sangrando a raudales. La Sangre de Su Corazón inundaba los patios y claustros del Monasterio, hasta convertirse en un mar de Sangre. Él le dijo: "En este mar de Sangre de mi Corazón estoy pronto a lavar las culpas *de aquellas que recurran a Mí, arrepentidas".*

Visión de la Madre Magdalena de San Juan.

Vio a San Juan Evangelista, sonriente y alegre. Él le contó que la noche de la Última Cena, cuando él estaba reclinado en el Pecho del Maestro, le fue revelada la futura Fundación de este Monasterio, al que Jesús amaba mucho.

La Madre Magdalena vio también un sacrilegio enorme que se cometería en una ciudad de estas tierras. El país aparecía como el Calvario y aquella ciudad como el Gólgota, donde Jesús expiraba pisoteado, profanado en el Santísimo Sacramento, por los mismos que asesinarían a un inocente Padre Jesuita, cuya alma entraría directamente al Cielo sin pasar por el Purgatorio.

Vio también a un hombre que se paseaba por las calles de esa ciudad y que le decía a sus amigos que "había pasado la noche más entretenida de su vida agarrando Frailes". Vio cómo al continuar su paseo, le cayó una viga de una construcción matándolo de contado, y cómo su alma descendió de inmediato al Infierno.

Vio a las Monjas del Monasterio de Concepcionistas de esa ciudad haciendo, con lágrimas, oración y reparación por el sacrilegio cometido. Y conoció que esa reparación era necesaria para evitar un castigo terrible que habría venido sobre el país: una inundación total. The final revelation of the Apostle Saint John was that the world would not end before the Franciscans returned to govern the Convent of the Immaculate Conception.

Visión de la Madre Catalina de la Concepción.

Vio Ángeles del Cielo que instalaban en diversos sitios, en patios y claustros, unos tornos, que
los hacían girar, despedazando a las Monjas. Luego los Ángeles les entregaban Palma y Corona y sus almas volaban al Cielo. Una Voz decía: *"Estas son las almas heroicas en la penitencia que con su martirio voluntario lavaron sus culpas, las de sus Hermanas y las de los pobres pecadores..."*.

<u>Visión de la Madre María de la Encarnación.</u>
Vio la deliberación de la Santísima Trinidad sobre cómo redimir al hombre. Dios Hijo se ofreció para rescatarlo, y en ese momento **hizo un acto de humildad tan profundo que jamás podrá repetirlo ninguna creatura.** Entonces la Santísima Trinidad envió al Arcángel San Gabriel a donde la pequeña y humilde María, que estaba orando. Cuando Ella se entregó a la Voluntad de Dios en la forma más absoluta que jamás nadie ha hecho ni nunca lo hará, diciendo: *"Hágase en mí según Tu Palabra"*, el Padre y el Espíritu Santo obraron el inefable Misterio. El Espíritu Santo estrechó con tanta fuerza el Corazón de María con el Amor de Dios, que brotaron tres gotas de sangre, con las cuales Él formó el Cuerpo perfecto al que se unió el Hijo.

La Madre María de la Encarnación vio como crecía el Niño en el vientre de María, Su Nacimiento y Su vida oculta en Nazaret. Dios sostuvo en la vida a esta Monja para que no muriera de amor con estas visiones.

<u>Visiones de las demás Religiosas.</u>
Las demás Religiosas vieron el castigo de las Monjas inobservantes. Vieron que las más responsables se perderían, que otras recibirían su purificación en el propio Monasterio, y que las menos culpables terminarían su Purgatorio cuando los Frailes Franciscanos volvieran a la dirección del Monasterio.

La Madre Valenzuela se sentía abrumada al ver a Hermanas inocentes encarceladas y envió una nota al Obispo pidiendo la liberación del castigo. Se declaraba culpable de haberse dejado manipular por las inobservantes, y pedía que la Madre Mariana asumiera de nuevo el Priorato. El Obispo reprendió por carta a la Madre Valenzuela y ordenó la excarcelación de todas, pero no el cambio de Priorato. La dura prueba había terminado.

Visión de Jesús, Segundo Priorato y Segunda cárcel

En el año 1598 terminó el Priorato de la Madre Valenzuela y la Madre Mariana de Jesús fue electa Priora nuevamente, a pesar de no tener los votos de las inobservantes.

La Madre Mariana iba a rechazar el cargo, cuando el Señor le quitó el habla y el movimiento. Una luz, que sólo ella veía, salió del Sagrario e inundó la Iglesia y el Coro inferior. Conoció todos los dolores que le esperaban en su nuevo Priorato, y luego vio a Jesús saliendo del Sagrario, cargado con la Cruz, llagado, con cuerdas en el cuello y coronado de espinas. Jesús le dijo: *"Yo no retrocedí en el Camino del Calvario con esta Cruz grande y pesada, que por tu amor y de todos los pecadores, cargué, ¿y tú quieres dejarme ahora, ingrata? ¡Ay de ti si volvieras a España!"*.

Jesús se sentó junto a ella, de tal forma, que una de las cuerdas de su cuello caía sobre la Madre Mariana. Por eso, cuando las Monjas besaban su escapulario, ellas, sin percibirlo, besaban la cuerda del Señor. Al recibir las insignias de Priora, la Madre Mariana se sintió el ser más indigno del mundo y pensó que con justa razón había sufrido la cárcel.

Una Monja inobservante que había deseado intensamente ser elegida Priora, salió de la celebración, seguida por el grupo de inobservantes. Estaban muy amargadas y planeaban formar una Comunidad paralela. Pero llegada la noche, dicha Monja murió repentinamente.

¡Dios había impedido el cisma de Su Monasterio!

Al mes de comenzado su Priorato, las inobservantes escribieron al Obispo, acusando a la Madre Mariana, calumniosamente, de quebrantar el silencio, de no rezar en Comunidad, de comilonas, de conversar con los Frailes Franciscanos hasta tarde en la noche, y de querer suprimir el gobierno del Obispo. Le suplicaban encarcelarla.

La respuesta del Obispo fue el envío de una nota en que ordenaba la suspensión de su cargo de Priora y su inmediato encarcelamiento. Las inobservantes la obligaron a ir directamente a la cárcel sin ni siquiera poder coger su libro de oraciones del Oficio Divino. Con el correr de los días, con diversos pretextos, y aduciendo órdenes del Obispo, las inobservantes fueron encerrando en la cárcel a todas las Fundadoras españolas.

La Madre Valenzuela, quien estaba muy enferma, reprendió a gritos a las inobservantes por su injusticia, pero ellas estaban inamovibles en su maldad. Cuando pudo caminar y llegar hasta la cárcel, fue informada por la Madre Mariana de la nota que las inobservantes habían enviado al Obispo. Entonces le escribió una nota al mismo, pero las inobservantes no la enviaron. El tormento de la Madre Valenzuela era terrible, pues sabía que por haber separado a los Frailes Franciscanos, ella era la causante de tanto mal. Continuamente iba a la cárcel a hacerles compañía.

Mientras tanto, las inobservantes gobernaban a su antojo el Monasterio. Sólo en la cárcel se cumplía la Regla. Durante ese mes, las inobservantes se confesaron, pero a causa de su conciencia culpable, no pudieron comulgar ni un solo día.

Tercera Aparición, 16 de Enero de 1599

A la medianoche del 16 de enero, como era su costumbre, la Madre Mariana entró en oración, mientras sus Hermanas dormían. Había pasado una hora cuando oyó un canto melodioso acompañado de una cítara, y la cárcel se iluminó. Inmediatamente cayó de rodillas delante de la Cruz pintada en la pared, y llamó repetidamente a sus Hermanas, pero ellas no se despertaron.

Entonces vio a San Francisco de Asís tocando la cítara y a la Madre María de Jesús Taboada cantando. Cuando terminó el canto, la Madre le habló del valor del sufrimiento por amor a la Observancia Monástica. Luego San Francisco le dijo que las lágrimas y oraciones que subían de la cárcel, habían llegado al Corazón de Dios, quien en su Amor infinito a ella, los había enviado a los dos para consolarla y deleitarla. Le contó que cuando él vivía en la tierra, un ángel había tocado la cítara para él, y ahora que él estaba en el Cielo, la tocaba para consolar a los Franciscanos que sufrían persecuciones en la tierra. Le dijo que algunos oían la cítara con los oídos físicos, y otros la escuchaban en el espíritu. También la animó a continuar luchando y sufriendo por la Observancia Monástica, porque la recompensa por esto en el Cielo era grande. Y entonces le anunció la visita inminente de la Virgen María. Y se ocultaron.

La claridad aumentó más y apareció la Virgen con el Niño en el brazo izquierdo y el báculo en el derecho. El báculo tenía una Cruz de diamante y en el centro de la Cruz, una estrella de rubí con el nombre María, muy luminoso. La Madre Mariana no se creía digna de este favor, y le dijo a la Virgen, entre otras cosas: "Hermosa Señora, ¿quién eres y qué deseas de mí, en este lugar oscuro en que me encuentro, con mis hijas sufridas?... si estoy delante de una ilusión fantástica, te pido,

Tercera Aparición, 16 de Enero de 1599

por el Misterio de la Santísima Trinidad, de la Presencia Real de Jesucristo en la Eucaristía y de la Maternidad Divina, que te apartes de mí, dejándome en las oscuridades de la Fe, tan dulces y encantadoras para mí...".

La Virgen le respondió: *"Hija mía muy amada, ¿por qué eres lenta y pesada de corazón? No es una ilusión fantástica lo que tienes delante de tu vista. Soy María de El Buen Suceso, tu Madre del Cielo, a quien recurres siempre con esta invocación conocida en España... La tribulación con que hoy te prueba mi Hijo Santísimo es un don celestial con el que las almas se fortifican y contienen la ira divina, lista a descargar un castigo tremendo sobre la ingrata Colonia. ¡Cuántos crímenes ocultos se cometen en sus ciudades y pueblos! Precisamente por este motivo se fundó el Convento en este lugar en que Él es agraviado y desconocido... instruye a tus hijas e inculca a las presentes y a las que vendrán, el amor a su divina Vocación y al lugar que Dios y yo escogimos como nuestra posesión y herencia... En todos los siglos, yo viviré aquí exteriorizada en algunas de mis queridas hijas. Aquí, en medio del bullicio del mundo ingrato, Dios tendrá algunas contemplativas Esposas dignas de Su Majestad, las que, en oscuridad, en silencio, en humillación y en desprecio... serán poderosas para aplacar la Justicia Divina y conseguir grandes bienes para la Iglesia, la Patria y las almas."Within a short time the country in which you live will cease being a colony and will be a free republic. Then it will be known by the name of Ecuador, and will need heroic souls to sustain it in the midst of so many public and private calamities.*

Dentro de poco tiempo la patria en que vives dejará de ser Colonia y será República libre. Entonces será conocida con el nombre de Ecuador, y necesitará de almas heroicas para sostenerse en medio de tantas calamidades públicas y privadas.

Aquí Dios encontrará siempre esas almas a manera de violetas ocultas... y ningún monarca poderoso de la tierra podrá, con sus tesoros, edificar nuevos edificios en este lugar, que es posesión de Dios... ¡Los esfuerzos de los hombres contra el Cordero de Dios son vanos! Yo cuidaré con solicitud maternal este Monasterio... y si fuera necesario sostener con milagros las murallas que guardan la clausura, yo las sostendré...

En el siglo XIX vivirá un presidente verdaderamente cristiano, varón de carácter, a quien Dios Nuestro Señor dará la palma del martirio en la plaza donde está éste mi Convento. Él consagrará la República al Divino

"Graves y prudentes varones muy versados en Sagrada Teología, y que con especial cuidado y diligencia han estudiado, dentro y fuera de la Republica, la muerte del Sr. Dr. Don Gabriel García Moreno y la causa que la motivó: han creído descubrir en éstas las notas esenciales y características de un verdadero martirio." (Decreto del Arzobispo de la Torre al iniciar el proceso de beatificación en Quito en 1939).

Tercera Aparición, 16 de Enero de 1599

Corazón de mi Hijo Santísimo. Esta Consagración sostendrá la Religión Católica en los años posteriores, los que serán aciagos para la Iglesia.³

En esos años en los que la masonería, esa maldita secta, se apoderará del gobierno civil, habrá una persecución cruel a todas las Comunidades Religiosas y se lanzará también violentamente sobre ésta mi Comunidad. Para esos hombres desgraciados el Monasterio estará acabado, mas vive Dios y vivo yo... les colocaremos dificultades imposibles de vencer, y el triunfo será nuestro.

Por esto es Voluntad de mi Hijo Santísimo que tú misma mandes a ejecutar una estatua mía, tal como me ves, y la coloques sobre la cátedra de la Priora, para que Yo desde allí gobierne mi Monasterio, colocando en mi mano derecha el báculo y las llaves de la clausura en señal de propiedad y autoridad.

A mi Divino Niño lo harás colocar en mi mano izquierda: primero, para que los mortales entiendan que soy poderosa para aplacar la Justicia Divina y alcanzar piedad y perdón a toda alma pecadora que a Mí acuda con corazón contrito... Y segundo, para que en todos los siglos, mis hijas comprendan que yo les muestro y les doy como modelo de su perfección religiosa a mi Hijo Santísimo y su Dios...

La separación de los Franciscanos en este tiempo fue permisión Divina... Mas, pasados pocos siglos ellos volverán a gobernar ésta mi querida grey... será feliz y premiado de Dios aquel Prelado, hijo mío tan querido, el que... pedirá al Vicario de mi Hijo Santísimo aquí en la Tierra, que los Franciscanos gobiernen este Monasterio. Este día será cuando la corrupción de las costumbres en el mundo parezcan llegar al ápice...

Felices, bienaventuradas y muy amadas de Dios serán mis hijas de ese tiempo, que... manifestaren el deseo de sujeción a los Franciscanos, en cumplimiento de su Regla, a aquel Obispo, hijo mío tan querido. Sus nombres serán escritos en el Corazón Santísimo de Jesús...".

La Madre Mariana Francisca le contestó: "Linda Señora, vuestra hermosura me encanta... Mas permitidme que os haga saber que ninguna persona humana, por más entendida que fuese en el arte de la escultura, podrá trabajar en madera vuestra encantadora Imagen, tal

---

3 El Presidente Gabriel García Moreno consagró solemnemente Ecuador al Sagrado Corazón de Jesús, el 25 de marzo de 1874, Fiesta de la Anunciación y de la Encarnación del Verbo. Fue el primer país en el mundo en hacerlo. Un año más tarde, el 6 de agosto de 1875, García Moreno fue asesinado brutalmente por la masonería en la Plaza de Quito, que queda al pie del Palacio Presidencial y diagonal al Monasterio de la Inmaculada Concepción.

Cuadro adoptado por el estadista cristiano García Moreno para la consagración de Ecuador al Sagrado Corazón de Jesús en el año 1873. Moreno fue asesinado en 1875. El Padre Mateo Crawley, fundador de la Entronización del Sagrado Corazón en los hogares, ha adoptado la imagen como bandera de su mundo cruzada por el reinado social de ese mismo Sagrado Corazón. Él predicó sobre el tema durante cincuenta años.

Tercera Aparición, 16 de Enero de 1599

como me pedís, con todos los detalles... yo no sabría explicar ni menos podría saber y dar la estatura de vuestra talla".

La Virgen le respondió: *"Nada te atemorice, hija mía, acércate a mis pies: mi siervo Francisco con sus manos llagadas trabajará mi Imagen y los Espíritus Angélicos serán sus oficiales, y él mismo me colocará su cordón... En cuanto a la altura de mi talla, mídela tú misma con el Cordón Franciscano que traes a tu cintura..."*.

Respondió la Monja: "Linda Señora, mi Madre querida, ¿atreverme yo, que soy criatura terrenal, a tocar vuestra Frente Divina, cuando ni los ángeles pueden hacerlo?...".

La Virgen le respondió: "Me alegra tu humilde temor y veo el amor ardiente a tu Madre del Cielo que te habla; trae y pon en mi mano derecha tu cordón, y tú, con la otra extremidad toca mis pies". La Madre Mariana hizo lo que la Virgen le ordenaba, temblando de reverencia. La Virgen le entregó su extremo del cordón, que milagrosamente se había estirado hasta alcanzar su estatura y le dijo: "Aquí tienes, hija mía, la medida de tu Madre del Cielo, entrégala a mi siervo Francisco del Castillo, explicándole mis facciones y mi postura: él trabajará exteriormente mi Imagen porque es de conciencia delicada y observa escrupulosamente los Mandamientos de Dios y de la Iglesia, ningún otro será digno de esta Gracia. Tú, de tu parte, ayúdalo con tus oraciones y con tu humilde sufrimiento. Pronto saldrás de esta cárcel... Despierta ya de tu sueño a fin de que... eleven la recitación matinal del Oficio Parvo que tanto me complace...".

Dicho esto la Virgen se ocultó y la Priora encendió las velas y empezó a despertar a sus Hermanas que dormían y, con fervor extraordinario, se pusieron a rezar el Oficio Parvo.[4]

---

4 El "Oficio Parvo" o "Pequeño Oficio de la Inmaculada", es una oración de alabanza a la Virgen María que va honrando todos sus Privilegios según la época litúrgica del año, y es propio de las almas Consagradas a Dios. El "Oficio Parvo" sigue el horario del "Oficio Divino" o "Liturgia de las Horas", que distribuye siete oraciones de alabanza a Dios, durante las distintas horas del día: Laudes, seis de la mañana; Tercia, nueve de la mañana, Sexta, doce del día, Nona, tres de la tarde, Vísperas, seis de la tarde, Completas, nueve de la noche, Vigilia Nocturna o Maitines, doce de la noche. Los Franciscanos, cuyo Beato Juan Duns Scoto es por excelencia el Teólogo de la Inmaculada Concepción, emplearon desde 1480 un "Oficio de la Inmaculada" compuesto por Bernardino de Busti. Santa Beatriz de Silva, al fundar la Orden de la Inmaculada Concepción, incorporó el "Oficio Parvo" o "Pequeño Oficio de la Concepción Inmaculada de la Bienaventurada Virgen María" a sus estatutos, y la Orden fue aprobada, en 1489, con un claro énfasis en el rezo de ese Oficio.

Visión del Dragón Infernal

Terminada la oración de Maitines y Laudes, la Madre Mariana tuvo la visión de un dragón inmenso que andaba por el Monasterio, cuyos ojos lanzaban fuego. Este fuego consumía a las inobservantes, cuyos pensamientos continuaban anclados en cómo impedir para siempre el regreso de los Franciscanos y en cómo oprimir más a las Fundadoras españolas. Los únicos lugares donde el dragón no podía entrar era al Coro alto y a la cárcel; al acercarse a esos lugares se agitaba y huía.

Antes de iniciar la Hora de Sexta del Oficio Parvo, la Madre Mariana les pidió a sus Hermanas que ofrecieran esta oración por la salvación de las inobservantes. Así lo hicieron, y durante la oración, todas las Fundadoras vieron al espantoso dragón. Luego las Religiosas hicieron su penitencia, y comenzaron la oración mental de Regla. En ese momento vieron a San Francisco de Asís, provisto de un arco, lanzando flechas encendidas contra el dragón. El dragón, mal herido, dio un grito horrible, abrió la tierra y se hundió en el abismo. En ese instante se sintió un largo y fuerte temblor de tierra.

Amanecía en Quito y la gente, asustada por el temblor, imploraba misericordia al Cielo. Las inobservantes no podían moverse de sus camas, y gritaban pensando que las paredes se les iban a caer encima. Una, la que había asumido por sí misma la dirección del Monasterio, logró levantarse e impedir que la Madre Valenzuela liberara a las prisioneras.

Debemos anotar aquí que la Madre Mariana, cada vez que era encarcelada, llevaba consigo una arpa que la Marquesa de Solanda le había regalado. La Madre Mariana tenía una hermosa voz, y acompañándose del arpa, cantaba para alegrar a sus Hermanas prisioneras. Durante este encarcelamiento, compuso unas coplas, que entre otras, decían:

"Oh Padre llagado
Francisco de Asís,
sed voz mi abogado
en lance fatal.

Cuidad de tus hijas
que tristes, llorosas,
te piden ansiosas
valor y fervor."

Al oír estas coplas, la Madre Valenzuela se armó de valor, le arrebató las llaves de la Clausura a la Monja insubordinada y le envió una nota al Obispo dándole cuenta de la injusticia cometida con las Madres Fundadoras por las inobservantes. El Obispo envió una nota ordenando la liberación inmediata de las inocentes, el reconocimiento de la Madre Mariana como la legítima Priora y la entrega de las llaves de la Clausura a ella. Y decretó que la Capitana de las inobservantes sea colocada en un cuarto oscuro con un Crucifijo y una calavera, para que reflexione. Encarcelada la Capitana, la Madre Mariana la atendía personalmente, y dos veces le pidió al Obispo que le conceda la libertad. Finalmente, cumplido un mes, la Madre Mariana logró el permiso del Prelado y la trasladó a la enfermería, pues estaba enferma. Allí, junto con la enfermera, Madre Francisca de los Ángeles, la cuidó con cariño hasta que se repuso. Pero una vez restablecida, esta monja rebelde no se enmendó.

Visión de Jesús y Tercera Cárcel

La Madre Mariana continuó su priorato con humildad y suavidad, pero sin permitir faltas contra la Regla. Sus correcciones siempre eran cariñosas. Asimismo, su vida de penitencias continuó: los lunes y viernes besaba los pies de las demás Monjas; los martes ponía algo amargo en su comida; los miércoles y sábados comía en el suelo, sin velo, y con una cuerda en el cuello; los jueves se tendía en el piso para que su Comunidad pase sobre ella.

Sin embargo, el Obispo, al no conocer la vida íntima del Convento ni la Regla, se dejaba convencer por los alegatos de las inobservantes. En su visita Pastoral, recibió muchas acusaciones contra la Priora, y dispuso que le quiten el velo y la recluyan en su cuarto, pasando el gobierno del Monasterio a la Vicaria. La Comunidad entera lloró cuando la Madre Mariana se despidió, a excepción de la Monja Capitana y sus seguidoras, quienes cambiando la orden del Obispo, querían llevar a la Madre Mariana a la cárcel del Monasterio.

La Madre Mariana calmó a defensoras y acusadoras, e hizo que una inobservante lea la carta del Obispo, donde claramente decía reclusión en su propio cuarto o celda. En ese instante vio a Jesús en el Sanedrín, acusado y calumniado, y vio los sentimientos de su Sagrado Corazón: amor y perdón para sus perseguidores, ofrecimiento de su dolorosa Pasión por la salvación de las almas, y amargura por las traiciones de sacerdotes y Monjas hasta el fin del mundo.

Jesús, volteándose hacia ella, le dijo: *"Esposa mía, no me dejes con tanto dolor y amargura; si me amas de verdad, te pido que inseparablemente me acompañes durante toda la vida. Te hago saber, que este sacrificio... será germen... para que en este Convento, tan querido de Mi Corazón, haya en todos los siglos almas víctimas... las que... vivan en la práctica de mi sublime perfección, siendo... pararrayos que detengan la ira divina en los tiempos aciagos por los que atravesará la Iglesia en este suelo..."*. Entonces la Madre Mariana se arrodilló, y besándole pies y manos, entregó las llaves a la Vicaria. Dejó puesta la llave de su celda por fuera, para que la encerraran si lo deseaban, pero la Madre Valenzuela y la Vicaria dejaron la puerta abierta y escondieron la llave, para evitar que la encierren las inobservantes. En su nueva reclusión, la Madre Mariana compuso nuevas coplas, de las cuales copiamos un extracto:

> Cuando haya acabado
> mis días mortales
> terminan mis males
> y empiezo a gozar.
>
> Y yo desde el Cielo
> con santo desvelo
> la Santa Observancia
> de aquí celaré.
>
> Y en todos los siglos
> tendré buenas hijas
> que amantes prolijas
> a Dios servirán.

En la celda de la Madre Mariana estaba la enorme Cruz en la que se crucificaba frecuentemente y los otros instrumentos de penitencia que usaba. Mientras estaba recluida, las monjas inobservantes con su Capitana a la cabeza, inventaron sinnúmero de calumnias sobre la Madre Mariana y las hicieron llegar al Obispo.

En aquellos días fue un delegado del Obispo en visita secreta al Convento. La Madre Valenzuela y las hermanas observantes le hablaron de las virtudes de su Priora y de las calumnias de las inobservantes. El Padre delegado le expuso la verdad al Obispo, quien nuevamente envió una nota disponiendo la libertad de la Madre Mariana y la restitución de su Priorato. Al día siguiente, el Padre delegado, citó a la

Madre Mariana en confesión, quien contestó a todas sus preguntas con palabras delicadas, sin culpar a ninguna Monja, atribuyendo todo a la permisión divina. El Padre delegado le contó luego al Obispo, impresionado, que le parecía haber hablado con una mártir de los primeros siglos de la Iglesia.

El Obispo se sintió muy afligido de haber mandado a encarcelar a la Madre Mariana tres veces, por prestar oídos a la maledicencia, y le escribió una hermosa carta. En una parte, la carta decía: "De hoy en adelante, quien me denuncie a Vuestra Reverencia será encarcelada y se le aplicarán inmediatamente penas mayores, sin olvidar las disculpas que se pedirán a esas hijas de intención desleal".

Así la Madre Mariana continuó dirigiendo el Monasterio con su bondad, sabiduría y celo por la observancia de la Regla Franciscana, hasta el término de su Priorato.

La Elección de la Nueva Priora

Pasaban los días y no se llegaba a un consenso en la elección. Las inobservantes querían elegir Priora a su Capitana, y para ello conquistaron a las Hermanas Legas, encargadas de asistir en los quehaceres domésticos a las Monjas.

Juntas, inobservantes y Legas, decidieron salir de la clausura e ir en procesión, vela en mano, hasta el Coro Inferior de la Iglesia, donde estaba el Obispo, quien había venido al Convento para la elección. La Madre Valenzuela, angustiada, buscó a la Madre Mariana, mas ella estaba tranquila y la reprendió por no confiar en Dios.

Al llegar la procesión a la puerta, la Madre Mariana les preguntó a dónde iban. Las inobservantes respondieron que iban donde el Obispo para que les haga justicia. "No iréis" les dijo con grave acento la Priora. Entonces las inobservantes trataron de romper el cerrojo de la puerta, para salir. La Madre Mariana elevó sus ojos a la Virgen de la Paz, una pequeña estatua de la Virgen que la Madre María de Jesús Taboada había traído de España, sin decir nada. En ese momento la Madre Valenzuela, valiente, les arrebató las velas que llevaban y las arrojó lejos.

Se oyó entonces un ruido. Se voltearon y vieron a la estatua de la Virgen de la Paz, que giraba dándoles la espalda. "Infelices, ¿qué hacéis?... Tarde lloraréis vuestras locuras, y para perpetua memoria de este caso, quedaré así volteada de espalda a vosotras, para que seáis el escarmiento de vuestras Franciscanos". La Imagen estaba iluminada y con el rostro severo. Las inobservantes cayeron inconscientes, llenas de terror.

La Madre Mariana y las demás observantes se arrodillaron llenas de respetuoso temor. Hasta el día de hoy puede observarse el milagro en la Imagen, que está en el Coro Alto: la cabeza está vuelta hacia atrás y no corresponde con la orientación del resto del cuerpo; las Monjas desde entonces disimulan el hecho, colocando su vestido de acuerdo con la posición de la cabeza.

Las Monjas observantes trataban de hacer reaccionar a las inobservantes y a las Legas, que eran bastantes. Estaban heladas, con aspecto cadavérico, y no reaccionaban. Entonces la Madre Mariana puso a la Comunidad a rezar tres Avemarías con los brazos en Cruz, delante de la Imagen de la Virgen de la Paz. Luego la Madre Mariana hizo que las sienten, sopló sobre cada una para que despierten y, tomándolas de la mano derecha, las puso en pie. Las inobservantes, repuestas, miraban con miedo hacia la Santa Imagen. La Madre Mariana les ordenó que se retiren, y todos notaron cómo, al pasar las inobservantes y las Legas al pie de la Imagen, tres grandes lágrimas se desprendieron de sus ojos.

La Madre Mariana fue a ver a las hermanas Legas, que lloraban arrepentidas y pedían perdón. La Priora las acariciaba, diciéndole que estaban totalmente perdonadas, pero que el Obispo tenía que levantar la excomunión que ahora pesaba sobre ellas. Y añadió: "Algunas de vosotras preparaos para morir, pues ya os llega la hora. Y para aseguraros esta verdad, veréis, con vuestros ojos, convertidas en huesos y con vuestros nombres, la vela que cada una llevaba en sus manos en tan indiscreta cuanto culpable procesión". Luego la Madre Mariana envió a la Madre Francisca de los Ángeles a darles agua de anís del país, pues habían quedado débiles y enfermas.

Al día siguiente, la Capitana y sus inobservantes, reclutaban simpatizantes, pues la elección de la nueva Priora sería al día siguiente. Pero las Legas ya no las apoyaron, y les recordaron que ellas, las inobservantes, también habían quedado excomulgadas, por haber querido romper la clausura. Mientras tanto, la Madre Mariana y las observantes, oraban y hacían penitencia por ellas, para que Dios iluminara sus almas ciegas.

Llegó el día siguiente. En la tarde, luego de muchas votaciones, el Obispo se sentía cansado, y todavía no había consenso, faltando siempre poquísimos votos para reelegir a la Madre Mariana. Entonces las inobservantes se dirigieron al Prelado, diciéndole que querían más libertad, y que la Capitana fuera su Priora. La Capitana tomó la palabra, y le dijo al Obispo: "Valga esta ocasión en la que todas pedimos que las españolas

La Elección de la Nueva Priora 27

vuelvan a su tierra o sean encarceladas perpetuamente. Así nos dejarán libres y tranquilas".

Al oír estas palabras, el Obispo ordenó que a la Capitana se la encarcele, colocándole una mordaza para su lengua suelta, y anuló el voto para las inobservantes, quienes quedaban obligadas a realizar los oficios más humildes. La sentencia del Obispo tuvo un efecto sobrenatural, pues la Capitana quedó muda.

Cuando la Capitana habló con el Obispo, la Madre Mariana tuvo una visión terrible. Vio como dos monos feroces se acercaban a ella y a las demás inobservantes, echando fuego por ojos, nariz y boca, y depositaban ese fuego en sus corazones aumentando su envidia y su ira. Vio que la Capitana no se salvaría, al igual que muchas de sus seguidoras, por la vida relajada que llevaban, y que por esto no recibían las Gracias que a torrentes se vierten sobre las Religiosas de Claustro, muriendo de sed junto a la fuente. La Madre Mariana lloró al ver todo esto.

En ese momento se le apareció Jesús, como estuvo en Getsemaní, con el Corazón transido de dolor por la pérdida de las almas, especialmente de los sacerdotes y de las Religiosas. Lo escuchó decir: *"...tú, mi Esposa, ¿qué harás por Mí, ya que hice mucho por ti? ¡Oh, cuánto me cuestan estas almas religiosas, sácalas de las fauces del lobo infernal! ¡Cómo me duele el perderlas!"*

La Madre Mariana respondió: "Mi Amado, ¿qué queréis, qué pedís de mí? ¿Queréis que viva y muera en la cárcel, en un aislamiento absoluto de las criaturas...? Acepto, aquí estoy... mi naturaleza se horroriza, más mi espíritu está listo para el sacrificio...".

El Señor le respondió: *"No es la vida, ni la salud, ni la cárcel, lo que quiero de ti, mi amada Mariana, sino el sufrimiento por el período de cinco años consecutivos de las penas del Infierno que el alma de esta pobre Hermana tenía que sufrir por toda la Eternidad. Te señalo cinco años en memoria de las cinco Llagas de mi humanidad dolorida durante mi Pasión... durante este tiempo Yo me ausentaré de tu vista material y no te daré el menor consuelo, ni alivio para tus dolores, así como el alma de esta pobre Hermana no lo hubiera tenido en la oscura cárcel del Infierno. Es cierto que interiormente Yo estaré contigo, fortaleciéndote, porque de otro modo, ni tú, ni cualquier mortal, por santo que fuese, podría tolerar siquiera un minuto, tantas penas. Dime: ¿aceptas mi pedido?"*

El Divino Maestro le mostró los cinco años, que a la Madre Mariana le parecieron una Eternidad. El Obispo y las demás hermanas notaron que temblaba. El Prelado lo atribuyó a pesar por el castigo impuesto a la Capitana, y le ordenó calmarse.

Entre tanto, la Madre Valenzuela había llevado a la Capitana a la cárcel, y ya estaba de regreso para iniciar una nueva votación. Le entregó la llave de la cárcel al Obispo, e hizo salir, una a una, a las inobservantes. Luego roció agua bendita, y cerró las puertas. El Obispo y las Hermanas invocaron al Espíritu Santo, a la Virgen y a San Francisco de Asís, y procedieron a la elección de la nueva Priora, que recayó en la Madre Valenzuela.

La Madre Valenzuela, con lágrimas, rogó al Obispo que, para empezar bien su Priorato, trajeran a la sala a la encarcelada y a sus compañeras, para que les fuese levantada al excomunión. Así se hizo. Y luego de que la Capitana besó el escapulario de la nueva Priora, el Obispo la envió de regreso a la cárcel hasta nueva orden. Luego bendijo a todas y se fue, y comenzó la celebración por la elección, que duró tres días.

Terminado el festejo, las inobservantes más rebeldes visitaron a la Madre Valenzuela, diciéndole que la Madre Mariana había escondido en el Coro Inferior una caja grande de zinc, llena, según ellas, de joyas regaladas por personas de Quito, al igual que de dulces y licores. La acusaron de enviar las joyas a su tierra y de comer y embriagarse delante de Jesús Sacramentado, mientras fingía orar.

La Madre Valenzuela quedó preocupada, y, siguiendo a la Madre Mariana, observó como echaba agua bendita sobre la tal caja. Y un día, estando solas en el Coro Inferior, le pidió ver el contenido de la caja. La Madre Mariana accedió y le hizo acuerdo de la procesión con velas de las inobservantes, cuando la Madre Valenzuela les arrebató y arrojó las velas al suelo. Entonces le dijo que aquellas velas se habían transformado en huesos, con el respectivo nombre de cada Religiosa que la portaba. Le explicó que había recogido estos huesos con las Madres Francisca de los Ángeles y Lucía de la Cruz, y había mandado a hacer la caja para guardarlos. La Madre Valenzuela gritó y se desmayó al ver el terrible espectáculo de los huesos en la caja.

Llegaron algunas Monjas al Coro Inferior, preocupadas por el grito y desmayo de su Priora. También llegaron las inobservantes, quienes exigieron entonces que se abra el contenido de la caja. La Madre Valenzuela, recuperada, les dijo: "…veréis con vuestros propios ojos el fruto de vuestros pecados…. Pedid perdón a Dios". La Priora dio orden que se convoque a toda la Comunidad con la campana. Luego la misma Priora fue a traer a la Capitana prisionera.

La Madre Valenzuela explicó a la Comunidad la acusación que habían hecho las inobservantes a la Madre Mariana, y a continuación hizo colocar la caja de zinc en el centro del Coro. La Priora pidió que se acerquen la presa y las inobservantes, y abrió la caja. "Ved, Hermanas, las velas que trajisteis en las manos durante la procesión, hace pocos días. Se convirtieron en vuestros propios huesos y con vuestros propios nombres. ¡Leed cada una!..." les dijo.

Las inobservantes dieron un grito de horror. Lloraban y pedían perdón a Dios, a la Virgen de la Paz y a la Madre Mariana, y culpaban a la Capitana de haberlas incitado. Sólo la Capitana y las calumniadoras temblaban sin decir nada. La Priora ordenó que a ellas la Madre Mariana le entregara su hueso en la mano, cayendo cada una sin sentido al recibirlo. Les dieron a beber "agua de anís del país", la bebida milagrosa de la Madre Mariana, y al despertarse todas lloraban, con vergüenza y miedo, menos la Capitana, que con un gesto de desprecio le dijo a la Madre Mariana: "¡Embustera!" La Priora levantó el brazo para golpearla, pero la Madre Mariana se interpuso. Algunas inobservantes corrieron a abrazar a la Madre Mariana. Luego, la Capitana fue encerrada de nuevo en la cárcel. La Madre Valenzuela hizo que la secretaria anote todo lo ocurrido en un pergamino, que fue encerrado dentro de la caja donde habían vuelto a guardar los huesos, junto a un pequeño Cristo de metal, para eterno escarmiento de las inobservantes del Monasterio.

Cinco Años en el Infierno

Al día siguiente, la Madre Mariana fue al Coro Inferior a orar, cuando sintió un suave rumor que salía del nicho donde estaba la Virgen de la Paz. La Virgen le dijo: *"Hija de mi Corazón, soy la Reina de la Paz y la Madre del Bello Amor. Prepara tu corazón... para que con tu heroísmo salves el alma de tu hermana que está en la cárcel. Ya es tiempo de que te sacrifiques por ella, o el alma de ella se perderá. Cuánto me hace sufrir la perdición de un alma religiosa"*. La Imagen de la Virgen de la Paz había cobrado vida y lloraba al hablar con la Madre Mariana. Inmediatamente, la Madre Mariana se ofreció para todo lo que Dios quisiera de ella.

Entonces la Madre Mariana vio a Jesús Crucificado, lleno de angustia, con la Corona de Espinas. Él le dijo: *"Esposa mía, ya es tiempo de cumplir el ofrecimiento que me hiciste para salvar el alma de tu Hermana... sufriendo los cinco años de Infierno para que ella no sufra eternamente. Cumple tu palabra o la Divina Justicia caerá sobre esa alma culpable. Rubrica en este momento"*. La Madre Mariana tuvo la visión en ese momento de cómo dos negros gigantescos despedazaban el corazón de la Capitana y le decían que para ella sólo había dos opciones: matarse en ese instante o salir al mundo, para vivir sin tanta opresión. Volvió a mostrarle el Señor cómo serían esos cinco años, sin el menor consuelo divino ni humano, y la dejó en libertad de tomar su decisión. Entonces sintió en su corazón un amor tan grande a Jesús, que se sintió feliz de poder ayudarlo a salvar almas, y llena de fervor le contestó: "Mi Divino Redentor... no puedo sino ofrecerme con agrado para sufrir los cinco años de Infierno para que ella pueda conseguir su salvación eterna... confiando en vuestra Fuerza Divina y en el Amor que me tienes... acepto aquello... como Vos sufristeis en las tres horas de agonía en la Cruz la pena de perdición de los condenados, sabéis, por experiencia propia, lo que es esta pena, espero, por tanto, que me sostendréis".

Jesús le contestó: *"Corazones como el tuyo... deseo para la salvación de las almas. Y estos corazones los encontraré siempre en éste mi querido Convento. Yo seré tu secreta fortaleza. Tú sufrirás los cinco años de Infierno y en cambio ya está salvada el alma de tu Hermana. Ella sufrirá primero una fuerte enfermedad, la que tú aprovecharás para conquistarla y convertirla, sufriendo la dureza de su genio, y cuando ella sane, después de presentarse al Juicio y conocer su mala vida, comenzará tu Infierno".* La Madre Mariana vio el Juicio de esta Religiosa, en el que, salvada del Infierno, era sin embargo condenada a permanecer en el Purgatorio hasta el día del Juicio Final.

En aquellos días, extraños ruidos salían de la cárcel. Un día, estando en el Coro Inferior, la Priora y la Madre Mariana oyeron gritos y voces roncas dentro de la cárcel. La Madre Valenzuela se aterró, y la Madre Mariana le dijo: "Madre, esta pobre Hermana es víctima del diablo. Visitémosla y retirémosla un momento al Claustro Inferior para que no se desespere...". La Madre Mariana venció las objeciones de la Madre Valenzuela, se persignaron y entraron a la cárcel. Encontraron a la presa gritando: "¡Me estoy muriendo, muriendo! ¡El demonio me lleva!", mientras corría y se golpeaba la cabeza contra las paredes. La Madre Mariana oró y ella cayó sin sentido. La Madre Mariana, llorando, la recogió, y sus lágrimas caían sobre el rostro de la Monja. Entonces le pidió a la Madre Valenzuela, que estaba atemorizada en la puerta, que la enfermera le trajera "agua de anís del país" para reanimarla. La Madre Valenzuela le replicó: "Voy a pedir todo esto... pero si ella vuelve en sí, ¿qué haréis sola?" La Madre Mariana le contestó: "No os preocupéis, Madre, Jesús y María me acompañan".

Al quedarse sola, la Madre Mariana vio a los dos negros, que tímidos, estaban pegados a la pared. La Madre Mariana les gritó: "Bestias viles y abominables, ¿qué hacéis aquí?... Todos los esfuerzos por llevaros el alma de mi Hermana serán vanos. Jesucristo murió por ella, y a pesar de vosotros, ella se salvará. ¡Os ordeno en nombre del Misterio de la Santísima Trinidad, de la Divina Eucaristía, de la Maternidad Divina de María Santísima, de su Glorioso Tránsito y Asunción en Cuerpo y Alma a los Cielos, que inmediatamente desocupéis este lugar santo y nunca más volváis a mortificar con vuestra abominable presencia a ninguna de mis Hermanas, que justa o injustamente estén aquí!" Entonces hubo un estruendo, la tierra tembló, y se oyeron aullidos. La Priora y cinco Religiosas más que llegaban trayendo remedios, se asustaron. Una de las Madres le dijo a la temerosa Priora: "Madre, no os asustéis. Algo diabólico debe estar pasando en la cárcel, pero la Madre Mariana es muy buena y contra ella nada pueden los demonios...".

La Madre Francisca de los Ángeles entró primero y notó un humo espeso dentro de la cárcel. La Madre Mariana pidió agua y perfumador de ambiente. La Madre Lucía quemó el incienso, mientras la Madre Magdalena de San Juan rociaba con agua bendita las paredes. Hecho esto, hicieron reaccionar a la enferma. Le hicieron tomar el agua de anís y las Madres Mariana y Francisca la sacaron al sol y la hicieron pasear por el Claustro. Luego la regresaron a la cárcel, pero la pobre Monja tenía tan arraigado el odio en su corazón, que no podía pedir perdón ni querer bien a su benefactora. Al día siguiente amaneció muy enferma y la trasladaron a la enfermería, por pedido de la Madre Mariana. Cuando arreglaban la cama, la enfermera, Madre Francisca, le confió a la Madre Mariana que, en la Comunión, el Señor le había contado del sacrificio que ella iba a hacer para salvar a la Capitana, y que la Madre Mariana era la más preciosa joya que Él poseía en la Colonia. La Madre Francisca le dijo que ella la consolaría durante su Infierno, pero la Madre Mariana le respondió, con lágrimas en los ojos, que nadie podría consolarla durante esos cinco años. También le pidió que no le cuente de su sacrificio a nadie, pero la Madre Francisca le dijo que el Señor también se los había comunicado en la Comunión a las Madres María de la Encarnación, Ana de la Concepción, Lucía de la Cruz, Magdalena de San Juan y Catalina de la Concepción.

Luego trasladaron a la presa a la enfermería y llamaron al doctor, que diagnosticó neumonía altamente contagiosa. Les recomendó que la trasladaran a un cuarto alejado y que viniera alguien de afuera a cuidarla, para que no se contagie toda la Comunidad. La Madre Priora habló con la Madre Mariana, diciéndole que no convenía hacer entrar a una extraña al Convento y que era preferible dejar que la Hermana muera. La Madre Mariana le pidió entonces a la Priora que rezaran durante media hora al pie del Sagrario, para pedirle al Señor que manifieste Su Voluntad. La Madre Valenzuela quería renunciar al Priorato para no enfrentar el problema, pero el Señor le dijo a la Madre Mariana que no era Su Voluntad que ella renuncie al Priorato, pues eso era como rechazar la Cruz de Cristo; que tampoco debía introducir gente de fuera, y menos aún, abandonar a la Hermana enferma. El Señor también le dijo que era ella, la Madre Mariana, junto con las otras Fundadoras, quienes debían cuidarla, y nadie más. Le manifestó además que ninguna se contagiaría, pues ésa era su Voluntad.

La Madre Valenzuela quedó confusa y edificada a la vez, pues las Madres Fundadoras, por su categoría, hubieran debido eximirse, según el pensamiento errado del mundo, de la tarea humilde de cuidar a una enferma contagiosa. Sólo las almas de gran Luz saben que, cuanto más alto es el rango, tanto más se debe humillar la criatura, habiendo dado ejemplo perfecto de esto la Madre de Dios. Así pues, las Madres Fundadoras, recibieron arrodilladas la Bendición de su Priora, y empezaron a cuidar a la pobre enferma; encargo que les había sido manifestado a ellas también, personalmente, por el Señor en la Comunión. La enferma las esperaba furiosa y les dijo que sólo esperaba sanarse para poder encarcelarlas.

Uno de los remedios decretado por el médico, era un baño muy caliente en tina, de la que ellas no disponían. Las Monjas no sabían que hacer cuando la Marquesa de Solanda llegó al torno, solicitando hablar con la Madre Mariana. Acudieron aquella y la Priora, y la Marquesa les contó que había soñado la noche anterior que la Madre Mariana cuidaba a una persona enferma, y que esta persona, manipulada por dos negros enormes con ojos de fuego, agredía de palabra y obra a la Madre, hasta que caía muerta, saliendo su alma del cuerpo en forma de una blanca paloma, que le agradecía a la Marquesa todos los favores y limosnas que les había hecho a ella y al Convento. La Marquesa contaba todo esto bañada en lágrimas, pues quería mucho a la Madre Mariana. Entonces la Madre Mariana le contestó que efectivamente una Hermana estaba enferma, y que necesitaban una tina para darle baños calientes. La Marquesa, muy contenta, dijo que les enviaría inmediatamente la tina y además les dejó una considerable cantidad de dinero para la atención de la enferma.

Durante los treinta días que duró su enfermedad, la enferma escupió, insultó, golpeó y arrojó inmundicias a las Hermanas, sobre todo a la Madre Mariana, cada vez que la atendían. La Madre Mariana sonreía, se cambiaba el hábito y seguía atendiéndola con caridad cristiana. El día treinta la enferma estaba muy mal. Podía ver a los negros descomunales, y aterrada gritaba que se la querían llevar. Las lágrimas de la Madre Mariana, que caían sobre su cabeza la calmaban, y suplicaba que le den más de ese "remedio". Llamaron al Confesor, quien asustado, advirtió que la Monja moría impenitente. Entonces la enferma entró una dolorosa agonía de dos días, convulsionando, y finalmente murió en los brazos de la Madre Mariana. Pero la Madre Mariana les dijo a sus Hermanas: "(Ella) está ahora delante del Juicio de Dios y ya está comprendiendo todo el mal que hizo. Ella volverá a vivir... entonces se enmendará. Después morirá, pero se salvará y su Purgatorio durará hasta el día del Juicio Final. Así me reveló el Señor en estos momentos".

Dicho esto la Madre Mariana, la muerta se estremeció y abrió los ojos. Buscó a la Madre Mariana, quien la tenía en sus brazos, y llorando, quiso hablar pero no pudo. Le dieron a beber "agua de anís del país", y entonces la ex-Capitana pudo hablar y contó que venía de la Eternidad. La Madre Mariana la tranquilizó y le dijo que una vez restablecida, podría hacer su confesión general con un Padre Franciscano. Desde ese momento, la enferma fue dócil y agradecida, y no quería separarse nunca de la Madre Mariana. Al mes ya estaba sana. Entonces mandó llamar a la Priora y le pidió perdón a sus pies. La Priora le respondió: "No basta que te humilles y pidas perdón aquí. Hazlo en Comunidad y después volverás a la cárcel de donde saldrás muerta".

La antigua rebelde le respondió así: "Sí, Madre... bien merezco la prisión perpetua, pues, por la Misericordia de Dios, me he librado de la cárcel eterna del Infierno, por los ruegos de la Madre Marianita. Volveré a la cárcel hoy mismo si así me ordena Vuestra Reverencia... Fuera de esta vida mortal, recibí también una fuerte y justa represión de Nuestra Madre Fundadora, pero ella no me apartó de sus pies...". La Madre Mariana y las demás Fundadoras que la habían cuidado, le rogaron a la Priora que no la encarcele, pues ya no era necesario, y la Priora accedió, imponiéndole algunas penitencias públicas, que hizo con gran humildad.

Pasado poco tiempo, la Madre Mariana rezaba en el Coro Inferior, junto a la convertida, cuando vio a Jesús, que le dijo: "Esposa querida mía, ya es tiempo de que sufras por cinco años las penas del Infierno que aceptaste con caridad heroica para salvar el alma de tu pobre Hermana... Desciende a lo profundo de tu alma y... enciérrala en la Llaga de mi costado, que fue abierta para asilo de mis almas predilectas, colócala bajo el maternal cuidado de mi hermosa Virgen Madre. Purifica más tu alma con la Gracia de la absolución que recibirás... y mañana, después de permanecer contigo en la Comunión, sin haberse consumido aún del todo las Especies Sacramentales, comenzará tu Infierno". Jesús la bendijo y se escondió en el Sagrario. La Madre Mariana obedeció a Jesús, llamó a su Director Espiritual, hizo una extraordinaria confesión, y se preparó para recibir la Comunión del día siguiente.

A la mañana siguiente, durante la Comunión, la Madre Mariana estrechaba a Jesús en su corazón, como queriendo retenerlo para siempre. Consumida la Hostia, la Madre Mariana sintió un fuerte dolor en el corazón, como si se lo arrancaran del pecho... y quedó completamente insensible a Dios. Sintió hastío al pensar en Él, y una especie de odio. Al pensar en el sacrificio que ella había hecho por su Hermana, en lugar de amor, sentía furor y total desconfianza en Dios. Intelectualmente recordaba todos los Misterios de la Redención, pero estos recuerdos eran para ella ahora fuente de rabia y desesperación. Comprendía quién era Dios, la Virgen y el Cielo, pero sentía que para ella estaba todo acabado definitivamente, sin esperanza alguna de poseerlos. La noción de cinco años había desaparecido de su mente; ella sólo discernía que estaba condenada para siempre. Voces roncas le susurraban: "Eternidad... Eternidad... para siempre... para siempre... Monja que desperdició el tiempo... merece... el más horrible padecimiento...".

Sus sentidos también eran atormentados. Pasaba de un intenso calor ardiente, al frío más glacial, más que si estuviera enterrada en la nieve. Ante sus ojos desfilaban visiones infernales; oía las blasfemias de los condenados y de los demonios, le llegaban olores repugnantes, su cama le parecía que tenía puntas afiladas que la traspasaban, en el paladar tenía un sabor horrible, desconocido; era azufre que los demonios le hacían tragar a la fuerza, mientras le golpeaban la cabeza, incitándola a la rabia, a la desesperación, a la blasfemia. Su voluntad ya no era libre de hacer el mal o el bien, sólo estaba presa, sufriendo el rigor de la Justicia Divina. Quería recurrir a la Misericordia de Dios, pero encontraba que ya no estaba disponible para ella. Se sentía rechazada por Dios y sentía el deseo de acabar con su existencia. No había la menor tregua para ella, ni física ni moral, vivía y respiraba una atmósfera de odio.

Externamente, era un modelo de dulzura, humildad y mansedumbre y observancia de la Regla. Pero la alegría había desaparecido y su semblante tenía una tristeza mortal; su color rosado era ahora amarillento, los ojos hundidos, enflaquecida. Las Fundadoras supieron por Jesús, al comulgar, que la Madre Mariana ya estaba en su Infierno y que nadie podía aliviar su dolor. Les mostró donde estaba el corazón de la Madre Mariana: oculto en Su Sagrado Corazón y custodiado por su Madre Inmaculada; habiendo quedado totalmente impedida su dueña, por lo tanto, de amarlo y conversar con Él. La oración mental practicada en Comunidad, se convirtió para ella en un tormento cruel. Durante sus cinco años de Infierno, el único que supo de estos padecimientos, y quien posteriormente los narró en forma verídica y exacta, fue su Director Espiritual, quien la mandaba a comulgar por Obediencia. El Padre Confesor, en cambio, no entendía lo que pasaba en su alma y la reprendía severamente.

    La antigua Monja rebelde, convertida, era tentada por las inobservantes, pero ella se refugiaba en la Madre Mariana, quien la aconsejaba con dulzura, sin dejar traslucir su tormento interior. Terminaron los tres años de Priorato de la Madre Valenzuela (la entrada al Infierno de la Madre Mariana había transcurrido al término del primer año de su Priorato), y fue elegida como nueva Priora la Madre Inés Zorrilla. La Madre Mariana no fue electa pues su aspecto físico era el de una persona consumida y enferma, no apta para sobrellevar el duro cargo de Priora. Durante los festejos, alegró a su Comunidad tocando el arpa y cantando con melodiosa voz, sin ella sentir el menor consuelo, y sintiendo más bien aumentar el odio en su alma.

    Transcurrieron los tres años de Priorato de la Madre Zorrilla. Concluido éste, se llamó a elecciones nuevamente, y salió elegida la Madre Valenzuela. La Madre Mariana tampoco fue tomada en cuenta esta vez, pues para esta época ya lucía como un cadáver viviente.

La Salida del Infierno

    Algunos días después de la elección, la Madre Mariana hacía la Oración Mental en comunidad, cuando cayó al suelo. La llevaron a su dormitorio; parecía muerta. Fue llamado el doctor, quien anunció que esperaran una hora, y si no reaccionaba, su muerte era un hecho. Tres cuartos de hora después, despertó la Madre Mariana, encontrándose con su Priora que lloraba su muerte. La Madre Mariana le pidió que no llore más, y exclamó: "¡Cuán bueno y digno de amor es nuestro Dios!". La Madre Mariana estaba muy alegre y pidió un poco de su tradicional remedio "agua de anís del país". Cuando el doctor llegó, dijo admirado: "La ciencia humana no llega a comprender el Querer Divino", y se retiró.

    En la Comunión, las Madres Fundadoras ya habían sido avisadas de la salida del Infierno de la Madre Mariana, así como fueron avisadas de su entrada en él, y así se lo dijeron. La Madre Mariana les confió a las Madres Francisca de los Ángeles y Magdalena de San Juan, entre otras cosas: "¡Qué horrible es el Infierno! ...sólo pasando se puede saber en qué consiste... cuán inefables son los gozos de la Gloria del Cielo, a donde fui llevada por Manos de Nuestra Santísima Madre... donde estuve toda la mañana de hoy. Os confiaré un secreto... y es que nuestra Hermana... por quien expié, morirá al cabo de un mes, y nuestra buena Madre Priora, después de dos meses y quince días. Nuestra Priora deberá pasar un siglo en el Purgatorio, pero nosotros podemos disminuir esos sufrimientos, sino nuestra Hermana permanecerá allí hasta el día del Juicio... Voy a vivir largos años y os enterraré a todas... habéis también de saber que muchas de nuestras Hermanas irán al Purgatorio, mientras nuestro Convento esté sujeto al Obispo y saldrán al Cielo en cuanto retorne la jurisdicción de los Franciscanos. Eso sucederá después de largo tiempo".

En la mañana del día siguiente, la Madre Mariana se acercó a la Comunión radiante de alegría, recobró el color rosado de sus mejillas, se notaba la gloria de su alma. Durante la Comunión, vio como Jesús sacaba de dentro de Su Corazón el de ella, y cómo, juntamente con Su Madre María, se lo volvieron a colocar en su pecho. Notó también la Madre Mariana que los demonios temblaban de furor al ver que se les había escapado: querían arremeter contra ella y no podían, pues su simple presencia los ponía en desbandada.

La convertida Capitana amaneció un día con mucha fiebre; en su delirio llamaba a la Madre Mariana, y ella se dedicó a cuidarla. Finalmente, la Capitana se confesó, recibió los últimos Sacramentos, pidió perdón por sus errores y malos ejemplos, y murió un viernes a las tres de la tarde. La Madre Mariana vio su Juicio, y como ella llevó al Purgatorio su profunda gratitud con ella. La Madre Mariana dijo que en el Siglo XX, vendría una Hermana de mucho trato con Dios, que obtendría para la Capitana y otras almas, grandes alivios. La dolencia del corazón de la Madre Valenzuela se fue agravando, y pasó el gobierno del Monasterio a la Madre Mariana. Murió con el auxilio de los Sacramentos, en brazos de la Madre Mariana, a los tres meses de iniciado su Priorato.

La Madre Mariana pidió al Obispo que llame a nuevas elecciones en el Monasterio, y así lo hizo, y salió electa la Madre Mariana. Las únicas poco alegres con su elección fueron las inobservantes, a quienes la Madre leía sus corazones y sus luchas interiores, y por eso mismo, eran las predilectas de su cariño maternal. Pero en lo tocante a las faltas contra la Santa Regla, nunca dejó pasar la ocasión, corrigiendo siempre éstas en privado, con dulzura y caridad. Después de la corrección, rezaban juntas un Avemaría, y la Priora le besaba los pies a la amonestada.

Cuarta Aparición, 21 de Enero de 1610

Era el año 1610; habían pasado 11 años desde que Nuestra Señora de El Buen Suceso había pedido la ejecución de su Imagen. A la una de

Cuarta Aparición, 21 de Enero de 1610

la madrugada del 21 de enero, la Madre Mariana se retiró a descansar, pues había terminado su penitencia de medianoche. A las tres de la mañana regresó para una hora de oración, al Coro Alto. De pronto, el Coro se llenó de luz, y vio en medio del resplandor a los tres Arcángeles, rodeados de muchos ángeles.

San Gabriel se adelantó y le dijo: "Privilegiada Esposa del Verbo Divino... vengo a darte la celestial noticia de que, dentro de pocos instantes, hablarás con tu Santísima Madre... Para esto, vengo a iluminar tu inteligencia, a fin de que reconozcas la verdad de ésta y de otras apariciones, y jamás lo olvides ni lo dudes, porque esto sería una enorme ingratitud para con Dios". Entonces el Arcángel proyectó un rayo hacia la mente de la Madre Mariana.

San Miguel habló: "¡Criatura feliz y muy amada de la Santísima Trinidad... Dios esté contigo! Soy enviado del Altísimo para fortalecer tu pequeño corazón... para que puedas recibir la abundancia de Gracias divinas que tendrás en la comunicación de tu Madre Santísima... Y para afirmarte en una sólida humildad y hacerte fuerte contra cualquier daño que quieran hacerte los espíritus soberbios...". Y el Arcángel lanzó un rayo luminoso sobre su corazón.

San Rafael le dijo: "Feliz criatura a quien la generosidad de Dios concedió vivir, aún en carne mortal, como bienaventurada... El Señor te encargó mandar a esculpir, como Ella te indicará, la estatua de su Santísima Madre que será venerada en siglos futuros. Fui enviado para curarte la ceguera de la mente a fin de que creas en la veracidad de las apariciones, tú, que incauta dudaste hasta ahora. De hoy en adelante verás muy claro, pues se disiparán tus dudas, que Dios tanto aborrece". El Arcángel disparó un rayo de luz hacia su mente y corazón a la vez. En esa luz, la Madre Mariana vio su vida entera, y todas las Gracias y Favores de Dios que recibiría durante el transcurso de ella, incluyendo la verdad de las apariciones de la Virgen María.

La Madre Mariana agradeció a los Mensajeros de Dios la luz que le habían dado, y quedó en total aniquilamiento a la espera de la Voluntad de Dios en ella: "...decid a nuestro Divino Rey, que la pobre esclava de su Majestad, postrada en tierra, os espera, para que haga en ella lo que desee, pues mi corazón y todo mi ser le pertenecen...".

Permaneció postrada y con los brazos en Cruz hasta las dos de la mañana, cuando la Virgen María apareció con el Niño Jesús en los brazos. La Virgen le dijo: *"Levántate... hija predilecta de mi Corazón maternal y Esposa amada de mi Divino Hijo..."*.

La Madre Mariana se levantó y notó que la Virgen María de El Buen Suceso estaba como a metro y medio de ella, rodeada de luz. El Niño, precioso, en el brazo izquierdo, y un vistoso báculo en la mano derecha, tal como en anteriores apariciones.

En primer lugar, la Virgen le habló del amor de Dios y Ella hacia las almas. Le mostró a todas las almas de Religiosas de su Monasterio cuyas almas se perderían, a lo largo de los siglos, a pesar de todos los esfuerzos divinos por salvarlas, puesto que Dios mismo respeta el libre albedrío en sus criaturas. También le habló del enorme número de Religiosas fieles que en el Monasterio vivirían y morirían olvidadas de sí mismas, en heroica y oculta santidad, y que esas almas bienaventuradas, al igual que la Madre Mariana, detendrían el brazo de la Justicia Divina.

La Virgen continuó su explicación: *"Porque te hago saber que, al término del siglo XIX hasta un poco más de la mitad del siglo XX, en la hoy Colonia y entonces República del Ecuador, se levantarán las pasiones y habrá una total corrupción de costumbres por las que reinará Satanás en las sectas masónicas, y dañará principalmente a la infancia, a fin de mantener con esto la corrupción general.*

¡Ay de los niños de este tiempo! Difícilmente recibirán el Sacramento del Bautismo y el de la Confirmación. El Sacramento de la Confesión lo recibirán sólo los que permanecen en Escuelas Católicas, que el diablo se empeñará por destruirlas, valiéndose de personas autorizadas.

Lo mismo sucederá con la Sagrada Comunión. ¡Cuánto siento manifestarte que habrá muchos y enormes sacrilegios públicos y también ocultos, profanaciones de la Sagrada Eucaristía! ¡Muchas veces, en esa época, los enemigos de Jesucristo, instigados por el demonio, robarán en las ciudades las Hostias Consagradas, con el único fin de profanarlas! Mi Hijo Santísimo será arrojado al suelo y pisoteado por pies inmundos...

Mas en ese tiempo ya te conocerán a ti, y conocerán los favores que te he dispensado... Junto con este conocimiento vendrá también el amor y el culto a mi Sagrada Imagen que te ordeno hoy terminantemente: manda a hacerla tal cual me ves y colócala sobre la Sede Abacial para que desde allí yo gobierne y dirija a mis hijas y sostenga este mi Monasterio, pues Satanás, valiéndose de buenos y malos, emprenderá dura batalla para destruirlo...

Por este tiempo, el Sacramento de la Extremaunción será poco considerado, porque faltará en esa pobre Patria el espíritu cristiano. Muchas personas morirán sin recibirlo, sea por descuido de las familias, sea por un mal entendido afecto para con sus enfermos; otros, también, por contrariar el espíritu de la Iglesia Católica empujados por el maldito demonio, privando de esta manera, a las almas, de innumerables Gracias... para dar el gran salto del tiempo a la Eternidad... algunas personas morirán sin recibirlo, por justos y secretos castigos de Dios.

Cuarta Aparición, 21 de Enero de 1610

En cuanto al Sacramento del Matrimonio, que simboliza la unión de Cristo con su Iglesia, será atacado y profanado en toda la extensión de la palabra. La masonería, que entonces reinará, impondrá leyes inicuas con el objeto de extinguir ese Sacramento, facilitando a todos vivir mal, propagándose la generación de hijos mal nacidos, por no tener la Bendición de la Iglesia... Aumentados los efectos de la educación laica, disminuirán las vocaciones sacerdotales y religiosas.

El Sacramento del Orden Sacerdotal será ridiculizado, oprimido y despreciado, porque en este Sacramento se oprime y denigra a la Iglesia de Dios y a Dios mismo, representado en sus Sacerdotes. El demonio procurará perseguir a los Ministros del Señor de todos modos y trabajará con cruel y sutil astucia para desviarlos del espíritu de su Vocación, corrompiendo a muchos de ellos.

Estos que así escandalizaren al pueblo cristiano, harán recaer sobre todos los Sacerdotes el odio de los mismos cristianos y de los enemigos de la Iglesia Católica, Apostólica, Romana. Este aparente triunfo de Satanás atraerá sufrimientos enormes a los Buenos Pastores de la Iglesia y a la excelente mayoría de los buenos Sacerdotes y al Pastor Supremo y Vicario de Cristo en la tierra, que prisionero en el Vaticano, derramará secretas y amargas lágrimas en Presencia de su Dios y Señor, pidiendo luz, santidad y perfección para todo el Clero del Universo...

Además en esos infelices tiempos habrá un lujo desenfrenado, que por ser lazo de pecado para los demás, conquistará innumerables almas frívolas, las que se perderán. Casi no se encontrará inocencia en los niños, ni pudor en las mujeres, y, en esa suprema necesidad de la Iglesia, se callará aquel quien a su tiempo debió hablar.[5]

---

5 Sin ánimo de sentenciar el significado definitivo de estas enigmáticas palabras de la Santísima Virgen María, nos atrevemos a decir que ellas pueden referirse al Tercer Secreto de Fátima, que debió ser revelado "a más tardar" en 1960, según la petición expresa que la misma Virgen le hiciera a Sor Lucía de Fátima, en el Convento de las Hnas. Doroteas en Tuy, Pontevedra, España, en 1944. El Pontífice quien debió revelarlo fue, por lo tanto, Juan XXIII, pero no lo hizo. En lugar de esto, convocó al Concilio Vaticano II, que duró de 1962 a 1965. Su sucesor, Paulo VI, dijo después del mismo:
"Por alguna fisura ha entrado el azufre de Satanás en el templo de Dios: está la duda, la incertidumbre, la problemática, la inquietud. Ha entrado la duda en nuestras conciencias y ha entrado por ventanas que deberían estar abiertas a la luz. También dentro de la Iglesia reina este estado de incertidumbre. Se pensaba que después del Concilio vendrían días de sol para la historia de la Iglesia. En cambio, ha venido una jornada de nubes, de tempestad, de oscuridad, de búsqueda, de incertidumbre. ¿Cómo ha ocurrido esto? Os confiamos nuestro pensamiento: ha intervenido un poder adverso. Su nombre es el diablo, este

...tus hijas y sucesoras... aplacarán la Ira Divina, recurriendo a mí bajo la invocación de El Buen Suceso, cuya Imagen pido y mando que hagas ejecutar para consuelo y sustento de mi Monasterio y de los fieles de ese tiempo, época en que habrá gran devoción a mí, que soy la Reina de la Iglesia bajo varias invocaciones.

Esta devoción será el pararrayo colocado entre la Divina Justicia y el mundo prevaricador, para impedir que se descargue sobre esta tierra culpable el formidable castigo que merece. Hoy mismo, cuando amanezca, irás a hablar con el Obispo y le dirás que Yo te pido que mandes esculpir mi Imagen para ser colocada a la cabeza de mi Comunidad, a fin de tomar posesión completa de aquello, que por tantos títulos, me pertenece. Y como prueba de la veracidad de lo que dirás, morirá el Obispo, dentro de dos años y dos meses, debiendo desde ya prepararse para el día de la Eternidad, porque su muerte será violenta.

Él deberá consagrar mi Imagen con el Sagrado Óleo y le pondrá el nombre de María de El Buen Suceso de la Purificación o Candelaria. En esta ocasión solemne, él mismo colocará en la mano derecha de mi Imagen, junto con el báculo, las llaves de la Clausura...

Entonces, en ese momento, Yo tomaré posesión completa de ésta mi casa y me obligaré a guardarla ilesa y libre de todo atropello hasta el fin de los tiempos...

Di además al Obispo gobernante, cuyo celo es indiscreto y sembrador de discordias y rencores entre el Clero y el pueblo: «Todo Obispo debe ser Padre con toda clase de personas, sin acepción de ninguna, a semejanza del Pastor Divino, Jesucristo, que dice: Aprended de Mí que soy manso y humilde de Corazón. Todas las criaturas son iguales en sus almas, y el Cielo fue creado para todos los que quieran ir allá, pues mi Hijo Santísimo murió como Redentor de todos en un afrentoso patíbulo, sin excluir a ningún alma. Las que se condenan son porque así lo quieren...

Debes saber que la vida mortal es el tiempo para las criaturas. Mas vendrá el día y la hora de Dios en el que Él tomará a cada una de sus criaturas cuenta severa de todos sus actos y consecuencias. Juzgará y dará sentencia con perfecta equidad...

...quiero que veas a tu Hermano Lego, Fray Pedro de la Concepción, privilegiado hijo mío, que por amor a mi Inmaculada Concepción quiso llamarse así. Mira hija, la hermosura de su alma, su humildad

---

misterioso ser al que se hace alusión también en la carta de San Pedro" (Pablo VI, Homilía en la Misa por el IX Aniversario de la coronación de Su Santidad, en la solemnidad de San Pedro y San Pablo, 29 de junio de 1972).

¿Tal vez esta tempestad para la Iglesia se hubiera evitado si el Tercer Secreto no hubiera sido callado en 1960?

Cuarta Aparición, 21 de Enero de 1610

profunda, el fuego de su amor franciscano. Por eso, al mismo tiempo que hablo contigo, le obsequio también a él que me vea a Mí y a ti, y le sean manifestados a él los privilegios y favores que tú recibes... Este querido hijo mío dejará la tierra después de catorce años y medio, y en esa hora, tú lo acompañarás..."

En este momento la Madre vio al Hermano Lego Fray Pedro, arrebatado en éxtasis al pie del Sagrario, alegrándose por los favores que ella recibía.

Prosiguió la Virgen María: *"Ahora es preciso que, dócil a mis exhortaciones, mandes a ejecutar con presteza mi Santa Imagen, tal cual me ves, y te apresures a colocarla en el lugar que te indiqué."*

La Madre Mariana contestó: "...Madre querida de mi alma, la imperceptible hormiguita que tienes ante vuestra presencia, no podrá referir al artista ninguna de vuestras bellas facciones... ni vuestra estatura. Sería preciso que los tres Arcángeles que os acompañan... viniesen a esculpir la Santa Imagen que me pides, para que la obra sea a semejanza de vuestro deseo..."

La Virgen la tranquilizó: *"Nada de esto te preocupe, hija querida. La perfección de la obra corre por mi cuenta. Gabriel, Miguel y Rafael, con toda la Corte Celestial, tomarán a su cargo secretamente la fabricación de mi Imagen. Tú deberás llamar a Francisco del Castillo, que entiende de arte, para darle una detallada descripción de mis facciones, exactamente como me viste hoy y siempre, pues con esta finalidad me aparecí tantas veces a ti. En cuanto a mi estatura, trae acá el cordón que te ciñe, y mídeme sin temor, pues a una Madre como yo le agrada la confianza respetuosa y la humildad de sus hijas".*

La Madre Mariana se sacó el cordón y se lo ofreció a María, diciéndole: "...Madre querida, aquí tienes la cuerda para mediros... ¿quién la sostendrá en vuestra hermosa Frente...? Yo no me atrevo, ni podría alcanzar vuestra altura por mi pequeña estatura."

La Virgen le respondió: *"Hija querida, pon en mis manos una de las puntas de tu cuerda y yo la colocaré en mi frente, y tú aplicarás la otra a mi pie derecho".*

Los tres Arcángeles levantaron la Corona de la Reina del Cielo mientras Ella colocaba la punta de la cuerda en su Cabeza. La cuerda, mucho más corta, se estiró milagrosamente. Luego la Santísima Virgen le dio la Bendición y la Madre Mariana salió del éxtasis, alrededor de las tres y media de la mañana. Se quedó en oración esperando a sus Hermanas que venían a rezar el Oficio Divino.

Nuestra Señora del Buen Suceso da a la Madre Mariana de la medición de su altura para la realización de la estatua.

Un Éxtasis Extraordinario

Y ése precisamente era el Nombre con el que Nuestra Señora se había presentado a la Madre Mariana: *"Soy María de El Buen Suceso de la Purificación o Candelaria"*. Era aproximadamente la una de la mañana del 2 de febrero, cuando la Madre Mariana oraba en el Coro Alto, como de costumbre. El pensamiento de la Madre Mariana recaía una y otra vez en la perfecta obediencia de María, al cumplir el rito de la Purificación. Hacia las dos y media, decidió retirarse a descansar, cuando vio a la Virgen Santísima, circundada por estrellas luminosas que formaban un arco. La Virgen estaba muy seria y la Madre Mariana lo notó. Por eso le dijo: "...Madre mía, vuestra pobre hija no soporta más tiempo veros así... yo obedeceré inmediatamente vuestra orden aunque me cueste la vida y aún mi Convento".

La Virgen María le contestó: *"Criatura tarda y dura de corazón, ¿acaso no sabes que soy Reina Poderosa y te di una orden conociendo bien todas las cosas? ¿Por qué dudas? ¿Por qué temes, cuando no hay por qué temer? El Convento es Fundación mía, yo lo amo más que tú... Con la hechura de mi Imagen no te favorezco sólo a ti y a mi Convento sino también al pueblo en general a través de los siglos, y siendo éste mi Convento el sustentáculo será salvación para muchas almas, porque las sacaré del abismo de culpas en que se encuentran... ¡Cuántas conversiones habrá! ¿Y quieres hacerte responsable de tantas almas, haciéndote sorda a mi voz y a mi orden? Y si no cumples enseguida te retiraré los tesoros de Gracias que te di y las daré a otra alma mejor que la tuya"*.

La Madre Mariana le respondió: "Bella Señora... os pido perdón y Misericordia... Hoy mismo hablaré con el Obispo para dar comienzo a la escultura de Vuestra Santa Imagen. Mas, como el amor y la confianza filiales son grandes, permitidme, sin enojaros, que repita mis temores, y pido una Gracia a Vos que como Madre no me la habéis de negar.

El temor que os presento es que, como las personas de esta tierra son tan inclinadas a la idolatría, aprovecharán esta ocasión para entregarse a aquella práctica. La Gracia que os pido es que ocultéis mi nombre... a fin de que, vos Bella Señora seáis glorificada, y yo siempre oculta. Dadme otra vez vuestra medida para que yo acierte al menos vuestra estatura, ya que será imposible exteriorizar vuestras facciones, hasta que vuestra Santa Imagen sea trabajada por los ángeles".

La Virgen le respondió: *"Hija querida de Mi Corazón, me agrada tu humildad, está ya perdonada tu falta de obediencia. Ve, cuanto antes, a hablar con el Obispo... Apresúrate a mandar a esculpir mi Imagen porque el tiempo vuela; y sólo dispone de dos años de vida el actual*

Obispo gobernante, escogido para consagrar mi Imagen... Dile, además, que en su última agonía estaremos tú y yo a su cabecera... Si él te pregunta: «¿cómo tu te encontrarás allí?», le dirás que para Dios y su Santísima Madre no es imposible porque son regalos a sus criaturas.

Con relación a tu nombre, me complazco en el pedido... Dile de mi parte al Obispo que es Voluntad de mi Hijo Santísimo y mía, que tu nombre se oculte a toda persona, tanto dentro como fuera del Claustro, porque en el tiempo actual conviene que nadie se dé cuenta de cómo y de dónde vino la idea de hacer la Imagen, porque este conocimiento está reservado al público en general para el siglo XX.

En aquella época la Iglesia se encontrará combatida por las hordas de la secta masónica y la pobre patria ecuatoriana, agonizante por la corrupción de las costumbres, el lujo desenfrenado, la prensa impía, la educación laica. Campearán los vicios de la impureza, la blasfemia y el sacrilegio en aquel tiempo de depravada desolación y callando quien debía hablar.

... cuando en el Siglo XX se publique tu nombre, muchos no lo creerán... La creencia sincera y humilde de la verdad de mis apariciones a ti, mi hija predilecta, está reservada para las almas dóciles, las inspiraciones de la Gracia, humildes y fervorosas, porque Nuestro Padre Celestial comunica sus secretos a los simples de corazón y no a aquellos corazones inflados de soberbia, presumidos de lo que poseen o infatuados con la vana ciencia.

No te preocupes de las facciones de mi Imagen, porque serán como yo quiero para los altos fines que está destinada. Dame ahora la extremidad que traes a tu cintura... para aplicarla yo misma en mi frente; tú, con la otra extremidad, tocarás la punta de mi pie derecho y tendrás la medida exacta de mi estatura... Y sin exigir más pruebas a tu Madre del Cielo... manda a trabajar mi Imagen".

El cordón se estiró milagrosamente como en la aparición anterior, hasta alcanzar la altura exacta de la Virgen María. El Niño Jesús sostenía el extremo que tocaba la frente de su Madre, y extendiendo su manito se lo dio a la Madre Mariana. El Niño le dijo: *"...Conserva con veneración este cordón. Quiero que en todos los siglos se midan con este cordón todas las hijas que estarán aquí. Esta es la medida... medirán su humildad, su silencio, su caridad, su tolerancia, su amor a Mí y a mi Santísima Madre, en cuyo espejo deben todas mirarse... como Religiosas quiero que tengan mi espíritu en todos los actos de su vida. Mi espíritu es de paciencia, mansedumbre, abnegación y entrega total al Divino Querer... dejando aún su felicidad eterna entregada a la Voluntad amorosa de mi Corazón Divino.*

Quinta Aparición, 2 de Febrero de 1610

Para que Yo tenga mis delicias con las almas religiosas... vivo oculto bajo los accidentes de pan, en el Sacramento de la Eucaristía, expuesto a irreverencias y profanaciones de mis enemigos... me doy por satisfecho con los desagravios amorosos de estas almas tan queridas con las que vivo bajo el mismo techo...

En estos primeros siglos quiero que tu nombre permanezca oculto, así como permanecerán los nombres de almas heroicas, Esposas Mías, que vivirán en este Monasterio para ayudarme a suspender el brazo de la Justicia Divina...

Quiero darte a ti, y en ti, a todas las Religiosas fieles que vivirán en este Monasterio hasta el fin de los siglos, esta pequeña Cruz de Oro, símbolo de los padecimientos interiores y exteriores, insignia con que se presentarán al Juicio en el día final de su vida. Entonces Yo las reconoceré como propiedad mía y las introduciré en el Cielo...".

Dicho esto, el Niño Jesús bajó a los brazos de la Madre Mariana, y le introdujo en el corazón una Cruz de Oro muy pequeña, adornada con perlas y piedras preciosas. Luego regresó a los brazos de su Madre. La Virgen abrazó a la Madre Mariana y la aparición terminó. La Madre Mariana tenía en sus manos el cordón con la estatura de la Virgen María, cuando llegaron las Hermanas para el rezo del Oficio Divino.

Durante la Comunión, las Fundadoras supieron de la visita celestial, y de cómo el demonio quería impedir la fabricación de la Santa Imagen. Preguntada luego, la propia Madre Mariana les contó todo, y la urgieron a llamar al Obispo de inmediato. Pero la Madre Mariana llamó primero a su Director Espiritual, Fray Juan de la Madre de Dios Mendoza, quien poseía el don del discernimiento de espíritus y un amor inmenso a la Virgen María. Fray Juan mandó que la Comunidad rece todo el día para que el Obispo acoja favorablemente el pedido de la Santísima Virgen, y así lo hizo él también. A las tres de la mañana, un éxtasis le sobrevino a Fray Juan. Volviendo del mismo luego de hora y media, se dispuso lleno de gozo para la Santa Misa, que la celebró con lágrimas. Terminada la Misa y la Acción de Gracias, se dirigió al Monasterio de la Inmaculada Concepción, y llamó al Confesionario a la Madre Mariana.

Fray Juan le contó a la Madre Mariana que él había visto a María de El Buen Suceso a las tres de la mañana, y que la Virgen le había confirmado su deseo de que se elabore la Imagen cuanto antes. Fray Juan añadió: "Me reveló el fin que tiene visto Dios, hasta el último día de los tiempos... y las Gracias que recibirán las almas con esta devoción. La Santísima Trinidad confirmó el deseo de mi Reina... serán benditos de Dios todos los que, con su empeño y sus recursos, contribuyan a la ejecución de la Santa Imagen, y también los que se dedicarán a la propagación de su advocación en todos los siglos... esta devoción será la salvaguardia de esta tierra, en esos tiempos, cuando ya no será Colonia, sino República libre y desenfrenada...". Fray Juan le mandó que llame inmediatamente al Obispo y, dándole la Bendición, se retiró.

La Madre Mariana envió una carta al Obispo, Salvador Rivera, pidiéndole hablar con él. Se encontraron en el Confesionario y la Madre Mariana le contó todo lo referente a la Aparición del 2 de febrero. El Obispo, conmovido, le llamó la atención a la Madre Mariana por no haberlo llamado antes, y le dijo que le pida a la Virgen la Gracia de alargarle la vida, más allá de los dos años profetizados. También quiso saber todos los Favores que Dios le había regalado a la Madre Mariana a lo largo de su vida. Quedó edificado. Finalmente dijo: "Haga Vuestra Reverencia conforme el pedido de la Reina del Cielo. Las llaves de plata las mandaré a hacer a mis expensas, y ordenaré que se coloque en la abertura de las llaves, una Cruz, ya que sin ella no se abren las puertas del cielo". La Madre Mariana le contó todo a Fray Juan, quien dio gracias a Dios.

Se Empieza a Esculpir la Imagen

El 5 de febrero de 1610, la Madre Mariana llamó al escultor español Francisco del Castillo, y le dijo: "Queremos hacer esculpir una Imagen de la Santísima Virgen, bajo la advocación tan consoladora de El Buen Suceso, no como aquella que se venera en España, sino de El Buen Suceso de esta Colonia... Esta no será una Imagen cualquiera, deberá tener vida. La medida la daré yo, pues la Imagen tendrá la estatura exacta de Nuestra Señora". Mientras la Madre Mariana así hablaba, el escultor sintió deseos de morir para contemplar la belleza de la Virgen María, y le respondió: "La medida de la altura... recibiré con veneración, considerándome dichoso... por haber sido escogido... como se trata de una obra tan extraordinaria, quiero que sea de una madera muy especial, para que dure, si fuere posible, hasta el fin de los tiempos".

El escultor se ausentó de Quito para buscar la madera y regresó a fines de agosto. Entonces les dijo a las Madres: "...ténganme por muy bien pagado... por el hecho de haber sido escogido yo, y no otro escultor, para realizar esta obra... ruego que en sus oraciones nunca se olviden de mí, y que esas oraciones por mí y mi familia se perpetúen... así como se perpetuará la Santa Imagen cuya escultura comenzaré el 15 de septiembre, después de confesarme y comulgar...".

Las Madres Fundadoras pidieron permiso al Obispo para que el escultor trabaje la Imagen en el Coro Alto, y esto fue concedido. Con

Se Empieza a Esculpir la Imagen 47

frecuencia se veía llorar al escultor mientras trabajaba la Imagen. Las Religiosas, muy entusiasmadas, iban con frecuencia al Coro Alto para ayudar en lo que fuere necesario. Muchas ignoraban la petición Celestial, la Priora sólo les había dicho que era Voluntad Divina que la Imagen de la Virgen bajo la advocación de El Buen Suceso, sea colocada en la Silla de la Priora, para gobernar "in aeternum" la Comunidad. El Obispo visitaba la obra y pedía a las Monjas oraciones por ella.

La Madre Mariana llamó entonces a la Marquesa de Solanda, y le dijo: "…el Obispo y yo determinamos hacer esculpir una Imagen de María Santísima… bajo la consoladora invocación de El Buen Suceso… pero diferente de la Santa Imagen… que se venera en España. Aquella lleva el cetro de Reina en la mano derecha, ésta tiene el báculo y las llaves de la clausura, para… gobernar hasta el fin de los siglos esta casa… Las llaves de la clausura las dará el señor Obispo… la corona… el Cabildo…". Entonces la Madre Mariana le dijo que necesitaban alguien que done el báculo. La Marquesa, encantada, le dijo que ella haría el báculo. La Madre Mariana le contó que la Imagen tenía la medida exacta de la Virgen María, y la Marquesa le pidió ver esa medida. Entonces ocurrió un milagro.

La Marquesa tenía el brazo izquierdo fracturado e inmóvil, por haberse caído en una calle de Quito tres días atrás. Cuando la Madre Mariana trajo los dos cordones con que había medido a la Virgen María en las dos Apariciones, la Marquesa tomó uno y lo apretó contra el pecho… con las dos manos. La Marquesa, muy emocionada, le agradeció el favor a la Madre Mariana y se despidió… sin darse cuenta de que la fractura había sanado instantáneamente.

Al llegar a su casa, llegó el doctor a examinarla y se sorprendió al ver su brazo sano. Sólo entonces la propia Marquesa se dio cuenta del milagro que se había obrado en ella. El doctor le dijo: "Señora, ¡ciertamente fue un milagro! Humanamente hablando, nada podía curarla en esta forma, la enfermedad era grave y debía durar por lo menos tres largos meses, acompañada de fuertes dolores." Todo esto pasó a fines de septiembre de 1610.

El Juicio del Obispo Salvador Rivera

La Imagen la esculpía Francisco del Castillo en el Coro Alto, el Báculo lo mandó a hacer la Marquesa de Solanda en España, y en Quito se mandaron a hacer, la Corona por el Cabildo, y las llaves, de plata bañada en oro, por el Obispo.

El Obispo Rivera había entrado muy joven a la Orden Dominica en Lima. Era muy talentoso como orador y como catedrático, muy versado en ciencias eclesiásticas. Pero nada de esto es importante para la vida eterna. Lo había perjudicado la vanidad que tenía por la nobleza de su familia, y sentía cierto desdén por la gente mestiza de Quito. Por eso, no amaba a su grey con la compasión y caridad sobrenatural necesarias en un Obispo; era frío y duro.

La noche del 15 de diciembre de 1610, el Obispo tuvo un sueño. Soñó que lo atacaba una violenta enfermedad de tres días. En el momento de su muerte vio que la Madre Mariana estaba junto a su cabecera, pidiendo Misericordia para él. Se presentó al Juicio de Dios con todas las faltas cometidas durante su gobierno. Quería alegar algo a su favor y no encontraba nada, cuando vio a la Virgen trayendo en sus manos unas llaves. La Virgen se arrodilló ante el Tribunal de Dios y dijo: "Este hijo mío me entregó las llaves de la clausura del Convento de mi Inmaculada Concepción, y por tanto con estas llaves cerraré el tremendo Tribunal de Justicia para abrir la Infinita Misericordia...". Y entonces empezó un Juicio con Misericordia, y vio todos los años de purificación a los que se destinaba su alma antes de entrar al Cielo. El Obispo se despertó aterrado y se puso a rezar el Rosario.

Esa misma noche, la Madre Mariana rezaba como de costumbre delante del Santísimo Sacramento. De repente vio abrirse el Sagrario e iluminarse el Coro Alto con luz clarísima. En medio de la luz, vio a la Santísima Trinidad presente en la Hostia. Jesús, vestido como Obispo, le dijo: *"Mi querida Esposa: ¡Cuánto ansía mi Corazón que los Obispos y Pastores sean verdaderos padres, para con todos y cada uno de sus hijos!... el gran edificio de la Caridad Pastoral...debe alzarse muy alto en los Pastores de la Iglesia, a quien entrego el cuidado de las almas, todas, sin excepción de edad, sexo o condición... La nobleza terrenal... se diluye en la vasta región de la Eternidad, en la cual solo el valor y la práctica de las virtudes y el deber bien cumplido, sirven. ¡Cuántas veces un pobre campesino, ignorante de las ciencias humanas, pero buen católico y cumplidor de sus deberes, tiene más Gloria en el Cielo que muchos sabios de alta condición...! Todas las almas, sin excepción, son seres nobilísimos, salidos de la mano de la Divinidad, destinadas a reinar un día en los Cielos, como Príncipes en sus posesiones..."*

Sobre el Obispo Rivera, Jesús le dijo: *"...su deuda es grande. Fue, con todo, Religioso de la Orden Dominica, tan querida de Mi Madre Santísima, donde aprendió la melodiosa devoción del Salterio Mariano (Rosario), mediante el cual la Justicia Divina no puede resistir perdonar a los pueblos o a las almas culpables... el Obispo ama a Mi Madre*

Santísima, la honra con el Salterio y coloca en sus manos, casi omnipotentes, las llaves de esta clausura... y por eso será tratado con Misericordia el día de su muerte, que será el día 24 de marzo de 1612, un año después de colocada en este Coro la Imagen de Mi Madre Santísima... Mientras yo te hablo... doy al Obispo, en sueños, una Gracia y un auxilio. Él sueña que muere repentinamente, va al Tribunal Divino para dar cuenta de sus actos y recibir la sentencia de fuego expiatorio por largos años, lo que acontecerá realmente.... Ruega pues tú, con tus Religiosas, por los Prelados, por la Iglesia y por esta culpable Colonia... aquí vivo y viviré con mis hijas muy amadas, que en ningún tiempo me faltarán".

Después de estas palabras, la visión cesó.

El Milagro de la Imagen de María de El Buen Suceso

El día 2 de febrero de 1611 era el día señalado para la Consagración de la Imagen con Óleo Santo, que sería bautizada con el nombre de María de El Buen Suceso de la Purificación o Candelaria. El 2 de enero llegó el precioso báculo, bañado en oro y adornado con piedras preciosas, a Quito.

El 9 de enero, la Marquesa llevó el báculo al Monasterio. La Marquesa le dijo a la Madre Mariana: "...ya que solamente este pequeño obsequio me fue pedido... donaré también, ese día, los patacones necesarios a cinco jóvenes que quieran abrazar el estado religioso en este bendito Convento... en homenaje a las cinco letras que componen el nombre de María Santísima... Puesto que no merezco la dicha de ser Monja, daré Monjas a mi Convento". La Madre Mariana le pidió que sea la Madrina de la Imagen, con estas palabras: "Otro favor le pedimos, señora, que vos os dignéis aceptar el cargo de ser madrina de la Santa Imagen. María Santísima, Nuestra Madre, os escogió, y os pide vuestra aceptación". La Marquesa aceptó feliz.

Al día siguiente, 10 de enero, el Obispo fue a ver la Imagen y la encontró casi concluida, sólo faltaba la última mano de pintura. El escultor dijo que iría a buscar tintas finas al norte, y que estaría de regreso el 16 de enero, para terminar la obra.

En la oración comunitaria del 15 de enero, el Señor le dijo a la Madre Mariana que, en la madrugada del 16 de enero, ella presenciaría Sus Misericordias a favor del Convento y del pueblo. A medianoche, estando en oración, la Madre Mariana vio que el Coro y la Iglesia se iluminaban con luz sobrenatural. El Sagrario se abrió y vio a la Santísima

Trinidad en la Hostia. Vio cómo se efectuó la Encarnación del Verbo en el vientre purísimo de la Virgen María. Conoció el Amor de las Tres Divinas Personas por la Santa Virgen. A un gesto de la Santísima Trinidad, los Arcángeles Miguel, Gabriel y Rafael se colocaron delante del Trono de Dios y les fue encargado algo. Los Arcángeles hicieron una profunda reverencia y se dirigieron al Trono de la Virgen. San Miguel le dijo: "María Santísima, Hija de Dios Padre", San Gabriel continuó: "María Santísima, Madre de Dios Hijo" y San Rafael terminó: "María Santísima, Esposa de Dios Espíritu Santo". Los Coros Angélicos se les unieron y cantaron todos: "María Santísima, Templo y Sagrario de la Santísima Trinidad".

Al momento siguiente, la Madre Mariana vio a las Tres Divinas Personas en el Coro, iluminando con su Luz a la Imagen sin terminar. Entonces apareció San Francisco de Asís, con los estigmas visibles, de los cuales brotaban rayos de luz. San Francisco y los tres Arcángeles se acercaron a la Imagen inacabada y en un instante la rehicieron. Fue una transformación rapidísima que la Madre Mariana no pudo percibir cómo sucedió.

Luego San Francisco tiró del cordón blanco de su cintura y se lo ciñó a la cintura de la Imagen. San Francisco dijo: "Señora, entrego a vuestro maternal amor a mis hijos e hijas de las tres Órdenes que fundé... Te entrego hoy y para siempre éste mi Monasterio edificado bajo mis cuidados...", y se retiró. La Imagen continuaba completamente iluminada con la Luz Divina. Los Ángeles cantaban el Himno en latín "*Salve Sancta Parens*" (Te saludamos Santa Madre). Entonces la Virgen María se acercó a la Imagen y entró en ella. En ese momento la Imagen cobró vida y cantó armoniosamente el "*Magnificat*". Eran las tres de la mañana.

La Madre Mariana vio entonces a la Madre María de Jesús Taboada, muy contenta, quien le hizo algunas profecías sobre la bienaventuranza de las Monjas del futuro que tuvieran perfecta Observancia de la Regla y el tremendo Juicio de Dios para las que no la tuvieran. Eran ya las tres y media de la mañana, y la Madre María de Taboada la mandó a que despertara a la Comunidad para rezar el Oficio Divino. La Madre Mariana salió del éxtasis entonces, y contempló a la bella Imagen terminada, llena de luz. Salió para llamar a sus Hermanas, y cuando subían hacia el Coro Alto, escucharon las voces angélicas cantando el "*Salve Sancta Parens*".

Al entrar al Coro, observaron asombradas que el recinto estaba iluminado, y que el rostro de la Imagen de María había cambiado total-

La imagen de Nuestra Señora del Buen Suceso lleva un báculo y las llaves en la mano derecha en señal de su autoridad sobre el Convento de la Inmaculada Concepción.

mente y estaba terminado. Las Monjas quedaron todas edificadas en su amor y su fervor a Dios y a la Virgen.

A la hora prevista ese día, Francisco del Castillo llegó al Convento, con las tintas traídas de Pasto. La Madre Mariana y las demás Monjas lo hicieron entrar al Coro Alto sin decirle nada. Al llegar junto a la Imagen, exclamó: "¡Esta primorosa Imagen no es obra mía!". Y el escultor se arrodilló a sus pies, llorando al comprender que se había obrado un milagro. Acto seguido pidió papel y tinta para hacer su testimonio escrito, jurando no ser esa la obra salida de sus manos, ni la escultura ni la pintura, pues era muy diferente de la que él dejó inacabada seis días antes. Lo que más lo admiraba era el color de la piel de la Imagen. Luego fue donde el Obispo, para informarlo del suceso. El Obispo y el escultor regresaron al Convento, y los dos se dirigieron al Coro Alto. El Obispo constató el cambio milagroso y se conmovió mucho, arrodillándose y llorando al igual que el escultor. Exclamó: "¡María, Madre de Gracia y Madre de Misericordia, en la vida y sobre todo en la hora de la muerte, amparadnos, Gran Señora!". A continuación citó a la Madre Mariana al confesionario, pues presentía que ella sabía lo que había ocurrido.

La Madre Mariana le contó cómo había ocurrido el milagro, y cómo Francisco del Castillo había dejado testimonio jurado por escrito del mismo. La Madre Mariana continuó: "(el juramento escrito) se conservará como testimonio para perpetuar la memoria de lo ocurrido, a través de los siglos. Este documento, junto con otros tesoros, serán escondidos por mis sucesoras en un armario, embutido en alguna pared de mi convento, con ocasión de los tumultos públicos de guerra, cuando esta Colonia procure hacerse república libre... no tendrán luz para comprender que a mi Convento nadie podrá hacerle daño... esto será conveniente, porque mi vida deberá salir a la luz en el Siglo XX. Las otras cosas serán conocidas cuando vuelvan los Frailes Franciscanos, a no ser que, con humildad se haga violencia al Cielo para encontrarlas...".

El Obispo le preguntó: ¿Por qué dice... que escribirán su vida y la conocerán en el siglo XX?" La Madre Mariana le contestó: "Porque mi persona y nombre son inseparables de la aparición de Nuestra Señora de El Buen Suceso, y esto debe constar para certificar la verdad en aquellos tiempos de decadencia de la Fe. ¡En el momento actual no conviene traslucir nada en vista de la propensión del pueblo a la idolatría!" El Obispo replicó: "...¿Me parece que oí que esta Colonia se volverá independiente de España, haciéndose república libre? ¿Cómo así?" La Madre Mariana contestó: "Excelencia, eso ocurrirá después de dos siglos... Lo presenciaremos desde el Cielo". Entonces el Obispo le dijo a la Madre Mariana que intentaría que vuelvan los Frailes Franciscanos al gobierno del Convento, pero la Madre le respondió: "Para Vuestra Excelencia ese tiempo ya pasó. Le queda apenas lo suficiente para prepararse a morir". El Obispo se estremeció y le dijo: "¿No podemos alcanzar de Dios que me prorrogue la vida un poco más...?" Pero la Madre Mariana le contestó: "...todos tenemos fijos el día y la hora de terminar nuestra carrera mortal...".

El Obispo aceptó el designio Divino y comenzó los preparativos para la Consagración de la Imagen, con toda solemnidad. Ordenó una Novena de preparación para ello y entró de nuevo al Coro Alto para bendecir la Imagen a fin de exponerla al culto público en la Iglesia, imponiéndole el nombre de "María de El Buen Suceso de la Purificación o Candelaria". Luego se marchó. La Novena pública empezó el 24 de enero, con sermones diarios de sacerdotes. El pueblo fue invitado el día 2 de febrero a la Consagración con el Óleo Santo y Bendición pública de la Santa Imagen, a las nueve de la mañana.

El 2 de febrero de 1611 no cabía el público en la Iglesia. Estaban todas las autoridades eclesiásticas y civiles, y la Marquesa de Solanda, madrina de la Imagen. La Imagen se colocó en el Altar Mayor, junto con el báculo y las coronas. Terminada la Misa, un Fraile Mercedario dio un hermoso sermón. Luego el Obispo pidió a todos que lo acompañen en la oración: "Salve María Santísima, Hija de Dios Padre; Salve María Santísima, Madre de Dios Hijo, Salve María Santísima, Esposa de Dios Espíritu Santo; Salve María Santísima, Templo y Sagrario de la Santísima Trinidad...".[6]

Después de la Oración, la Santa Imagen fue retirada de la Iglesia y trasladada en procesión solemne por los Frailes, los Sacerdotes, las Religiosas y la Marquesa, con una Cruz grande, cantos, velas y flores en las manos, hasta el Coro Alto, en el lugar pedido por la Virgen María, sobre el sillón de la Priora. Allí Francisco del Castillo había trabajado con esmero un nicho dorado, en cuya parte superior había una Cruz, al pie de la cual había una talla del Padre Eterno entre nubes, teniendo en su pecho al Espíritu Santo en forma de paloma. Colocada la Imagen en el nicho por los sacerdotes, el Obispo subió hasta el nicho.

Colocándole la corona le dijo: "Señora, os entrego la Iglesia". Al ponerle el báculo en la mano derecha, le dijo: "Señora, os entrego el gobierno de este Convento y de mi grey en general". En la misma mano

---

6 "*Salve*": voz latina, que, al igual que "*Ave*", significa "hola", pero en un tono muy formal. En Italia se continúa usando el "salve" para saludar hasta el día de hoy. No tiene relación con el verbo latino "*salvificare*", que significa "salvar".

le puso las llaves, diciéndole: "Señora y Madre mía, os entrego mi alma, abridme las puertas del Cielo, porque pronto voy a dejar la vida presente. Cuida de… esta clausura de vuestras hijas, con esmero y afán. Defiéndelas siempre y conserva en ellas el espíritu religioso…".

El Obispo ordenó que todos los sábados del año, después de la Misa, en memoria de la Consagración de la Imagen, se realice una ceremonia solemne, con presencia del Sacerdote y todas las Monjas, con velas, oraciones y cantos. El día entero fue de santa alegría.

Monseñor Rivera murió el 24 de marzo de 1612, en el tiempo predicho por la Virgen, a causa de una neumonía repentina. El sueño profético del Obispo se cumplió en su totalidad: la Madre Mariana estuvo a su cabecera, en bilocación, tal como había visto. La Virgen María, agradecida por el culto dado a su Imagen, lo ayudó en el trance: Ella llevaba en sus manos las llaves que el Obispo le había entregado con tanto amor. Después de su juicio, el Obispo entró al proceso de purificación de su alma por el período de ochenta años, por las faltas a la caridad que había cometido durante los cinco años de su Obispado.

Desde aquel año de 1611 hasta el presente, habiendo quedado fijada la Fiesta de María de El Buen Suceso de la Purificación y Candelaria el 2 de febrero, desde nueve días antes, manos sacerdotales y religiosas bajan la Imagen del Coro Alto y la trasladan con solemnidad hasta su nicho de la Iglesia, donde queda expuesta a la veneración pública algunos días.

La Preciosa Cruz Interior

Entronizada la Santa Imagen de María de El Buen Suceso en el Monasterio, se multiplicaron las vocaciones religiosas para el Monasterio, de tal manera que el Obispo tuvo que suspender la admisión de Novicias hasta que muriera alguna Religiosa antigua. El gobierno de la Virgen María se notaba de forma visible. La Virgen María aconsejaba a veces a Sor Mariana, a través de su Santa Imagen de El Buen Suceso.

El Priorato de la Madre Mariana de Jesús duró hasta 1613, y fue una época de paz y Gracias para el Monasterio. Terminado su Priorato, no fue reelecta, pues así se lo había pedido a Dios, para poder dedicarse de lleno a la intimidad con Él, desligada de las obligaciones de Priora.

Sin embargo, en 1616 fue reelecta Priora. Una noche en que la Madre Mariana pedía a la Madre María de Jesús Taboada, junto a su tumba, que intercediera por ella para que se terminara su prueba terrenal, la Madre María de Taboada le contestó, desde el sepulcro: "… Como conozco el valor del padecimiento en la vida mortal, no pediré que se apresure tu muerte, sino que, en cuanto dure tu vida, ames los muchísimos merecimientos para la Eternidad... (toda) amargura se convierte en dulzura y gozo en el Cielo... La santidad de tu vida será germen de grandes santas que existirán en este Monasterio en todos los tiempos... Días de desgracia, tiempos calamitosos sobrevendrán a nuestro Convento en el siglo XX... haz violencia a Dios para que se abrevie ese aflictivo tiempo a nuestras continuadoras".

A ruegos de la Madre Mariana al Cielo, en 1619 no fue reelecta para el pesado cargo de Priora. Jesús le dijo: *"...Pero en estos tres años que descansarás del gobierno del Monasterio, quiero presentarte la preciosa Cruz de los padecimientos interiores. En el primer año... me acompañarás en la Oración del Huerto, sufriendo lo que allí sufrí; en el segundo año, me acompañarás en la prisión; en el tercero, en los sufrimientos tan grandes y profundos cuanto ignorados... que padecí cuando me presentaron en casa de Anás, Caifás, Herodes y Pilatos, como si Yo fuese un vil malhechor... Únete a mi Corazón dolorido, y en compañía de mi Madre Santísima y Madre tuya, soporta estas tribulaciones y lleva con valor y firmeza la Cruz que pongo en tus hombros durante estos años. Necesito en todos los tiempos almas valerosas para salvar a mi Iglesia y al mundo prevaricador..."*.

La Madre Mariana conoció en un instante la intensidad de los padecimientos que la aguardaban, y tembló, titubeando. Entonces Jesús le dijo: *"¿No sabes mi querida niña, que soy la fuerza de los débiles? ¿Y que cuando pido... tu voluntad para una cosa tan ardua es porque sé que podrás sobrellevar todo, estando Yo contigo?... ¡Ánimo! ¡Valor!"*.

Entonces la Madre Mariana se prosternó en tierra y aceptó la Voluntad de Dios. Jesús sopló sobre ella su Espíritu de doloroso Amor. Al levantarse, el alma de la Madre Mariana desbordaba de alegría al sentirse asociada a la Pasión de Jesús.

A los tres días de electa la nueva Abadesa, en la mañana, la Madre Mariana estaba orando en el Coro Inferior, cuando salió del Sagrario un rayo que penetró en su corazón. La Madre Mariana siguió orando, pero se apoderó de su alma una tristeza mortal. Tuvo conciencia de que se encontraba en el Huerto de los Olivos.

Desde ese momento, hasta su muerte, acompañó siempre a Jesús en su dolorosa Pasión, con pequeñas treguas en las temporadas de Adviento, Navidad y Epifanía, y en los días de Resurrección, Ascensión y Pentecostés, hasta que finalmente, en su lecho de muerte, experimentó la gloriosa Resurrección del Señor. A pesar del dolor interior permanente, en su exterior la Madre Mariana conservó siempre su paz y su dulzura características.

En el año de 1622, fue reelecta Priora. Durante sus prioratos, Dios aumentaba los favores sobrenaturales que recibía en Navidad y Epifanía. Muchas veces la Madre Mariana recibió el privilegio de tener en sus brazos al Niño Jesús. En una ocasión, en el Niño contempló a la Santísima Trinidad y, estando inmersa en la Luz Increada, las Tres Personas Divinas le manifestaron que las celebraciones de la Navidad, las Cuarenta Horas y la Semana Santa, compendiaban todas las devociones de un alma religiosa enclaustrada y que siempre serían necesarias para la conservación del Convento.

Un día que estaba orando en el Coro Inferior, vio abrirse el Sagrario y surgir de dentro una Cruz adornada con perlas y piedras preciosas, que iba creciendo hasta perderse en las nubes. Sor Mariana notó con pena que en varios puntos faltaban perlas y piedras preciosas. Entonces Jesús salió del Sagrario y le dijo: "*...mi niña querida... ésta es tu Cruz, cargada por ti en la vida. Mas, como ya es corto el tiempo que permanecerás en la tierra, los brazos de la Cruz están ya en el Cielo... los puntos vacíos son los años que te faltan de vida, para ser llenados con buenas obras... sin más quejas del duro cargo de Abadesa, que después ocuparás otro tiempo, y será el último. Durante los años que aún vivirás, te aguarda el gran dolor por la muerte de las tres últimas Fundadoras. Sus almas... son ya frutos maduros para el Cielo: Lucía de la Cruz, Ana de la Concepción y Francisca de los Ángeles. Mira sus últimas pruebas... se destinan esos sufrimientos para purificarlas enteramente, a fin de que ellas no conozcan ni pasen por el Purgatorio*".

La Madre Mariana vio sus pruebas: la de la Madre Ana, en la hora de su muerte; la de la Madre Lucía, una dolorosa enfermedad; la de la Madre Francisca, sus dudas en cuanto a su salvación. Desde ese momento la Madre Mariana rogó a Nuestro Señor que acortara el tiempo de sus pruebas y, llegadas éstas, consoló a sus Hermanas con unción sobrenatural, de tal manera que, llegada su hora, pasaron al Padre con el alma tranquila y serena.

Terminado su Priorato, la Madre Mariana procuró tener siempre el último lugar en el Monasterio: asumía los oficios más humildes en la cocina, en la enfermería, en la ropería. Todos los días barría un área del Convento. Cuando una enferma perdía la paciencia por la violencia de los dolores, la Madre Mariana tomaba a cargo a esa enferma y le decía: "Sentir y manifestar amor a Dios cuando todo sonríe... no es amor a Dios, sino amor propio. Sentir y manifestar amor a Dios con la paciencia, dulzura, tolerancia y bondad... en una grave y dolorosa enfermedad, esto sí es amor efectivo y grande... En este momento tú eres la feliz alma escogida que Nuestro Señor Jesucristo asocia a sus dolores para santificaros... Para ti y para mis futuras Hermanas, la Cruz consiste en el lecho en que yaces crucificada.

Las enfermedades y dolores son las llagas que sufre Cristo... en su Cuerpo. Digo más: a finales del siglo XIX habrá en nuestro Convento dos Religiosas leprosas. La intención de Dios nuestro Señor... es, primeramente, dar ocasión para que nuestras Hermanas de aquellos tiempos ejerciten la caridad en grado heroico... En segundo lugar, porque quiere que... las enfermas obtengan la palma del martirio. Tercero: para aplacar su justa Ira contra el pueblo ingrato. Y cuarto: por altos designios que... tiene en relación a nuestro Convento. Ahora, ve, ¡tú no estás leprosa!... Pídele generosamente que te aumente las aflicciones del cuerpo y del alma. Considera que aquí tendremos dos Hermanas leprosas, una morirá en el Convento... en cuanto a la otra, ¡mi Dios!, coronará su martirio, dejando el Convento para entrar a un leprocomio común. ¡Cuánto, entonces, deberá sufrir esa invicta y querida Hermana! ¡Su bella alma constituirá el encanto de la Santísima Trinidad, y sostendrá el brazo de la Justicia Divina por tantos crímenes secretos y públicos. En virtud de tal sacrificio, Dios no castigará a su Patria con peores castigos...".

La Visión del Incendio de la Iglesia

El Jueves Santo de 1624, durante su oración de penitencia, la Madre Mariana vio como, a mediados del siglo XIX, en noche de un Jueves Santo, el Altar Mayor de su Iglesia ardía en un terrible incendio. Vio como la Comunidad del futuro lloraba y rogaba al Cielo, pensando que todo el Convento ardería. Entonces se le apareció Nuestra Señora de El Buen Suceso y le dijo: "¿Por qué temes, hija mía...? Yo, la Madre de El Buen Suceso, del Bello Amor y de la Santa Esperanza, soy la Señora Absoluta de esta Casa... Amo mucho este lugar... y os guardaré en todos los tiempos... Si permito que se incendie la Iglesia es para que se edifique una nueva en este tiempo favorable, en que ambas autoridades no pondrán dificultades...".

Bajando los ojos, la Madre Mariana vio el infierno entero fomentando el incendio con antorchas, entre carcajadas. Oyó que los demonios decían: "Por fin tenemos oportunidad de acabar con esta maldita Fundación, que tanta guerra nos hace... y lo peor, esto es obra de débiles mujercitas. No es posible tolerar tamaño atrevimiento, pues nosotros somos de naturaleza angélica... Que cada uno de nosotros se esmere en echar fuego... aprovechando la circunstancia de que la Señora, nuestra enemiga, está muy quieta... porque de lo contrario nada podríamos".

En ese instante la Virgen María inspiró a un soldado, bien católico, la fuerte e irresistible inspiración de entrar a la Iglesia para salvar del incendio al Santísimo Sacramento. La Madre Mariana entró en el fuego al mismo tiempo y fue abriendo el camino del valiente soldado, que recogió y estrechó contra su pecho el Vaso Sagrado donde estaba Jesucristo, y lo sacó de la Iglesia en llamas. El soldado salió sin sufrir lesión alguna y sin inhalar humo, pues, sin saberlo, estaba guiado por la Madre Mariana.

Luego la Virgen, con el Niño en brazos, ordenó a los demonios precipitarse de nuevo en el infierno. Nuestra Señora dijo: "Fuego, elemento creado por mi Hijo Santísimo para beneficio y también para castigo de la humanidad, yo te bendigo y te ordeno que moderes tu violencia para que seas apagado...". Entonces los hombres pudieron apagar el incendio, quedando intacto el resto del Convento.[7]

La Venganza del Demonio

A través de la Madre Mariana de Jesús, Dios obraba sanaciones. La Madre Mariana preparaba con sus propias manos infusiones de "agua de anís del país", y se las enviaba a los enfermos y a las parturientas en trance difícil.

Cuando le avisaban que un nonato estaba en peligro, la Madre Mariana corría a preparar su famosa agua de anís para mandársela a la madre. Y luego, se postraba ante el Sagrario, "exigiéndole" a Dios, que no permitiera que vaya al Limbo esa alma inocente que no tenía ninguna culpa. Tantos milagros se obraron, que muchos niños fueron bautizados en su honor como "Mariano" y "Mariana".

---

7 El cumplimiento de esta profecía se verifica leyendo el libro "Contribuciones a la Historia del Arte en el Ecuador", Volumen III, por José Gabriel Navarro (1950), del cual extractamos el siguiente párrafo:

"Nos cuentan las religiosas, entre las cuales vive todavía hoy una que fue testigo presencial del incendio de aquel fatídico día de Jueves Santo de 1878, que cuando aquel se produjo por efecto de haberse caído una de las tantas lamparitas de kerosene que el sacristán había puesto para iluminar el «monumento» y, sobre las telas enceradas que simulaban rocas, la turbación de todos los que acudieron en auxilio para tratar de conjurar la catástrofe, fue tanta, que empezaron a despojar al templo de cuanto era madera, para impedir la propagación del fuego. Y fue así como hasta las monjas se encargaron de arruinar el coro y, los fieles, la iglesia. La turbación humana hizo contra el arte más que el fuego".

Las Visiones de la Independencia y la República 59

Su celo por la conversión de los pecadores y la liberación de las almas del Purgatorio era heroico; su espíritu de oración y de penitencia, extraordinario. Todo esto le costó la persecución del demonio: la hacía rodar las gradas; le enredaba los pies y la hacía caer en los actos de la comunidad; le empujaba los platos para que se riegue la comida cuando servía la mesa; le borraba las letras cuando leía; cuando besaba los pies de sus Hermanas, hacía que le volcaran la comida encima de ella.

Las Visiones de la Independencia y la República

A fines de 1628, a media noche, la Madre Mariana oraba en el Coro Alto, y tuvo una visión de la Colonia en gran agitación. Dios le reveló que la Colonia trataba de independizarse de España, puesto que las autoridades enviadas por el Rey, se tomaban libertades y cometían abusos, oprimiendo a inocentes y causando grandes sufrimientos. Vio la guerra de la Independencia, los grandes sacrificios de los héroes y la tierra empapada en sangre.

Dios le reveló que, siendo República libre con el nombre de Ecuador, casi al cumplir doscientos años de Independencia, se volvería pecadora e ingrata hacia Dios. Crecería el número de Judas que, poseídos por el demonio, lo venderían por dinero a personas que realizarían secretos sacrilegios contra el Santísimo Sacramento. La Madre Mariana vio el miserable y desgraciado destino eterno de estas pobres almas.

Vio que la República se salvaba de ser enterrada debajo de un terremoto, por haber Dios suscitado, en esa época, almas heroicas y justas que, como víctimas incesantes, aplacaban la Justicia Divina.

Terminada esta visión, volvió a ver al Ecuador al principio de la Independencia. Una nube negra de demonios trataban de apoderarse de la nueva República; para asentar allí los siete pecados capitales, el odio a Dios y a la Virgen María, y acabar con todos los Conventos y Claustros. Los demonios soplaban un humo espeso que oscurecía la luz de la Fe en las almas, las que empezaban a blasfemar.

Luego vio como el Cielo se abrió sobre la República, bajando una Luz clara e irresistible. De cada Convento y Claustro brotaba una estela de estrellas que subía hasta el Cielo. La Madre Mariana oyó la voz del Arcángel San Miguel que decía: "¡Descended inmediatamente al fondo de los abismos, malditas y negras legiones, porque aquí Dios vive, Dios triunfa, Dios reina en todo tiempo por medio de sus almas predilectas! ¡Y cuando más triunfantes estéis, más próxima estará vuestra derrota!...".

A continuación la Madre Mariana vio rayos, relámpagos y espadas de fuego, que caían a diestra y siniestra, manejadas por manos muy versadas en la guerra, que derrotaron a las legiones diabólicas, las que desaparecieron lanzando horribles alaridos. Antes de desaparecer, los demonios amenazaron con hacer siempre la guerra a este pequeño país, donde sería muy querida su Enemiga, y con tratar de extinguir la devoción del pueblo hacia "Ella", para alzarse con la victoria. Gritaron: "¡Vendrán tiempos en que tendremos muy buenos agentes... Serán amparados por nosotros, y les proporcionaremos placeres, comodidades, riquezas; y después los atormentaremos en el Infierno...!". Desaparecidos los demonios, el Ecuador quedó en calma, y la atmósfera más luminosa que antes.

Sexta Aparición, 1628

Entonces Nuestra Señora de El Buen Suceso se apareció con el Niño Jesús en sus brazos. Le dijo: *"¡Pobre hija de mi Corazón, con visión tan formidable desfallecen ya tus fuerzas naturales...! Pero, aún no es tiempo de dejar la tierra, siete años más, en memoria de mis siete dolores y mis siete alegrías, peregrinarás en la tierra... Después, tu Amor te llamará a su Casa..., donde tu larga vida no te parecerá haber durado sino un día, y tú te reirás de tus grandes sufrimientos de esta vida, los que se te figurarán como insignificantes, y sentirás, entonces, deseo de volver a vivir para sufrir y merecer el doble.*

Ver la estima de tus Hermanas y de los devotos de éste mi querido Convento, será el mayor de los sufrimientos para tu corazón, que... desearía, sin poderlo conseguir, los desprecios, las burlas y las calumnias, porque ya pasó para ti ese tiempo de oro... Cuántas mencionarán tu nombre, deseando haber vivido en tu tiempo y no se darán cuenta de que tú misma estarás viviendo en algunas Hermanas, las más despreciadas y oprimidas".

La Sublime Oración del Niño Jesús del Pichincha

Nuestra Señora de El Buen Suceso prosiguió: *"Levanta ahora la vista y mira hacia el cerro de Pichincha, donde será crucificado este Divino Infante que traigo en mis brazos. Lo entrego a la Cruz a fin de que Él dé siempre buenos sucesos a esta República, la que será muy feliz cuando en toda su extensión me conozcan y me honren bajo esta Advocación, pues será buen suceso para las almas, casas y familias y esta invocación será prenda de salvación".*

Sexta Aparición, 1628

At once the three Archangels, Michael, Gabriel and Raphael, took the Child Jesus from the arms of the Virgin Mary and led Him up Mount Pichincha, disappearing afterwards. On the way with the archangels, the Child Jesus "grew," and on the mountain appeared as a twelve year old. The Child lay down on the ground with His arms outstretched and prayed to His Father:

Enseguida los tres Arcángeles, Miguel, Gabriel y Rafael, tomaron al Niño Jesús de los brazos de la Virgen María y lo condujeron al cerro del Pichincha, desapareciendo después. En el camino con los Arcángeles, el Niño Jesús "creció", y en el monte apareció como de 12 años. El Niño se postró en tierra, con los brazos en Cruz, y oró a Su Padre:

"Padre Mío y Dios Eterno, considerad benigno esta pequeña porción de tierra que hoy me dais, para que reine en ella, como Señor absoluto, Mi amoroso y tierno Corazón y el de Mi Madre Santísima, criatura tan pura y bella cual no hay otra.

En este lugar, se dará la libertad a la República nueva, y Mi Corazón infantil se ensancha de infinita ternura al mirar cuántos héroes perderán la vida temporal. Benditos sean mil veces por sus heroicos sacrificios, serán sus almas recibidas en el Cielo para que gocen el premio de sus esfuerzos. Es por esto que quiero orar en este monte como oré en Getsemaní, pidiéndoos para Mí todas las almas que poblaren estas tierras, librándolas de la ira diabólica que tanto las amenaza...".

Terminada su oración, se oyó una majestuosa Voz del Cielo que decía: *"Este es mi Hijo muy amado, en Quien encontré siempre mis complacencias. Oídle e imitadle, almas escogidas y queridas".*[8]

Entonces todo el cerro se envolvió en luz. El Niño Jesús se levantó del suelo y encontró junto a sí una Cruz de madera con la inscripción INRI en lo alto. Del brazo izquierdo colgaba una corona de espinas y del derecho una estola blanca. Inmediatamente aparecieron los tres Arcángeles. San Miguel traía una Hostia blanca, San Gabriel una túnica blanca salpicada de estrellas y San Rafael un manto rosado.

El Niño Jesús se vistió con la túnica, sobre la cual San Miguel ajustó la estola, según el uso de los diáconos, en diagonal. Encima de la túnica, el Niño Jesús se puso el manto rosado. Así vestido, se apegó a la Cruz y extendió Sus Manos, quedando crucificado sin clavos. Tomando la

---

8 La Batalla del Pichincha, que selló la Independencia definitiva de Ecuador de España, se dio el 24 de mayo de 1822, en las faldas del monte Pichincha. El Himno Nacional de Ecuador recoge proféticamente la aceptación de esta gesta por Dios, pues dice en su primera y segunda estrofa: "Los primeros, los hijos del suelo, que soberbio el Pichincha decora, te aclamaron por siempre, señora, y vertieron su sangre por ti. Dios miró y aceptó el holocausto...".

corona de espinas, los Arcángeles la colocaron en Su Cabeza. Entonces el Niño Jesús empezó a llorar, y Sus Lágrimas fueron recogidas por los tres Arcángeles, quienes las aspergearon en toda la nación.

El Niño Jesús ordenó a San Gabriel que colocara la Hostia detrás de su Cabeza. Hecho esto, Cruzaron la Hostia tres rayos de luz. En el rayo vertical decía la palabra Amor, en el derecho, Ecuador, y en el izquierdo, España. De Su Cabeza punzada por las espinas brotaba sangre, al igual que de las heridas de las manos y de los pies, aunque no se veían los clavos. Su mirada, desde la Cruz, abarcaba toda aquella futura patria, Ecuador, y sollozando, repetía: *"No puedo hacer más por ti, para demostrarte Mi Amor. Almas ingratas, no me paguéis con desprecio, sacrilegios y blasfemias, tanto amor y delicadeza de Mi Corazón. Por lo menos vosotras, mis muy amadas y escogidas Esposas... Sed continuamente las heroínas de vuestra patria, en medio de las amarguras y funestos tiempos que le sobrevendrán. Vuestra humilde, secreta y silenciosa oración, juntamente con vuestra penitencia voluntaria, la salvará de la destrucción a donde la conducen sus hijos ingratos, pues éstos, humillando y despreciando a los buenos, exaltarán y alabarán a los malos advenedizos satélites de Satanás".*

Terminada la visión, la Madre Mariana lloró, pues le dolía la futura separación de la Colonia de España, su patria. La Madre Francisca de los Ángeles la consoló, diciéndole: "¿Por qué llorar lo que nuestros ojos no verán?... Dejad la tristeza... toquemos el arpa y cantemos...". Y ambas, al son del arpa, tocada por la Madre Mariana de Jesús, cantaron las coplas que la Madre Mariana compuso en su juventud.

Séptima Aparición (16 de Enero de 1629)

Mother Mariana told the vision of the Child Jesus of Pichincha to her La Madre Mariana le refirió la visión del Niño Jesús del Pichincha a su Director Espiritual, quien le dijo que le cuente todo al Obispo, Monseñor Pedro de Oviedo. La Madre le envió una nota, rogándole que venga al Monasterio, para referirle lo ocurrido durante la Aparición. El Obispo vino prontamente, y escuchó admirado el relato.

Entonces el Obispo ordenó que las dos Madres, junto con él, iniciaran una Novena al Espíritu Santo, para pedir Luz sobre lo que debían hacer. En diez días, él volvería para tomar una decisión.

Un día de la Novena, en el que la Madre Mariana y la Madre Francisca oraban en el Coro Inferior, la Madre Mariana recibió la visita de la Virgen de El Buen Suceso. La Madre Francisca presenció junto con ella la visión, mas sin escuchar sus palabras. Como siempre, la Virgen

"No puedo hacer más por ti, para demostrarte Mi Amor." La batalla de Pichincha se libró el 24 de mayo de 1822 en la que seiscientos hombres murieron, trescientos treinta fueron heridos de los dos lados y mil doscientos sesenta soldados españoles se hicieron prisioneros. Nuestra Señora del Buen Suceso había predicho que el Ecuador rompería sí mismo con España y convertiría en una República, y el Niño Jesús se apareció a unos doscientos años antes de que se produjera la batalla decisiva.

María traía el Niño Jesús en el brazo izquierdo y el báculo en la mano derecha. Le habló a Sor Mariana:

"Mi Dulce Niño te habló y mostró la guerra que habrá, para que esta Colonia se separe del Reino Español, volviéndose República libre. Conociste la conveniencia de esto, y sufrió tu corazón por este rompimiento con tu madre patria... Justo fue tu pesar, porque es grande virtud amar a la patria natal e interesarse por su bien público.

Para tu consuelo te hago saber que es muy conveniente esa independencia, a fin de disminuir las responsabilidades de los monarcas, que, mandando sus representantes para el gobierno, se vuelven ambiciosos, se arrogan libertades indebidas, ofenden a la Iglesia, ultrajan a los Ministros del Señor y se vuelven dueños absolutos de todo. A ti te constan los incontables males infligidos a la Iglesia de Dios en esta Colonia durante estos tiempos...

Amamos mucho esta pequeña porción de tierra. Un día será Ecuador. Y teniendo en cuenta las almas verdaderamente buenas que habitarán aquí, nos empeñamos en hacerla República libre, la cual será un día consagrada solemnemente al Corazón Santísimo de mi Divino Hijo. Y a plenos pulmones repetirán de un confín al otro: «La República del Sagrado Corazón de Jesús».

Tiempos funestos sobrevendrán, en los que... aquellos que deberían defender en justicia los derechos de la Iglesia... darán la mano a los enemigos de la Iglesia para hacer lo que éstos quisieren... Pero, ¡ay del error del sabio, el que gobierna la Iglesia, del Pastor del redil que mi Hijo Santísimo confió a sus cuidados! Más, cuando aparezcan triunfantes y cuando la autoridad abuse de su poder cometiendo injusticias y oprimiendo a los débiles, está próxima su ruina. ¡Caerán por tierra!

Y alegre y triunfante... resurgirá la Iglesia... en brazos del hábil corazón maternal de mi hijo elegido, muy querido de aquellos tiempos, el cual prestará oído a las inspiraciones de la Gracia, siendo una de ellas la lectura de las grandes Misericordias que mi Hijo Santísimo y yo hemos usado contigo. Lo hemos llenado de Gracias y dones muy particulares, lo haremos grande en la tierra y más aún en el Cielo, donde le hemos reservado un asiento muy precioso, porque sin temor a los hombres combatió por la verdad y defendió impertérrito los derechos de su Iglesia, por lo que bien lo podemos llamar mártir.

Crucificado viste a mi Divino Niño en el cerro del Pichincha... Como esa colina domina la ciudad, mi Hijo Santísimo quiso santificar ese lugar, desde donde el Corazón Santísimo de mi Jesús querido quiere ejercer su dominio.

Séptima Aparición (16 de Enero de 1629)

Y, así como por mandato mío, dejaste mi Imagen sobre la Sede Abacial, en el Coro Superior de éste mi Convento... queremos igualmente que hagas reproducir esta visión en estampas... escribiendo en ellas las mismas palabras que oíste de labios de tu Amor Crucificado en el Cerro del Pichincha. Esas estampas volarán por el mundo entero y a todos impresionarán santamente, sin saberse en el transcurso de los tiempos su procedencia... Ahora el Obispo ya tiene la Luz necesaria para decirte él mismo que conviene hacer esas estampas...".

Entonces Nuestra Señora les dio la Bendición a la Madre Mariana y a la Madre Francisca y se retiró. La Madre Mariana le dijo a la Madre Francisca: "...Nosotras apoyaremos al Obispo para que mande a hacer las estampas de la visión del Divino Niño Jesús Crucificado en el Pichincha...".

Pero la Madre Francisca le replicó, en forma un tanto enigmática: "...Aunque quisiéramos presenciarlo en nuestra vida mortal, no lo podremos ver, pues la gente de este lugar es propensa a la idolatría. Desde el Cielo asistiremos y, en ocasión oportuna intervendremos para facilitar todo. Unos creerán, otros no... Dios será glorificado por muchas almas y habrá conversiones secretas y también públicas. El resto no tiene importancia. ¡Felices nuestras Hermanas de esos tiempos!...".

Al día siguiente de terminada la Novena, el Obispo fue al parlatorio del Convento, y se entrevistó con las dos Madres. Les dijo: "Verdaderamente, éste es el Espíritu de Dios que dirige vuestras almas... durante la Novena sentí emociones celestiales, y en sueños me pareció ver a mi Madre Santísima... Además, me pareció contemplar toda la visión de Madre Mariana de Jesús, referente al Niño Crucificado en el cerro del Pichincha, con una añadidura: me pedía que mandase grabar estampas de la visión, las que serían esparcidas por todo el mundo, acompañadas de las palabras pronunciadas por el mismo Divino Niño... Os mando dibujar la aparición del Divino Niño y enviarla a España con cartas de recomendación a su Majestad, pidiéndole emplee su autoridad a fin de efectuar una rápida impresión...".

Después de esta conversación, el Obispo citó a la Madre Mariana al Confesionario, y le pidió que le diese cuenta exacta de su vida, desde el uso de razón. El Obispo volvió a su casa, pero desde entonces frecuentó en forma seguida el Monasterio, para hablar con las dos Madres. Y le escribió al Rey de España una carta con la petición de impresión de las estampas, además de enviarle un relato extenso, con los extraordinarios pormenores de la vida de la Madre Mariana de Jesús.

Estatua de la Virgen del Buen Suceso en el coro, situado por encima de la sede de la abadesa.

Octava Aparición, 2 de Febrero de 1634

El 2 de febrero de 1634, la Madre Mariana rezaba a media noche en el Coro Alto. Decía: "Santísima Trinidad, Padre, Hijo y Espíritu Santo, Santísima Virgen de El Buen Suceso... os doy gracias por todos los beneficios que, sin merecimientos personales, recibí... me habéis manifestado tantas maravillas, que constituirán motivo de asombro a los siglos venideros, a los que está reservado el conocimiento de mi nombre y de los grandes y admirables prodigios que sucedieron en este Real Monasterio... Haced que éste mi Convento sea siempre gobernado por Abadesas de una caridad bien entendida, que corrijan los abusos con pulso firme, teniendo en las manos vara de hierro con aquellas que en tristes tiempos se infiltrarán aquí...".

El dolor que produjo en el alma de la Madre Mariana pensar en aquellas futuras monjas infieles, hizo que haga una audaz petición: "Quisiera pediros que me conservaseis la vida para al menos sujetarlas a lo santo, justo y razonable... Temo que el mal ejemplo, como peste formidable, se propague sutilmente en mi querida Comunidad, extinguiendo la virtud y la santidad de mis buenas y dóciles hijas... Es por esto que quiero vivir en esos tiempos para reprimir a las insolentes con mi autoridad de Fundadora, e impedir los grandes males reservados para esos desdichados tiempos".

Cuando la Madre Mariana terminó su petición, el Coro se llenó de luz y se abrió el Sagrario. Se le dio a conocer cómo en la Eucaristía estaban el Padre, el Hijo con su Santa Humanidad y el Espíritu Santo, y el modo por el cual Dios concede a sus criaturas sus Gracias y siete Dones para alcanzar la perfección. Vio cómo la Virgen fue preservada del pecado original desde su Concepción por los méritos de Jesucristo. Le fueron mostradas todas las instituciones religiosas que deberían fundarse hasta el fin de los siglos, y también las que se destruirían por la decadencia espiritual de sus miembros. El Señor también le hizo ver que no era necesaria su vida material para cuidar de su Comunidad, pues ella la favorecería desde el Cielo.

Entonces Nuestra Señora, que estaba presente, le habló: *"Hija querida... no es necesario que tu destierro se prolongue por tantos siglos... Hoy que la Santa Iglesia celebra el Misterio de mi Purificación en el Templo y la Presentación de mi Divino Niño, quiero ponerlo en tus brazos como prueba de que, de aquí a un año, estarás viviendo en el Templo de la Gloria... Me quedaré yo a vivir y gobernar éste mi Monasterio, a través de mi milagrosa Imagen que te ordené fuese hecha y puesta en el Coro Alto de éste mi Convento, sobre la Sede Abacial... Y tú debes salir tranquila de esta vida mortal, dejando a tus continuadoras este precioso tesoro, que no fue dado, ni lo será, a ningún otro Convento... Recibe en tus brazos mi dulce Niño, como prueba de lo mucho que amo a este Convento y de que siempre lo guardaré. Prepárate con esto a salir de la vida mortal, tú continuarás presente en las personas de las buenas Religiosas".*

Y la Virgen, luego de estrechar a su Niño contra su Corazón, lo puso, contenta, en los brazos de la Madre Mariana, que lo recibió con gozo indescriptible.

Las Profecías del Niño Jesús

El Niño Jesús, estando en sus brazos, acarició a la Madre Mariana, y le dijo: *"Mi Esposa querida, ¡cómo eres de hermosa a mis ojos! En tu larga vida solamente Yo fui tu único amor, amaste la Cruz como yo la amé, y la cargaste en paz, haciendo de ella tu tesoro y tu riqueza... Amo este Convento porque es Fundación y propiedad de mi Madre Inmaculada, y también mía. Lo amo, porque tú viviste en él y seguirás viviendo en todos los siglos.*

En las épocas difíciles, Yo lo sostendré... Las Hermanas incautas y carentes de virtud sólida, pondrán en duda tu maravillosa vida y los favores muy especiales y raros, con los que Yo y mi Bendita Madre te hemos regalado. Las eminencias del mundo moverán guerra implacable y... habrá duda, oposición e indiferencia. Solamente a las almas humildes y simples de corazón, se les franqueará la seguridad, el conocimiento y la firme convicción de todo lo referido en tu vida, la que permanecerá oculta durante los primeros siglos de esta Colonia, que se volverá nueva patria...

Ni el poder de los reyes y príncipes paganos fue capaz de impedir la Fundación de Mi Iglesia... Esta Iglesia tan querida, la conservaré hasta la consumación de los siglos. Ella será fuertemente combatida, pero jamás vencida, porque si faltaren hombres, traeré del Cielo legiones de Ángeles para su conservación, hasta su triunfo. En épocas funestas, Yo la gobernaré a mi gusto y Voluntad, por medio de mis Vicarios en la tierra, residentes en Roma, ciudad de los Papas de invicta e intrépida Fe. Al Papa deben obedecer y reconocer como mi representante en la tierra, a él deben prestar obediencia ciega...

El Dogma de Fe de la Inmaculada Concepción de mi Madre, será proclamado cuando más combatida esté la Iglesia, y se encuentre cautivo mi Vicario".[9]

"Del mismo modo, el Dogma de Fe del Tránsito y Asunción en cuerpo y alma a los Cielos de mi Madre Santísima. Mas tú, mis Esposas y almas escogidas, debéis creerlo siempre, como si ya fuese un Dogma".[10]

"Esto me da mucha alegría, porque es un acto de reconocimiento a mi Poder y a mi Amor de Hijo a la Inmaculada Virgen Madre, a Quien por Mi Propia Honra y Dignidad, jamás hubiera permitido que su Inmaculado y Bendito Cuerpo se reduzca al polvo de la tierra, como sucede con el común de mis humanos...

Sé.... que es inaccesible a los humanos la comprensión de la conservación de cuerpos incorruptos de algunos de mis siervos, con cuánta mayor razón no conservaría el Cuerpo de mi Madre, Virgen Inmaculada...

¡Malditos mil veces sean los herejes y sus secuaces, que ponen en duda los Misterios concernientes a Mí y a Mi Madre! ¡Malditos sean! Y sea su morada eterna el centro de la tierra, junto con el padre de la mentira, Lucifer y sus secuaces, en medio del fuego creado por la Ira Divina, para los Ángeles rebeldes y los hombres que los sigan a ellos, apartándose de la verdad, fuera de la Iglesia Católica.

La Madre Francisca de los Ángeles... en quien imprimí secretamente mis llagas, verdadera hija del Serafín Llagado, Francisco de Asís, entregará el día 4 de octubre, a las cinco de la tarde, su vida terrena para ingresar a la Eternidad... Ella no debe siquiera ver el Purgatorio, y para purificarse después de su camino, padecerá durante tres meses... tormentos indecibles en el alma, tentaciones de toda suerte y contra todas

---

9 En abril de 1848, la masonería internacional fomentó atentados, revoluciones y desórdenes contra el Papado y las naciones católicas. Debido a los motines en Roma, el Papa se trasladó a Gaeta. El masón Mazzini, proclamó, en 1849, la "República Romana". Las iglesias fueron saqueadas mientras Mazzini se apropiaba de obras de arte de la Iglesia, para pagar a la masonería británica que le había dado el dinero para tomar Roma. Gracias a la intervención de tropas francesas, la "República Romana" cayó y el Papa pudo volver a la capital en 1850. Los últimos años de su pontificado los vivió en aislamiento en el Vaticano, viendo como las propiedades de la Iglesia en Italia eran sucesivamente confiscadas.

El Beato Papa Pío IX, el 8 de diciembre de 1854, rodeado de 92 Obispos, 54 Arzobispos, 43 Cardenales y de una gran multitud del pueblo, definió el Dogma de Fe de la Inmaculada Concepción de la Virgen María.

10 El Papa Pío XII, el 1 de noviembre de 1950, definió el Dogma de Fe de la Asunción en cuerpo y alma a los Cielos de la Virgen María.

las virtudes, siendo las más dolorosas aquellas contra la Fe, contra la santa pureza... En ese período, tan aflictivo para esta amada Esposa mía, llenará su alma de grandes méritos. Porque cuando a algunas almas muy queridas de Mi Corazón doy el Purgatorio en vida mortal, es para que la purificación venga acompañada de méritos, lo que no ocurre en el lugar de expiación... donde las almas rescatan las faltas cometidas sin adquirir ningún merecimiento personal... como mendigos indigentes de la caridad de los sufragios de la Iglesia Militante.

Y, como habitualmente sobreviene el olvido de aquellas que sufren en la Iglesia Paciente (el Purgatorio), allí tienes, a tu vista, esa ciudad de fuego, llanto y dolor, compuesta por ese incontable número de espíritus de toda edad, sexo, condición y estado que estuvieron en la vida terrena, sufriendo lo que para los mortales es incomprensible...".

Entonces la Madre Mariana levantó la vista y contempló el Purgatorio. Las almas le pedían con los brazos en alto, oraciones, penitencias y sufragios.[11] *Jesús continuó:*

"En el tiempo de su purificación, los tres últimos meses, ayúdala con tus oraciones, penitencias, consejos... Yo daré unción a tus palabras y luz clarísima, para que conozcas sus penas interiores y veas cómo las almas justas se purifican antes de entrar en el gozo eterno, restituido hasta el último maravedí.

¡Ay! Si las almas religiosas mostrasen un corazón dócil a las inspiraciones de mi Gracia, ¡cómo Yo les haría ver... la pureza que necesita un alma para entrar en la Gloria!...

Te digo... que en el correr de los tiempos habrá almas traidoras, ingratas, Esposas infieles que me odiarán... Pero en éste mi Convento, tan querido de mi Corazón... no toleraremos tales extremos. No, aquí viviremos y reinaremos siempre... Aquí Me refugiaré cuando el mundo Me persiga. Aquí tendré almas secretas, singulares y siempre desconocidas, con las que me complazco y que me desagraviarán y desarmarán cuando mi Justicia esté saturada por las maldades y sacrilegios del siglo XX.

Ya para ti se termina el destierro, de aquí a un año estarás en el Cielo, pues cerrarás tus ojos a la luz material para abrirlos a la Luz eterna, el día 16 de enero del próximo año. Después de mi Hermana Francisca, te faltarán apenas tres meses de peregrinación sobre la tierra...

...en este Claustro de Mi Madre Inmaculada... Yo seré siempre servido, querido y adorado en Espíritu y en Verdad. Es por esta razón que Yo mismo inspiré a Mi Esposa, tu Madre María Taboada, cuando veía edificarse esta Fundación, que ella se titulase con mi dulce Nombre

---

11 I. e. obras buenas que se realizan a nombre de las almas purgantes.

de Jesús, y trajese de su patria una Imagen Mía para ser venerada, querida y reconocida como Titular de este Convento.

Quiero que sepas y transmitas a tus sucesoras... que la devoción al Niño Jesús será siempre, en todo conflicto, la salvaguardia del Convento. Si faltara esta devoción, desaparecerá el bello espíritu de infancia espiritual en el que se complace mi Padre Celestial.

¡Felices, mil veces, las almas religiosas que habitaren en esta Mi Casa, que me amen y den culto! Yo las llenaré de Luces y Gracias para que sus almas sean preciosas ante Mi Padre Celestial y la Santísima Trinidad, en ellas nos deleitaremos.

Fíjate bien... en todas las apariciones con que Mi Inmaculada y Bendita Madre te favoreció... siempre me trajo en el brazo izquierdo, para conmigo aplacar la Justicia Divina, y el precioso báculo en el brazo derecho para gobernar ésta mi grey querida.

En los primeros años del siglo XX, cuando, sin conocimiento de los hombres, estuviere por extinguirse éste mi Convento, Yo Mismo haré una nueva Fundación, comenzada por personas de corazón dócil, humilde y hábil...

Cuando hubiere terminado el tiempo del castigo de ésta Mi Comunidad, durante el cual el demonio trabajará por destruirla impidiendo la renovación de las Monjas y poniendo mil trabas características de su orgullo luciferino y envidioso... me vengaré de aquellas que se arrogaren injustas libertades para oprimir a los desvalidos seres que sólo tienen lágrimas.

Estas verán, en el momento de la muerte, con nítida luz, toda la enormidad de su conducta... las Gracias que recibieron para enmendarse, los auxilios que tuvieron en los buenos ejemplos de sus Hermanas, las oraciones que se dirigían al Cielo, frustrándose todo por su rechazo y soberbia, por su vanagloria de ser algo, cuando cualquier mortal no pasa de ser un saco de podredumbre y un puñado de polvo.

¡Ay, si los mortales comprendiesen... cuánto me hieren y desagradan las... desconfianzas y pequeñas imperfecciones inveteradas...!

¡Por eso Yo no los tolero, nada a medias me agrada, o todo o nada, a Mi semejanza, que no me quedó una sola gota de Sangre ni de Agua en Mi Cuerpo destrozado en la Cruz!...

Entonces, Yo los abandono y dejo que sigan todos los deseos de su corazón pervertido, para desconocerlos delante de Mi Padre Celestial, puesto que ellos en su vida se avergonzaron de la humildad, de la obediencia, de la práctica de las virtudes, las que hacen violencia a la naturaleza...

¡Ay, de aquellos y aquellas! ¡Ay!

Mas, los Sacerdotes y también Prelados, tanto Religiosos como seculares, que amando la Orden de Mi Madre, se esmeren por el aumento y conservación de éste Mi Convento... serán benditos de Mi Corazón y los recompensaré en esta vida con Gracias y favores y tendrán en la otra reservada su recompensa...

También te hago saber, Esposa querida, que es grande mi Amor de predilección a la Orden de Mi Madre que lleva el título de Mercedes y Misericordias. A esa Orden de los Mercedarios, uniré en Santa Hermandad éste Mi Convento y de Mi Madre Inmaculada... Y para que esos lazos de unión fraterna sean indisolubles, en todos los siglos habrá miembros de una Orden viviendo en el Convento de la otra, recíprocamente... entre los Mercedarios tendré Ministros fieles, con sólida virtud, que, ocultos a los ojos humanos, despreciados por el mundo, e incluso a veces por los suyos, siempre me darán Gloria. Ellos serán los que traigan almas para éste mi Convento... Mira y conoce a todos".

La Madre Mariana vio a los santos Mercedarios de cada época, y dio gracias a Dios porque Él siempre tendría, en todas las Órdenes, almas hermosas y queridas.

Así terminó la visión del Niño Jesús y sus profecías, en los brazos de la Madre Mariana.

La Madre Mariana le refirió a la Madre Francisca de los Ángeles todo lo que le había dicho el Niño Jesús, incluyendo lo de su pronta partida al Cielo. La Madre Francisca recibió la noticia con serenidad, aunque un poco preocupada por los tres meses de tribulación espiritual que le esperaban. Son tiernos y llenos de unción divina los versos compuestos por la Madre Mariana en 1634, para la Madre Francisca de los Ángeles, con motivo de la buena nueva de la terminación de su destierro.

La Madre Mariana le rogó a la Madre Francisca que viniera, con las demás Fundadoras, a asistirla en su muerte, y la Madre Francisca así se lo prometió.

Novena Aparición, Marzo de 1634

La Madre Mariana rezaba a las tres de la mañana, en el Coro Alto, frente al Sagrario, diciendo: "...postrada en el polvo os adoro como a mi Padre y Esposo, y este amor sale victorioso en la confianza... de que seré purificada con vuestra Preciosísima Sangre, por las manos de la Emperatriz del Cielo, María Santísima, mi Madre, a quien pido el Buen Suceso en el trance de mi muerte, en la sentencia definitiva de la que depende mi feliz Eternidad...".

Novena Aparición, Marzo de 1634

Pronunciadas estas palabras, vio apagarse la lamparita que ardía junto a Jesús Sacramentado, quedando el Altar totalmente a oscuras. La Madre Mariana quiso levantarse para encender una vela, pero no pudo moverse. Entonces una Luz sobrenatural iluminó todo el Coro y apareció la Virgen María, que encendió la lamparita, se colocó frente a ella y le habló: *"Hija querida de mi Corazón, soy María de El Buen Suceso, tu Madre y Protectora que, trayendo a mi Hijo Santísimo en el brazo izquierdo y el báculo en el derecho, vengo a darte la alegre noticia de que, dentro de 10 meses y algunos días, cerrarás por fin tus ojos a la luz material de este mundo, para abrirlos a la claridad de la Luz Eterna.*

¡Oh, si todos los mortales... conociesen lo que es el Cielo, lo que es la posesión de Dios! ¡Cómo vivirían de otro modo y jamás omitirían cualquier sacrificio para poseerlo!

La lámpara que arde delante del Altar y que viste apagarse, tiene varios significados:

- *El primer significado es que al fin del siglo XIX, y hacia buena parte del XX, varias herejías se propagarán en estas tierras, entonces ya constituida República libre, y reinando ellas se apagará la luz preciosa de la Fe, por la total corrupción de costumbres. En ese período habrá grandes calamidades físicas y morales, públicas y privadas...*

Para la liberación de la esclavitud de estas herejías, necesitarán gran fuerza de voluntad, constancia, valor y mucha confianza en Dios, aquellos a quienes destinará para la restauración, el Amor Misericordioso de mi Hijo Santísimo.

- *El segundo significado es que ésta mi Comunidad, estando con reducido número de personas, será sumergida en un mar de insondables e indecibles amarguras...*

En estos aciagos tiempos, aun en éste mi huerto cerrado entrará la injusticia, la que revestida con el nombre de falsa caridad, hará estragos en las almas... en mis fieles hijas, en mis almas ocultas... Ellas llorarán en secreto, quejándose a su Dios y Señor... pidiendo que por amor al Divino Prisionero acorte tan aciagos tiempos.

- *El tercer motivo por el que se apagó la lamparita es, porque en esos tiempos estará la atmósfera saturada del espíritu de impureza, que a manera de un mar inmundo correrá por las calles, plazas y sitios públicos con una libertad asombrosa, de manera que casi no habrá en el mundo almas vírgenes.*

El envidioso y pestífero demonio intentará, en su maliciosa soberbia, introducirse en estos huertos cerrados de los Claustros religiosos... ¡ay, dolor! Habrá almas incautas que voluntariamente se entregarán a sus

"Ora con insistencia...que mi Santísimo Hijo...se compadezca de sus Ministros y ponga término, cuanto antes, a tiempos tan nefastos, enviando a esta Iglesia el Prelado que deberá restaurar el espíritu de sus Sacerdotes." El difunto arzobispo Marcel Lefebvre se refirió directamente a esta profecía en su sermón de la consagración de cuatro obispos de la Fraternidad San Pío X el 30 de junio de 1988.

Novena Aparición, Marzo de 1634

garras, y otras, regresando al mundo, serán instrumentos del diablo para perder almas.

* *El cuarto motivo de apagarse la lamparita es que habiéndose apoderado la secta de todas las clases sociales, tendrá tanta sutileza para introducirse en los hogares domésticos, que, perdiendo a la niñez, se gloriará el demonio de alimentarse con el exquisito manjar de los corazones de los niños.*

En esos aciagos tiempos, apenas se encontrará inocencia infantil, de esta manera se irán perdiendo las vocaciones al Sacerdocio...

En ese entonces... habrá Santos Ministros del Altar, almas ocultas y bellas en quienes mi Hijo Santísimo y yo nos recrearemos con las exquisitas flores y frutos de santidad heroica, a quienes la impiedad hará cruda guerra llenándoles de vituperios, calumnias y vejaciones para impedirles el cumplimiento de su Ministerio. Ellos, como firmísimas columnas, permanecerán inamovibles, haciendo frente a todo, con ese espíritu de humildad y sacrificio del que serán revestidos en virtud de los infinitos méritos de mi Hijo Santísimo, que los ama como a las fibras más delicadas de su Santísimo y tiernísimo Corazón.

Entonces padecerá esta Iglesia, la noche oscura de la falta de un Prelado y Padre que vele con amor paterno, con suavidad, fortaleza, tino y prudencia...

Ora con insistencia, clama sin cansarte y llora con lágrimas amargas en lo secreto de tu corazón, pidiendo a Nuestro Padre Celestial que por Amor al Corazón Eucarístico de mi Santísimo Hijo, por la Preciosísima Sangre vertida con tanta generosidad y por las profundas amarguras y dolores de su acerba Pasión y Muerte, Él se compadezca de sus Ministros y ponga término, cuanto antes, a tiempos tan nefastos, enviando a esta Iglesia el Prelado que deberá restaurar el espíritu de sus Sacerdotes.

"A este hijo mío muy querido le amamos mi Hijo Santísimo y yo, con amor de predilección, pues lo dotaremos de una capacidad rara, de humildad de corazón, de docilidad a las divinas inspiraciones, de fortaleza para defender los derechos de la Iglesia y de un corazón tierno y compasivo, para que, cual otro Cristo, atienda al grande y al pequeño, sin despreciar a los más desafortunados, a quienes les dará luz y consuelo en sus dudas y amarguras. Y para que, con suavidad divina, guíe a las Almas Consagradas al servicio de Dios en los Claustros... En su mano pondré la balanza del Santuario para que todo se haga con peso y medida, y Dios sea glorificado.

Para tener pronto a este Prelado y Padre, harán contrapeso la tibieza de todas las Almas Consagradas a Dios en el estado Sacerdotal y Religioso. Siendo esta misma la causa de apoderarse de estas tierras el maldito Satanás, quien todo lo conseguirá por medio de tanta gente extranjera sin fe, que cual nube negra oscurecerá el límpido cielo de la ya República consagrada al Corazón Santísimo de mi Divino Hijo.

Con esa gente entrarán todos los vicios que atraerán, a su vez, toda suerte de castigos, como la peste, el hambre, disputas internas y con otras naciones, y la apostasía, causa de perdición de un considerable número de almas, todas muy queridas por Jesucristo y por mí.

Para disipar esta nube negra, que impide a la Iglesia gozar el claro día de libertad, habrá una guerra formidable y espantosa en la que correrá sangre de nacionales y extranjeros, de Sacerdotes seculares y regulares, y también de Religiosas. Esa noche será horrorosísima, porque, a ojos humanos, el mal parecerá triunfar.

Es entonces llegada mi hora, en la que yo, de un modo asombroso, destronaré al soberbio y maldito Satanás, colocándolo debajo de mis plantas y sepultándolo en el abismo infernal, quedando por fin la Iglesia y la Patria libres de su cruel tiranía.

• *El quinto motivo se debe a la dejadez, al descuido de las personas que, poseyendo cuantiosas riquezas, verán con indiferencia a la Iglesia oprimida, perseguida la virtud, triunfante la maldad, sin emplear santamente sus riquezas en la destrucción del mal y la restauración de la fe, y por esa indiferencia del pueblo en dejar que poco a poco se borre el Nombre de Dios, adhiriéndose al espíritu del mal, entregándose con libertad a los vicios y pasiones.*

¡Ay, querida mía! Si te fuese dado vivir en esa temerosa época, morirías de dolor al ver realizado todo lo que aquí te revelo. Tal es el Amor que mi Hijo Santísimo y yo tenemos a estas tierras, heredad nuestra, que queremos desde ahora la aplicación de tus sacrificios y oraciones para acortar el tiempo de duración de tan terrible catástrofe".

Después de estas palabras, María de El Buen Suceso terminó su visita, sin embargo, la Madre Mariana tuvo la visión futura de todo lo referido por la Virgen, y esto la afectó tanto, que quedó como muerta en el Coro, con la frente en tierra y los brazos en Cruz, y así la encontraron las Hermanas y la llevaron a su lecho. En estado estuvo tres días y tres noches. Al tercer día, a las tres de la mañana, la Madre Mariana se incorporó, diciendo: "Sí, Serafín llagado y Padre mío querido, te doy gracias".

La Madre Mariana le relató la aparición de la Virgen a su Director Espiritual y le confió que, cuando estaba sin sentido, vio a San Francisco de Asís, que le dijo, entre otras cosas:

"Pocos meses te faltan para que concluyas el penoso destierro... En tus últimos momentos estaremos a tu lado, Beatriz – a Fundadora de

tu Orden – yo y todos los Hermanos de la Seráfica Familia¹² y el Beato Ignacio de Loyola, a quien tú amas tanto por el ardiente amor que tuvo durante su vida a Jesucristo, y le dio tantas almas, aun a costa de grandes sacrificios. Es éste un siervo muy amado de Dios y lo será en su Compañía, a quien animará en toda su vida espiritual, el carácter militar que le legó su Santo Padre. En ella habrá siempre grandes sabios, grandes Santos e invictos mártires. Poseerán como don especial de la munificencia divina, la discreción y discernimiento de espíritu, y la cola serpentina no podrá esconderse de ellos...

A este Convento tan querido de Dios y de Nuestra Madre Santísima, le esperan grandes tribulaciones, persecuciones y calumnias, las que acrisolarán a las almas fervorosas y fieles, y a las tibias las arrojarán fuera, como indignas de recibir estos regalos valiosos...".

Aparición de San Ignacio de Loyola, 30 de Julio de 1634

El 30 de julio de 1634, en la oración de la mañana, que tuvo con la Comunidad, se le apareció el (entonces) Beato Ignacio de Loyola, muy alegre y con aire militar. Le dijo, entre otras cosas:

"Esposa fiel de Jesucristo, valiente soldado de Cristo Redentor, tiempo es ya de dejar la mísera tierra de llanto y dolor, y subir al Reino Celestial para coronaros de Gloria, por las insignes victorias que habéis ganado en la cruda guerra de vuestra penosa vida...

¡Oh, si los mortales pensaran para arreglar su vida, aquellas palabras que tanto yo inculqué a mis hijos, y a toda alma redimida, con la Sangre Redentora!: «¿Qué importa al hombre ganar todo el mundo, si al fin pierde su alma?», de otra manera vivirían, y los antros infernales no se llenarían de ese sinnúmero de almas que desgraciadas se sepultan en sus abismos, para sufrir inauditos tormentos por toda la Eternidad...

Está para terminar vuestra existencia mortal, llena de grandes merecimientos... Si, incauta... no hubieses aceptado tantos sufrimientos, tantas penas y humillaciones, como monedas preciosas para comprar el Cielo, si os hubierais dormido con el pesado sueño de la tibieza, ¿qué

---

12 A los Franciscanos se los llama la "Seráfica Familia" porque San Francisco de Asís tuvo la famosa visión de un Cristo Crucificado, que tenía seis alas de Serafín, en el Monte Alvernia. Fue cuando recibió los Estigmas o Llagas de Jesucristo en su cuerpo. El Señor le dio a entender que él se convertiría en otro Cristo por el fuego de amor de su corazón, semejante al de un Serafín. Por eso a San Francisco también se lo conoce como el "Serafín Llagado".

hubiera sido de ti ahora que vais a pasar a la Eternidad, a dar estrecha cuenta de todas las Gracias recibidas, así como de los pesares y padecimientos que no son sino medios para labrarse una Eternidad Feliz?...

Como habéis sido siempre mi devota, me habéis llamado en vuestros conflictos y necesidades, contigo estaré en el lecho de vuestro dolor. Yo os ofrezco que favoreceré ahora y siempre este privilegiado Convento, por medio de mi Compañía, la que será el consuelo y la Luz de almas que sufrirán y florecerán aquí a la sombra de la Cruz...".

Décima Aparición, 10 de Agosto de 1634

Estando la Madre Mariana en el Coro Alto, en oración, a las tres de la mañana, el 10 de agosto de 1634, vio salir una Luz muy bella del Sagrario. Contempló en la Hostia Consagrada a las Tres Divinas Personas, a la vez distintas y a la vez un sólo Dios Verdadero. Luego se le manifestó la Presencia Real del Verbo en la Hostia, en su unión hipostática, Dios y Hombre al mismo tiempo.

Vio luego como la Santísima Trinidad, previstos los méritos infinitos del Redentor, creó un cuerpo perfecto en el vientre de Santa Ana, y a este cuerpo le infundió un Alma bellísima, sin la mancha del pecado original, para que fuese Su Madre. Vio que Ella debía vivir sólo tres años con San Joaquín y Santa Ana, sus padres, para honrar el Misterio de la Trinidad, luego de los cuales, debía entrar a morar en el Templo de Jerusalén, donde sería Ella el modelo de las doncellas llamadas por Dios a la vida religiosa. Dios le reveló, a la Madre Mariana, los grandes sacrificios y penalidades que tuvo que soportar en el Templo y las virtudes sublimes y heroicas que poseía, altura a la cual ningún mortal podrá llegar jamás.

Luego tuvo la visión de la Virgen María como Madre de Jesús y Virgen antes del parto, en el parto y después del parto, destinada para Corredentora de la humanidad y Refugio de los pecadores.

Entonces la Virgen le habló así: *"Hija fiel y muy querida Esposa del Cordero sin mancha, que es el fruto bendito de mi Purísimo Seno, como lo has visto y comprendido... después de largo destierro llegas ya a los umbrales de la Patria Celestial. Ya su Luz inaccesible comienza a alumbrar tus pupilas con esta Luz que ahora has visto...*

¡Pobres y míseros mortales, ciegos voluntarios! Se precipitan de abismo en abismo entregados a los deleites sensuales buscando la dicha y la paz. Pero estas... huyen de ellos, porque sólo se las encuentra y se goza de ellas en la Cruz y el sacrificio... Debes saber que la enfermedad es el único y seguro termómetro que gradúa la virtud y el amor a Dios...

son la mejor y la más meritoria penitencia, exenta de ilusiones, orgullo y soberbia...

A tus hijas, incúlcales para que sean buenas y santas Religiosas, cumplidoras de las solemnes promesas que voluntariamente hicieron a su Dios y Señor, así a las presentes como a las venideras de todos los siglos; ellas necesitan más que las presentes porque les sobrevendrán terribles padecimientos, persecuciones, injusticias, enfermedades y penas interiores... Este será el tiempo de la purificación de esta Comunidad, lo cual sucederá hacia la corta edad del siglo XX, cuando ya entonces la Iglesia ecuatoriana se verá oprimida, encadenada y perseguida por el sectarismo diabólico, el que durará de treinta a treinta y tres años... Los crímenes ocultos y públicos, en esa entonces República, a manera de una espesa nube negra, la cubrirán toda, siendo envenenada y pestífera su atmósfera... imposible de respirar para todas las clases sociales.

Lo más triste es que el Clero secular dejará mucho que desear, porque los Ministros del Altar, olvidando su misión sublime de identificarse con mi Hijo Santísimo, mediante el conocimiento propio y la oración humilde, diaria y fervorosa, vivirán sólo en la superficie de su alma, sin apartarse de las cosas sensibles, del demasiado apego a su familia y a los bienes materiales, creyendo que aspiran a la santidad del Estado Sacerdotal por medio de alguna práctica de una o dos virtudes, sin cuidarse del sólido cimiento de una humildad profunda, sin la cual ninguna virtud puede existir... Nadie más llamado para esto que el Sacerdote porque es otro Cristo. Cada uno de ellos es la fibra más delicada de su Santísimo Corazón: todo Amor, mansedumbre y humildad... Mas, ¡ay, dolor!, que estos mismos, sus muy amados, se alejarán de Él, dejándolo solo y abandonado en sus Sagrarios... llorando su soledad... el cuidado y las preocupaciones de las cosas de la tierra no darán lugar a que le oigan... siendo éste el motivo por el cual ningún fruto sacan en la conversión de los pecadores y la Salvación de las almas, motivo por el cual serán juzgados y castigados en el Supremo Tribunal, porque agraciados de la Divina Bondad recibieron el don preciosísimo de la Vocación Sacerdotal, para ser Luz del mundo y edificación de los fieles".

Cuando la Virgen María terminó de hablar, se presentó la Venerable (hoy Santa) Beatriz de Silva, la Fundadora de la Orden de la Inmaculada Concepción, y le dijo: "Hija mía muy amada, vengo por Voluntad de Cristo Jesús, nuestro Celestial Esposo y de María Inmaculada, Nuestra Madre... Tu gloria será especial en el Cielo porque con tu tolerancia, humildad y caridad, salvaste el alma de la Capitana, tu Hermana, sufriendo con heroísmo el Infierno por ella... ella, reconocida de tu caridad, desde el lugar de expiación donde está, te ama y te bendice. Además, con las manifestaciones divinas has conocido muchos secretos de Dios respecto de las almas y has salvado un gran número. Ellas serán tu corona y tu gloria... yo quiero y exijo de mis hijas que se llamen y sean Concepcionistas Franciscanas, sólo de esa manera yo las reconozco... porque sin mi Padre, el Serafín llagado y sus hijos, extendidos en gran número por la faz de la tierra, yo no hago nada... ¡Oh, cuánto debe a la Franciscana, mi Orden Concepcionista!"

Entonces vio la Madre Mariana el incontable número de Religiosas de la Inmaculada Concepción que estaban en el Cielo. Luego la Madre Mariana vio bajar a San Francisco de Asís, junto con los Franciscanos que defendieron la Inmaculada Concepción, ondeando la bandera de triunfo del Venerable (hoy Beato) Padre Juan Duns Escoto.[13]

De la bandera salían estrellas que se posaban una en la frente de cada Religiosa. Todos comenzaron el canto: "Tota pulcra est Maria...". Este canto sólo lo podían cantar las Religiosas que en vida habían amado mucho a San Francisco de Asís y a la Orden Franciscana. Luego la Venerable Madre Beatriz pidió a la Madre María de Jesús Taboada y a las demás Fundadoras, que le dieran la Bendición a la Madre Mariana. Las Fundadoras la bendijeron y le encomendaron que ruegue por las almas del Purgatorio, y por las Concepcionistas quienes, en gran número, estaban en el Purgatorio.

El alma de la Madre Mariana quedó llena de la dulce ilusión de su próxima entrada al Cielo.

Visión del Purgatorio y del Corazón de Jesús, 2 de Noviembre de 1634

En la madrugada del 2 de noviembre, Día de los Fieles Difuntos, la Madre Mariana empezó su oración por las almas que estaban en el lugar de expiación, rogando a Jesús que aliviara sus penas y que las lleve al Cielo. Siendo ya las cuatro de la mañana, Jesús le mostró las penas de las almas en purificación.

Vio que las penas que sufrían los Sacerdotes y personas Religiosas, eran más intensas que las de los seglares del mundo, pues los primeros

---

13 El sacerdote franciscano escocés, Juan Duns Escoto, es el más grande teólogo de la Inmaculada Concepción, quien en la Sorbona, en 1307, demostró ese gran Privilegio de la Virgen María, refutando a 200 teólogos opositores, utilizando la Sagrada Escritura y los escritos de los Santos Padres, sintetizando su demostración con el célebre axioma: "Potuit, decuit, ergo fecit"; "Dios podía hacerlo, a Dios le convenía hacerlo, luego lo hizo".

recibían más luces y Gracias para el ejercicio de su Vocación Sacerdotal y Religiosa. También vio el número de Sacerdotes que se condenarían, unos por apostasía, y otros porque degradarían su Vocación y morirían en su pecado. Esta visión fue particularmente dolorosa para la Madre Mariana.

Cuando llegó la Comunión, al consumir la Santa Hostia, vio a Jesús totalmente llagado por los maltratos y azotes, y a Su Corazón, cubierto de pequeñas y punzantes espinas que nunca antes había visto. La Madre Mariana le dijo a Jesús: "...¿por qué causa o causas sufres tan crueles e íntimos martirios? ¿No fueron suficientes los padecidos en tu amarguísima y dolorosísima Pasión? En ésta, hasta el presente, no se hace mención de espinas tan pequeñas. Los Evangelistas sólo hablan de gruesas y largas espinas con las que te coronaron...". Jesucristo le contestó:

"...*Este Corazón tan punzado de tan crueles y pequeñas espinas, tal como ahora lo ves, queda reservado para manifestarlo a los mortales, por medio de un Alma Religiosa de tu misma familia, después de algunos siglos...mírala!". Y la Madre Mariana vio a la feliz mensajera de Dios quien, en tiempos calamitosos, era despreciada por sus Hermanas y por casi todos los que la trataban, a excepción de algunos Sacerdotes quienes, con Luz divina, reconocían los Secretos de Dios confiados a los que el mundo desprecia y los considera indignos y faltos de inteligencia.*[14]

Jesucristo continuó: "...ya ves que estas pequeñas espinas me punzan con crueldad. Te hago saber que ellas son las faltas graves y leves de mis Sacerdotes Seculares y Religiosos y de mis almas Religiosas... Derramaré sobre ellas una lluvia de espirituales Gracias, valiéndome aun de enfermedades graves y largas para asemejarlas a Mí. Pero ellas... se quejarán de mi Amorosa Providencia, me creerán cruel con ellas y retirándose de Mí con la indiferencia, me dejarán solo... Frustrarán los grandes designios que tenía con ellas... porque la Cruz y la tribulación son el patrimonio de los justos aquí en la tierra... Habrá tiempos en

---

14 Un nuevo anuncio de esta futura Revelación ocurrió en el Siglo XX, a la Sierva de Dios mexicana, Concepción Cabrera de Armida, madre de familia y fundadora de Las Obras de la Cruz, que consigna en su libro "Mirarán al que traspasaron", las siguientes Palabras de Jesús: «Quiero que se honren de manera muy particular los dolores internos de mi Corazón; dolores que si me acompañaron desde que me encarné en las virginales entrañas de María, no cesaron en la Cruz, sino que místicamente continúan en la Eucaristía. El mundo desconoce estos dolores. Desde el instante de mi Encarnación ya la Cruz me oprimía y las punzadoras espinas me penetraban. La lanzada hubiera sido un desahogo que me aliviara de aquel volcán de amor y dolor, pero esto no lo consentí hasta después de mi muerte".

los que la "teoría" será moneda corriente en sabios e ignorantes... Se escribirán muchos libros, pero la práctica de las virtudes apenas se encontrará en contadas almas, siendo ésta la causa de escasear los Santos. Precisamente por esto, caerán mis Sacerdotes y mis Religiosas en una indiferencia fatal, cuyo hielo apagará el fuego del Amor Divino, punzando mi Corazón Amante con estas menudas espinas que ves".

"Has de saber que la Justicia Divina suele descargar terribles castigos a naciones enteras, no tanto por los pecados del pueblo, cuanto por los de los Sacerdotes y personas Religiosas, porque éstos y éstas están llamados por la perfección de su estado, a ser la sal de la tierra, los Maestros de la Verdad y los pararrayos de la Ira Divina. Al desviarse de su sublime misión se degradan de tal manera que, ante los ojos de Dios, son quienes aceleran el rigor de los castigos...

Ahora, Esposa mía querida, pocos meses te restan ya de destierro, trabaja incansable por la perfección de mis Sacerdotes y personas Religiosas, ofreciendo con este fin, en unión de Mis Méritos Infinitos y de Mi Inmaculada Madre y tuya, todo cuanto hagas, hasta la más pequeña respiración.

Mucho me agradan las personas Religiosas que toman sobre sí la sublime misión de santificar al Clero, con sus oraciones, sacrificios y penitencias... En todo tiempo Yo me escogeré tales almas... deparándoles en el Cielo una Gloria muy especial". Así terminó esta visión.

Última Aparición de Nuestra Señora de El Buen Suceso, 8 de Diciembre de 1634

Llegó el día de la Fiesta de la Inmaculada Concepción, el 8 de diciembre. La Comunidad se había preparado con una Novena, y ese día todas las Religiosas comulgaron con mucho fervor. Después de las actividades del día, las Religiosas se fueron a dormir, y la Madre Mariana fue al Coro Alto, a las once y media de la noche, a hacer su oración de costumbre.

Estando sumida en la oración, se le apareció la Virgen María, con el Niño en el brazo izquierdo, y el báculo en el derecho, como siempre. Los tres Arcángeles la acompañaban, al igual que los Nueve Coros Angélicos.

Miguel traía incontables túnicas blancas, salpicadas de estrellas y adornos de oro, ornada cada una con un collar de perlas del que colgaba una Cruz de oro incrustada de piedras preciosas. En el medio de cada Cruz había una estrella con los Nombres de Jesús y María. Gabriel traía

Última Aparición de Nuestra Señora 83

un Cáliz con la Preciosa Sangre, un Copón lleno de Hostias y muchísimas azucenas. Rafael traía un envase transparente y cerrado, conteniendo un bálsamo cuyo suave olor se esparcía por el aire, numerosas estolas de color violeta, y una pluma de oro, marcada con el Nombre de María.

A una señal de Miguel, comenzó a cantar el primer Coro Angélico, sucediéndose hasta el Noveno. Terminada la Sinfonía, la Virgen la saludó cariñosamente y luego le habló así:

"...¿Has visto lo que los tres Santos Arcángeles, Miguel, Gabriel y Rafael, traen...? Pues bien... las túnicas blancas son, en primer lugar, para mis fieles y fervorosos hijas, de todos los tiempos, que habitarán en este Claustro; unas conservando su inocencia bautismal, y otras, habiéndose purificado por la austera penitencia. Las estrellas significan el continuo... ejercicio de todas las virtudes que darán Luz en el firmamento de la Iglesia Católica, Apostólica y Romana, Luz que alumbrará muchas inteligencias extraviadas, volviéndolas a la verdad católica. Los adornos preciosos de oro bruñido son los actos generosos y prácticos ejecutados por... Amor Divino. El collar correspondiente a cada túnica, significa los lazos de los Votos con los cuales se entregaron voluntariamente a su Dios. La Cruz que de él pende, representa todos los padecimientos físicos y morales de su vida sufridos en cristiana y religiosa resignación, acatando la Voluntad Divina...

En segundo lugar, estas hermosas túnicas son también para los Sacerdotes seculares y regulares y las personas seglares de ambos sexos que, amando con sencillo y recto corazón a mi Hijo Santísimo y a Mí, amen este Convento de nuestra predilección, y prescindiendo de críticas y mofas, trabajen por conservarlo y se esmeren en propagar mi culto, bajo la consoladora advocación de El Buen Suceso, la que en la casi total corrupción del siglo XX será el sostén y salvaguardia de la fe.

Gabriel trae ese precioso Cáliz rebosante de Sangre Redentora, lo que significa la Gracia de restauración y resurrección de la muerte del pecado... por medio del Sacramento de la Penitencia... ¡Mira y contempla la grandeza de este restaurador y vivificador Sacramento, tan olvidado y aun despreciado por los ingratos mortales!... Hay quienes miran la ocupación del Confesionario como una cosa sin importancia y una pérdida de tiempo. ¡Oh, no! Si a los sacerdotes les fuera dado mirar por sí mismos lo que tú ahora... ¡cuán agradecidos quedarían del Amor de predilección que (Dios) les ha tenido, escogiéndolos entre millares... para redimir de la tirana esclavitud las almas que hizo presa el envidioso y desgraciado Luzbel!...

Al Sacerdote venero por su sublime misión y lo amo tiernísimamente y... le cuido con secreto esmero para que no se aparte de la senda de la Verdad... El Sacerdote desempeña en el Confesionario los cargos delicadísimos de padre, madre, médico y juez. A su cuidado... acuden presurosas las almas necesitadas, sufridas, enfermas y dudosas... ¡Ay del Sacerdote que, dejándose llevar de su natural carácter, austero y duro, despache descomedido a esas almas, quienes buscaron en su corazón sacerdotal, ser lavadas y limpiadas de la lepra del alma!

Cuando el Sacerdote esté en el Tribunal Divino se le pedirá estrecha cuenta de esta delicada misión de dirigir almas... a unas necesita sacarlas del abismo, ponerlas en el camino recto del Cielo y cuidar que perseveren en él. A otra clase de almas, también le confía... almas llenas del Espíritu de Dios... que caminan por sendas sobrenaturales, siendo... el blanco de toda clase de groserías, desprecios y aun calumnias de parte de toda clase de gente. A estas almas... se les destina Sacerdotes que deben dirigirlas y sostenerlas, contemplando cuán admirable es Dios en sus Santos...

¡Ay del Sacerdote, que incauto aleje de sí estas almas, las que son para él un regalo del Amor Misericordioso del Corazón Santísimo de mi Hijo y Señor!... son para él las mensajeras de Dios, Quien le habla y enseña por medio de ellas, y de cuya Gracia le pedirá estrecha cuenta si no supo aprovecharse y mejorar su vida espiritual y sacerdotal, tratándolas de fatuas y engañadas, sin penetrar en el fondo de ellas...

Los Sacerdotes desde el siglo XX deberán amar con toda su alma a San Juan María Vianney,[15] un siervo mío, que la Bondad Divina

---

15 San Juan María Vianney nació el 8 de Mayo de 1786, en Dardilly, Francia.

Tuvo que superar muchas dificultades para llegar por fin a ordenarse sacerdote. Muchos decían que era estúpido, sin embargo nada mas lejos de la realidad. Lo que ocurría era que su memoria era pobre y le era muy difícil retener la gramática del Latín. Su protector, el Padre Balley, lo ayudó.

El 13 de agosto de 1815, Juan María Vianney fue ungido Sacerdote. Las autoridades diocesanas pensaron que él no tendría facultades para confesar, pero el Padre Balley habló con las autoridades eclesiásticas y él fue su primer penitente.

Juan María fue asignado al pueblo de Ars y allá se dirigió, a pie, en febrero de 1818. Ars era un pueblito aislado, donde pensaron que sus limitaciones intelectuales no podrían hacer mucho daño. Tenía unas 40 casas y su Iglesia estaba muy deteriorada, al igual que la Rectoría.

Durante los siguientes 41 años, Ars se convirtió en el lugar de la más sorprendente actividad: aquel humilde Sacerdote, tan despreciado, estaba dotado por Dios de extraordinarias cualidades como Confesor, que hizo que miles de fieles acudieran a él de todas partes de Francia. La compañía de trenes tuvo que abrir una oficina especial para poder lidiar con el tráfico entre la

Última Aparición de Nuestra Señora

prepara para hacer un regalo con él en esos siglos, dándoles un ejemplar modelo del abnegado Sacerdote. No será de familia noble, para que el mundo sepa y entienda que en el aprecio de Dios no hay otra preferencia sino la virtud a fondo. Ese siervo mío... vendrá al mundo al finalizar el siglo XVIII, me amará con todo su corazón, y en su vida pastoral me obsequiará con su oración, enseñando a sus compañeros a conocerme y amarme".

"El Arcángel Gabriel también trae un Copón... lleno de Hostias, lo que significa el Augustísimo Sacramento de la Eucaristía que será distribuido por mis Sacerdotes Católicos a los fieles cristianos, pertenecientes a la Iglesia Católica, Apostólica y Romana, cuya cabeza visible es el Papa, Rey de la Cristiandad, y cuya Infabilidad Pontificia será declarada Dogma de Fe por el Papa que está destinado a declarar Dogma el Misterio de mi Inmaculada Concepción, quien será perseguido y encarcelado en el Vaticano, por la injusta usurpación de los Estados Pontificios, por la maldad, envidia y avaricia de un monarca terreno".16

---

ciudad de Lyon y el pequeño pueblo de Ars. Modestos hoteles se abrieron para acomodar a los peregrinos. El tope de visitantes se alcanzó en 1845: llegaban de 300 a 400 todos los días. Al final de la vida del Santo Cura, el número anual de peregrinos alcanzó el asombroso número de 100 a 120 mil personas.

Un triunfo tan grande atrajo la furia del infierno. Por 35 años el Cura de Ars fue molestado por el demonio: casi todas las noches, ruidos horribles y gritos estrepitosos se oían fuera del Presbiterio. Una mañana, el demonio hasta incendió su cama. A veces, gritaba debajo de la ventana del Santo: "Vianney, Vianney, come papas" (La dieta de Juan María prácticamente sólo consistía en papas cocinadas). El propósito de todo esto era no dejar dormir al Santo Cura para que se cansara y no pudiese estar horas en el Confesionario, donde durante 11 o 12 horas diarias, le arrancaba muchas almas de sus garras.

Su tierno amor por la Virgen lo movió a consagrar su Parroquia a la Reina del Cielo. Cuando en 1854, el Papa Pío IX definió el Dogma de la Inmaculada Concepción, Juan María pidió a los habitantes del pueblo que iluminaran sus casas de noche, y las campanas de la Iglesia resonaron por horas.

El sábado 4 de agosto de 1859, el Cura de Ars encomendó su alma a Dios. Su cuerpo permanece incorrupto en la Iglesia de Ars. El 8 de enero de 1905, el Papa Pío X, lo beatificó y, en la fiesta de Pentecostés, el 31 de mayo de 1925, el Papa Pío XI lo inscribió en el Catálogo de los Santos. Es el Patrón de los Sacerdotes.

16   Desde que terminó la persecución a la Iglesia, en la época del emperador Constantino (333 AD), y el Primado de Pedro, instituido desde el principio en Roma, pudo ser visible, los fieles, y sobre todo los emperadores cristianos, fueron donando a la Iglesia cuantiosos bienes territoriales y otros bienes inmuebles, que conformaron lo que se conoció como el Patrimonio de San Pedro.

"Ves el Copón lleno, para que comprendas la sublimidad de este Misterio, y la reverencia con que debe ser tratado y recibido por los fieles, teniendo en Él un antídoto contra el pecado y un medio fácil y poderoso de unirse las almas con su Dios y Redentor, Quien, en el exceso de Su Amor a ellas, se quedó oculto bajo los blancos accidentes, expuesto a las sacrílegas profanaciones de Sus ingratos hijos.

Los territorios, llamados Estados Pontificios, estuvieron diseminados por toda Italia e incluso fuera de ella.

Con la llegada del masón Garibaldi, la Iglesia fue despojada de las regiones de la Romaña en 1859, y de Umbría y Las Marcas poco después. En 1860, Víctor Manuel II, Rey de Piamonte-Cerdeña, invadió y usurpó más territorios, quedando sólo Roma bajo jurisdicción Papal.

Finalmente, el 20 de septiembre de 1870, con la toma de Porta Pia, la misma Roma fue usurpada, quedando el Papa reducido dentro de los muros del Vaticano. Desde entonces, la masonería italiana celebra su fiesta anual el 20 de septiembre, en recuerdo de la victoria contra la Iglesia. Los documentos antimasónicos del Pontificado de Pío IX son 124, entre encíclicas, cartas, discursos y alocuciones. En ellos, Pío IX explicó cómo la persecución contra la Iglesia y la sociedad provenía del ateísmo y del cientificismo del siglo XVII, postulado por la masonería y luego exaltado por la Revolución Francesa.

En aquel dramático tiempo, el Beato Papa Pío IX, convocó al Concilio Vaticano I, que duró de 1869 a 1870. El Concilio definió la Infalibilidad Pontificia para sus pronunciamientos Ex Cathedra ("desde la Cátedra o Silla de San Pedro"). Esta definición dogmática era esencial, pues desde el siglo XVI, los cismáticos protestantes cuestionaban la autoridad Papal, no solo en lo temporal sino también en lo doctrinal. Fueron 435 Padres conciliares los que votaron sobre la Infalibilidad Pontificia, siendo 433 padres los que votaron *plácet* (a favor) y sólo dos los que votaron *non plácet*.

La Constitución Dogmática Pastor Æternus, promulgada por el Papa Pío IX el 18 de julio de 1870, tras haber sido elaborada y aprobada por el Concilio Ecuménico Vaticano I, contiene la definición solemne del Dogma de la Infalibilidad Pontificia, que dice:

"...enseñamos y definimos ser Dogma divinamente revelado que el Romano Pontífice, cuando habla Ex Cathedra, esto es, cuando, ejerciendo su cargo de Pastor y Doctor de todos los Cristianos, en virtud de su Suprema Autoridad Apostólica, define una doctrina de Fe o costumbres y enseña que debe ser sostenida por toda la Iglesia, posee, por la Asistencia Divina que le fue prometida en el bienaventurado Pedro, aquella infalibilidad de la que el Divino Redentor quiso que gozara su Iglesia en la definición de la doctrina de Fe y costumbres".

Desde 1870 se ha invocado la Infabilidad Papal sólo una vez, cuando el Papa Pío XII, el 1° de noviembre de 1950, previa consulta con los Obispos del mundo, proclamó el Dogma de la Asunción de la Virgen María al Cielo.

Última Aparición de Nuestra Señora   87

¡Para esta reparación están destinadas... las hijas de mi Inmaculada Concepción, porque... en los secretos divinos, fue la expiación secreta y voluntaria uno de los designios que Dios tuvo al fundar esta Orden!...

Ese sinnúmero de fragantísimas y hermosas azucenas que ves junto con el Cáliz y Copón, que trae mi Arcángel Gabriel, son todas las buenas Religiosas de mi Orden, que serán muchísimas... Cada una de ellas en un mismo Claustro, tendrá distinta misión... A mis hijas están encomendados los siete Sacramentos para que sean cumplidos con perfección por los fieles, pero sobre todo el tercero, el cuarto y el sexto (Confesión, Eucaristía, Sacerdocio).

El grande y precioso envase transparente y bien cerrado que trae mi Arcángel Rafael, el que contiene un bálsamo exquisito cuyo suave olor... se esparce por el aire, purificando la atmósfera, haciendo sentir al alma sumo gozo y admirable tranquilidad, significa los Claustros y Conventos, lugares únicos en los que se practican a diario las sólidas virtudes...

La pureza y castidad que allí existe, es el aroma exquisito que se difunde en los países felices que poseen Monasterios y Conventos, purificando el aire impuro que aspiran los mundanos entregados a los vicios y pasiones más vergonzosas... (ellos) se vuelven a Dios por las oraciones que en esas Casas, incesantemente de día y de noche, se elevan al Cielo...

¡Ay del mundo si no hubieran los Monasterios y Conventos!... allí se encuentra el remedio de todo mal físico y moral.

La Santísima Trinidad y yo, la Madre y Modelo de las personas Religiosas, amamos a estas casas con ternura; y el canal por donde desciende a ellas el diluvio de preciosísimas Gracias, que no se da a los del mundo, soy yo... En todos me veneran bajo distinta advocación y los Arcángeles recogen las oraciones, lágrimas, penitencias, suspiros y vida de sacrificio de ellos y ellas y me las presentan a mí, y yo los presento llevándolo todo al Trono del Señor para la Salvación del universo.

Nadie se da cuenta en la faz de la tierra, de dónde viene la Salvación de las almas, la conversión de grandes pecadores, la disipación de grandes flagelos, la producción y fertilidad de los campos, la cesación de pestes, de guerras y la buena armonía entre las naciones. Todo esto viene de las oraciones que se elevan de los Monasterios y Conventos.

Las innumerables estolas que también trae mi Arcángel Rafael, que teniendo el color violeta esparcen admirable resplandor... significan la acción práctica y el celo sacerdotal de los buenos Sacerdotes que, abnegados, se olvidan de sí mismos para hacer conocer y amar a Jesucristo y a mí... trabajando infatigables en la Viña del Señor, para aumentarla, *cuidar y salvar las almas redimidas con la Sangre Redentora... Estos son los siervos buenos y fieles que entrarán en el goce de su Señor.*

La pluma de bruñido y refulgente oro marcada con mi Nombre, es para todos los Sacerdotes... que escriban mis glorias y dolores, así como para quienes escriban difundiendo mi culto de El Buen Suceso de este Monasterio mío, muy querido, como también tu vida, la que es inseparable de esta tierna y consoladora advocación, la que en el siglo XX hará prodigios así en lo espiritual como en lo temporal, porque la Voluntad de Dios es dejar esta advocación y tu vida para ese siglo en el que la corrupción de costumbres será casi general y la luz preciosa de la Fe estará casi extinguida.

Aquí tienes... significadas todas las cosas que has visto que traen en sus manos mis Santos Arcángeles. Miguel «¿Quis ut Deus?», Gabriel «Fortitudo Dei», Rafael «Medicina Dei». Cada uno cumple su misión en favorecer a la humanidad caída... ellos cuidarán siempre de mi Imagen y de este Convento tan querido y tan favorecido de la Bondad de Dios".

Al terminar la Aparición, la Madre Mariana quedó, como siempre, llena del fuego del Amor Divino.

Muerte y Testamento
La Muerte de la Madre Mariana

Después de la muerte de la Madre Francisca, el 4 de octubre de 1634, y de haber presenciado las terribles visiones de los tiempos venideros, la salud de la Madre Mariana se resintió. Sus Hermanas presentían su muerte y no se conformaban con la partida de la Madre Mariana, cuya vida era una predicación viva para ellas: siempre igual en su temperamento, siempre humilde de corazón, sin hacer distinción de personas, siempre condescendiente con todas sus hijas, en todo aquello que no implicase imperfección en su alma. Era la primera en la Observancia de la Regla y en los trabajos monásticos, y la última en descansar de ellos.

A sus preocupaciones, la Madre Mariana respondía:

"Cuando yo deje la vida mortal, no moriré de ninguna manera... por el contrario, todas las Fundadoras viviremos aquí hasta el final de los tiempos, sosteniendo la vida del Claustro, vigilando la Observancia de la Regla y separando siempre el buen trigo de la cizaña... después de purificar los espíritus en el Siglo XX, traeremos jóvenes aptas para la nueva Fundación...".

A pesar de sus achaques, seguía observando la Regla como si fuera Novicia, y en las horas de expansión fraternal en Comunidad, cantaba y tocaba en el arpa sus composiciones, la mayoría de las cuales estaban dedicadas al Niño Jesús, Quien era su delirio. Su tiempo libre lo dedicaba a la Oración mental, a ayudar a la enfermera en la atención de las enfermas, y al aseo del Convento.

El 24 de diciembre, las señoras de Quito les habían enviado dulces y frutas, y la santa Fundadora formó con ellos el Árbol de Navidad. Las Novicias tuvieron libre recreo y la Madre Mariana jugó con ellas. En lo alto del árbol puso un cuadro del Nacimiento y debajo de él, un letrero: "¡Viva Jesús Niño y sus Religiosas de la Inmaculada Concepción de la ciudad de Quito! De hoy en un año, vuestra única Fundadora que tenéis junto a vosotras, os bendecirá desde el Cielo. ¡Adiós, allí os espero!". Ante el Pesebre, la Madre Mariana tocaba con el arpa de falda y le cantaba al Niño Jesús, intercalando su canto con los piropos y alabanzas de las Religiosas.

Esa Nochebuena, las Religiosas escenificaron un hermoso drama compuesto por la Madre Mariana, cuyos protagonistas eran los tres Arcángeles. Era tan tierno y espiritual, que las Religiosas experimentaron, más que nunca, un extraordinario fervor al comulgar a medianoche.

Desde el primer día de 1635, la salud de la Madre Mariana se deterioró notablemente, recuperando fuerzas solamente el 6 de enero, el Día de Reyes. Ese día les enseñó a ofrendar al Niño Jesús el Oro del Amor, el Incienso de la Oración y la Mirra de la Mortificación.

Luego de varios desmayos, precedidos por fuertes palpitaciones, el día 11 de enero fue llevada a la enfermería, de cuya cama ya no se levantó más. Allí continuaron los desmayos y empezó a tener vómitos de sangre, temblor de cuerpo y mucha fatiga.[17]

El día 14 de enero la enfermera le preguntó si deseaba recibir el Santo Viático y la Extrema Unción. La Madre Mariana le respondió: "…aún no es hora… lo recibiré con fervor y gozo de mi alma el día 16, último de mi vida, después de daros mi testamento…". La joven enfermera abrazó a la Madre llorando, pues la quería mucho.

Su madre y ella estuvieron a punto de morir por su difícil parto; sus parientes angustiados se acercaron al Monasterio a pedir ayuda a la Madre Mariana, y ella le envió a la parturienta "agua de anís del país", e hizo una profecía: "Hacedla tomar el remedio diciéndole que nada tema, pero que sepa que la niña que nacerá está destinada a ser Religiosa de este Convento y será la que amortaje mi cadáver". También profetizó que la niña conservaría hasta su muerte la Gracia bautismal. El parto fue muy feliz y la pequeña que nació, fue bautizada como Rosa Mariana y entró al Convento a los diez años de edad. Al profesar tomó el nombre de Zoila Blanca Rosa de Mariana de Jesús.

La enfermera le rogó, entre lágrimas: "…Yo le ruego que me lleve y no me deje… Pídale al Señor esta Gracia… y prepáreme para irnos". La Madre Mariana le hizo un gesto cariñoso en la cabeza.

Entonces desapareció la tristeza de la Madre Rosa Mariana, quien dijo a sus Hermanas: "Mi Madre me dice que me prepare para irnos ambas al Cielo… Me dice que… pida al Señor, que si es Su Voluntad, me conceda esta Gracia".

El 16 de enero, la Madre Mariana mandó llamar a su Confesor, el Padre Francisco Angüita, para recibir los Últimos Sacramentos y luego leer su testamento.

Mientras esperaban la llegada del Padre, la enferma se incorporó con esfuerzo en su lecho, para hablar con sus hijas, que habían entrado llorosas a la enfermería. Entonces las Religiosas pidieron hablar cada una en privado con la Madre, y así se hizo. La Madre Mariana le dijo a la enfermera: "Rosita mía, sal fuera de la celda, para que tranquila y

---

17 Los doctores modernos identificarían los desmayos y arritmias iniciales como síncopes indicativos de una lesión en el corazón. Su estado se agravó luego con la posible ruptura de una úlcera del sistema digestivo superior, que producía los vómitos de sangre. La anemia producida por la pérdida de sangre le ocasionaba fatiga extrema y temblor corporal.

La Muerte de la Madre Mariana

libre hable cada una de tus Hermanas... Tú no te apenes, porque te vas conmigo".

Al oír esto la Madre Rosa Mariana se fue al Sagrario, donde postrada en Cruz, lloró. La Madre Priora trató de consolarla, pero la joven Religiosa le contestó: "¡Ay, Madre! ¡Lloro de gusto porque me dice nuestra Madre Marianita que me va a llevar con ella, y vine a pedir a mi Prisionero de Amor que cumpla la palabra de Su Esposa...!"

La gente de Quito se había enterado del inminente deceso de la Madre Mariana, y era grande la multitud de personas que lloraban afuera del torno. Gemían: "¡Se acabó la Madre de los pobres... el refugio en toda tribulación... nuestra intercesora ante Dios!". Otros gritaban: "¡Madre Marianita, danos tu última Bendición!", y otros le pedían a la Priora que les dé alguna reliquia: "¡No nos prive de este consuelo!"

El Obispo había dado orden que se le avise inmediatamente en caso de gravedad de la Madre Mariana, pero ese día había amanecido con fiebre, y entonces dio licencia para que acuda el Sacerdote que pedía la enferma.

Así, el Padre Anguita y el Padre Guardián del Convento de San Francisco, acudieron al Monasterio. La Madre Mariana se confesó con el Padre Anguita. Luego los Padres fueron a buscar el Santo Viático (Así se llama a Jesús Eucaristía cuando se administra a los enfermos en peligro de muerte). El ambiente en el Monasterio, en aquel momento, no era lúgubre, sino celestial: las Religiosas prepararon el Paso del Señor, adornando los Claustros con guirnaldas en los muros y flores en el piso, y doce Religiosas cantaban con dulce voz el "Pange Lingua", el Himno Eucarístico compuesto por Santo Tomás de Aquino. La Comunidad acompañaba la procesión con velas encendidas. La Madre Mariana, cubierto el rostro con un velo, esperaba a Dios, cantando "Ven, Hostia Divina...".

En la enfermería había un bello Altar, con una imagen grande del Cristo de la Agonía, que inspiraba mucho fervor. En él dejaron al Santísimo, y los Padres, junto con la Priora, se acercaron a la cama de la Madre Mariana.

El Padre Guardián le habló: "Madre Mariana de Jesús, el gran momento de vuestra partida ha llegado ya... Para daros fuerza y valor en este supremo momento, viene Jesucristo en Persona... La Bondad Misericordiosa de Dios os dispensó el don sublime y precioso de la Vocación Religiosa, condecorándoos con el signo honroso de Fundadora de este Convento... al despediros de vuestras numerosas Hermanas aquí presentes, os mando en virtud de la Santa Obediencia... que pidáis perdón de lo que podríais haber faltado en vuestra vida, dando algunos malos ejemplos...".

La Madre Mariana le contestó: "Sí, Padre mío, sí. Esto he ansiado". Y le pidió a la enfermera que le trajera cierto atado. La Madre Mariana lo abrió, sacó de él una soga negra, llena de nudos, y se la puso al cuello. Luego, con ayuda de la enfermera se arrodilló y juntó las manos en el pecho. Dijo: "Madres, Hermanas e hijas queridas... os pido que, caritativas y bondadosas, me perdonéis todos los malos ejemplos que os he dado durante mi larga vida. Debía ser un modelo de santidad y perfección religiosa, por lo mismo que he sido una de las Fundadoras de este querido Convento... pero mi flaqueza y ruindad me han impedido ser lo que debía. Perdonadme, os lo ruego una y mil veces, y tomando aquellas hermosas palabras de un tiempo mejor, os digo: «Oíd mis palabras y poned en práctica mis consejos, mas no imitéis mis malos ejemplos». Grandeza de alma... demuestra el disimular y perdonar a una Hermana... cuando humillada pide esto en el supremo momento de la muerte".

El Padre Guardián le contestó: "Madre, vuestras hijas y Hermanas os perdonan, os aman y os ruegan que no las olvidéis en el Cielo. Tampoco olvidéis a vuestros Hermanos los Frailes Franciscanos... Ahora, os mando en virtud de la Santa Obediencia, digáis a qué hora de este día vais a morir, porque es muy justo que nosotros vuestros Hermanos os ayudemos en este último trance. Son las once y tres cuartos del día".

La Madre Mariana respondió con humildad: "...mi alma saldrá del cuerpo... hoy a las tres en punto de la tarde. Os ruego... que cumpláis la Santísima Voluntad de Dios, presenciando mi muerte, haciéndome la Recomendación del Alma, con las oraciones acostumbradas... A la una y media, hora en que Vuestras Paternidades deben estar presentes, daré lectura, yo misma, a mi Comunidad, el Testamento que por Voluntad de Dios y de la Santísima Virgen Nuestra Madre, hago como Fundadora... Una vez terminada esta lectura comenzará mi agonía, que no será larga". Los Padres le dieron la Bendición y partieron, diciendo que regresarían a la una y cuarto.

Entonces la Madre Mariana le rogó a la Madre Priora: "...llevad al Refectorio a éstas, mis amadas y atribuladas hijas... no es posible hacerlas permanecer en ayunas, es preciso ir al Refectorio a cumplir el acto de Comunidad y dar al cuerpo el alimento necesario para agradar a Dios... Cumplido este deber y hecha la Visita al Santísimo... os espero hijas queridas, para veros por última vez con mis ojos materiales, bendeciros con gran ternura y daros, por fin, el adiós temporal...".

La Madre Priora obedeció a la Fundadora y se tocó la campana para ir al Refectorio. La Madre Mariana se quedó sola con la enfermera. Cuando regresó la Madre Priora, encontró tan contenta a la enfermera, que la reprendió llamándola aparte: "Hijita mía, siempre nos ha gustado tu genio infantil y alegre... pero en el aflictivo caso presente no está correcto el gusto que manifiestas, cuando todas estamos con el corazón partido de dolor...". La Madre Rosa Mariana le contestó: "Madre, ciertamente que no resistiera yo continuar viviendo sin mi Santa Madre Fundadora, pero debo hacer saber a Vuestra Reverencia que también voy yo con ella hoy mismo, y aquí tiene las llaves de la cajita de uso. Todo lo demás está en la celda y en la oficina... Sólo pido a Vuestra Reverencia y a mi querida Comunidad perdón de todos los malos ejemplos que he dado... Y por último, pido un hábito, el más pobre, para que amortajen mi cadáver y un hoyo para mi sepultura. Deme, Madre, la Bendición y licencia para morir e irme con mi Madre Fundadora...".

La Madre Priora pensó que la Madre Mariana, al ver su enorme dolor, le había hecho creer a la joven Monjita que se iría al Cielo con ella. Entonces, le dijo: "Arrodíllate, hija, recibo las llaves de la cajita de uso, ya iré gustosa por tu celda y oficina. Con la mejor voluntad te doy licencia para que mueras y vayas a gozar de Dios...". Y le dio su Bendición.

A la una y media, todos, Padres y Comunidad, estaban reunidos en torno a la Madre Mariana, quien les dijo: "Madres y Hermanitas queridas de mi alma, llegó por fin para mí el suspirado momento de concluir mi destierro tan largo y penoso... Ahora, prestad atención a la lectura que voy a daros de mi Testamento y última voluntad, el que pido, ordeno y mando sea cumplido por vosotras y por vuestras sucesoras; el que se transmitirá de generación en generación y cuyas letras se tendrán siempre a la vista".

Testamento (Extracto)

"En el Nombre del Padre y del Hijo y del Espíritu Santo. Amén.

Yo, Mariana de Jesús Torres y Berriochoa, Fernández, Taboada y Reig, como hija fiel y sumisa de la Santa Iglesia Católica, Apostólica y Romana, creyendo y confesando todos los Dogmas, Misterios y Verdades que Ella cree y confiesa y reprobando lo que Ella reprueba...

Hago mi Testamento como Fundadora que soy de este Convento Real de la Inmaculada Concepción de María Santísima Señora Nuestra de Quito en la Colonia, ordenando y manifestando mis disposiciones y última voluntad, y en ella, la de todas las Madres Fundadoras...

quienes... me ordenaron que, cuando yo esté para morir, deje el Testamento escrito y rubricado de mi puño y letra, a todas las Religiosas, hijas y Hermanas queridísimas nuestras de este Real Monasterio, así presentes como venideras hasta el último día de los tiempos, para que sea cumplido con religiosa escrupulosidad, teniendo en cuenta que él será la restauración del espíritu religioso y la conservación de este sitio tan privilegiado y amado de Nuestro Divino Salvador y de su Santísima Madre, y es como sigue:

Cláusula Primera: Conservación del Coro Alto y del Coro Bajo

...Llegados los tiempos en que se verán precisadas a deshacerse de gran parte de este sitio, lo podrán hacer... conservando a toda costa... la casa en que están los Coros, porque en ella el Señor ha obrado grandes maravillas...

Cláusula Segunda: La Vida en el Claustro

Queda legada en propiedad y vigencia la santa vida común en este querido Convento... ¡Oh, si supierais cuánto hemos sufrido para venir a esta Fundación, y para establecer de una manera segura, estable y permanente la vida común!...

¡Amad la penitencia! Ella es un antídoto contra las malas pasiones y aun saludable al cuerpo. Una disciplina diaria (a excepción de los domingos) no debe faltar a una fervorosa Religiosa de la Inmaculada Concepción...

¡Oh, cuánto valen las palabras dulces e insistentes de una Religiosa en el ánimo de los seglares! Yo os hablo por experiencia propia, porque en... mi larga vida, muchas almas se han vuelto al Señor con estas reflexiones... Dios, nuestro Amoroso Padre, da unción a los labios de sus Esposas y aun cuando ellas no produzcan en el momento su efecto, van quedando grabadas con caracteres indelebles en el fondo del corazón de quienes oyen.

Bendecid, Dios mío, a mis Preladas y Hermanas y dadles fortaleza, paciencia y gran premio en el Cielo... los mendigos, allá en el siglo, ¡cuánto carecen de lo muy necesario, cuánto! ¿Y yo en la Vida Religiosa, habiendo hecho voto de pobreza, querré que nada me falte y que todas me adulen? ¡Oh, no, mil veces no! ¿Qué me dirá mi Celestial Esposo el

Cláusula Segunda: La Vida en el Claustro

último día de mi vida si yo no procuro asemejarme a Él llevando con paciente amor mis pequeños dolores, privaciones y carencias?

...sabed amar a los pobres pecadores, hermanos vuestros son... no los despreciéis, no toméis parte en la vana palabrería de muchas personas que... no se cuidan de refrenar sus lenguas que, cual espadas de dos filos, despedazan a sus culpables hermanos, los pecadores, abriendo en sus almas heridas profundas... proviniendo de esto secretos odios y venganzas que ofenden y ponen triste al Corazón pacientísimo y caritativo de Nuestro Divino Maestro...

Recordad la hermosa y tierna parábola del Hijo Pródigo, la conducta de Nuestro Señor Jesucristo con la Samaritana, con la mujer adúltera, con la Magdalena y con el Príncipe de los Apóstoles, San Pedro, y admiradlo e imitadlo; reprobando el pecado... pero amad sus personas, amad sus almas... teniendo en cuenta que si Dios Nuestro Señor no os tuviera de Su Mano, vosotras seríais peores que ellos...

Practicad, hijas queridas, la santa caridad entre vosotras; amaos las unas a las otras como cada una quisiera ser amada... prestaos esos pequeños servicios diarios que cautivan los corazones... guardaos con esmerado cuidado de deciros jamás palabras hirientes, injuriosas, menospreciadoras; disimulaos las flaquezas propias de la vida mortal, teniendo presente que sólo los Ángeles y los Bienaventurados son impecables...

Sabed que al instituir la vida monástica, el Dulcísimo Redentor se propuso conservar el fervor, unión y caridad de los primeros cristianos, de quienes se cuenta que tenían un solo corazón y una sola alma... a medida que aumenta la corrupción va perdiéndose y enfriándose esta primitiva Divina Caridad...

Estas quejas atraen la indignación Divina... y no pocas veces se suprimen los Conventos debido sólo a esto, como sucederá en uno de los nuestros establecidos en el Norte en el Siglo XIX.[18]

Esta misma tentativa habrá en el mismo siglo en el querido Monasterio de Riobamba... Cuando el Monasterio de Riobamba esté a punto de extinguirse, yo me postraré ante el Tribunal Divino para impedir tal desastre...

---

18 Los antiguos registros de las Conceptas que se pueden consultar en el Archivo de la Curia de Quito, indican que el Monasterio de Ibarra fue destruido por el terremoto de 1868 y eliminado totalmente por el Obispo Serafín Vannuteli, Delegado Apostólico, en el año de 1874, debido a que no era conveniente restaurar el Convento por el poco número de conventuales, a pesar de que del monasterio de Loja llegaron tres monjas para reemplazar a las fallecidas.

...Beatriz de Silva... subirá a los altares en el Siglo XX, después de purificados todos los Monasterios de nuestra Orden Concepcionista Franciscana...[19]

En la ciudad empezaré a hacer milagros para mi Causa de Beatificación. Sabed, hijas queridas, que a vuestra Madre quiere el Señor glorificar, subiéndola al honor de los Altares, y cuando esto suceda, ya mis Conventos serán lo que deben ser y lo que Dios quiere de ellos.

En todos los tiempos habrá buenas Religiosas... quienes se esforzarán por volver a su primitiva Fundación; sus esfuerzos fracasarán... pero estos sufrimientos serán el fundamento fuerte y sólido de la vuelta de los Franciscanos y, con ellos, del Oficio Parvo matutino, el que mientras fuere quitado, ninguna de las jóvenes venideras gozará de... firmeza en el espíritu.

Os hablo con experiencia, hijas queridas de todos los tiempos... ya vuestra Madre pasó por todo como muy bien podéis ver en mi vida que dejo escrita por mandato de mi Director y aprobada por el actual Padre Obispo.

No tengáis, Madres Maestras, preferencia con ninguna de vuestras hijas espirituales; amadlas a todas en igual grado, y si alguna vez os encontráis con almas angelicales, cuyo carácter suave y dulce, cuyo corazón humilde y sencillo os lleva el cariño, justamente guardaos de exteriorizarlo, ni hacerlo notar a ella, ni a las demás, si no queréis caer en la maldición de Dios...

Léanles a menudo... el Evangelio según San Mateo, que trata de la caridad... Dice el aludido Evangelio: El Señor Dios dice «no matarás, no robarás», etc., y yo os digo más: cualquiera que tome ojeriza con su Hermana, merece que el Divino Juez la condene y la aparte de su intimidad...

Asimismo, que entre vosotras no exista jamás egoísmo, enseñaos de generación en generación todo cuanto sepáis...

Os encargo, también, que procuréis que no falten cantoras y tocadoras para el culto público y privado... no decaiga el esplendor de la Casa del Señor... Quien en Su pequeña cárcel... se recrea cuando oye el armonioso canto de las Suyas muy queridas. Muchas veces os he contado que, complacido de esto, lo hacía notar a Sus ángeles, quienes cedían su celestial melodía a las castas Esposas de su Rey y Señor.

Pedid también, instad porque... las Hermanas de todos los tiempos sean dirigidas... formadas, por... Confesores Franciscanos. Sólo ellos pueden formar verdaderas Hijas de la Inmaculada Concepción... hasta

---

19 Santa Beatriz de Silva fue beatificada en 1926 y canonizada el 3 de octubre de 1976 por el Papa Pablo VI.

que llegue el tiempo feliz en el que vuelvan a su primitiva Fundación, que sucederá en el siglo XX.

Cláusula Tercera: Nuestra Señora de El Buen Suceso

El Divino Maestro, pendiente del afrentoso Patíbulo de la Cruz... la cuarta Palabra que... legó a la humanidad redimida fue... dirigiéndose a la Virgen Madre... «Mujer, he ahí a tu hijo», el discípulo amado, y dirigiéndose a él, le dijo: «Ahí tienes a tu Madre».

Apropiándome yo de esta cuarta Palabra de mi Esposo moribundo, yo, vuestra moribunda Madre... os digo... «Ahí tenéis a Vuestra Madre del Cielo, a María Santísima de El Buen Suceso, Ella os dará siempre buenos sucesos».

Como sabéis, me ha regalado siempre con su trato y ternura de Madre y Ella misma me mandó que hiciera trabajar una estatua. Una vez hecha por el hombre de Dios Francisco del Castillo, que ya goza de Dios en el Cielo, cuando al día siguiente debía éste darle la última mano, dispuso... Nuestro Buen Dios... que la bella estatua que tenéis allí en el Coro Alto... fuera, no sólo acabada por los Ángeles, sino, ¡oh, prodigio!, hecha por ellos, porque las primeras manos de encarne material dadas por Don Francisco se encontraron caídas en el suelo, y él... aseguró con juramento y por escrito, que la hechura de la estatua no estaba como él la dejó al salir de la clausura... y que él no osaría tocar la Santa Imagen, ni para besarla, porque se consideraba indigno...

Luego sucedieron tantos y tantos prodigios como leeréis en mi vida, referente a esta nuestra Santa Imagen que hoy os lego... Amadla con delirio y con amor, porque queriendo ser la perpetua Prelada de este Convento suyo tan querido, ordenó que la pusieran en el sitio ya indicado, con las llaves de la Clausura en sus Benditas Manos, para guardar su Morada... de la satánica envidia que pondrá todo su empeño y poder diabólico para destruir la Obra de Dios. No consiguiendo esto con el mal... se insinuará en el ánimo de los buenos cristianos, Sacerdotes y aún Prelados, para hacer abandonar este sitio trocándolo con otro, lo cual no es la Voluntad de Dios Nuestro Señor...

Amad mucho a la Virgen Santísima, imitad sus virtudes, sobre todo su humildad profunda, su ardiente amor a Dios y a los pobres pecadores... la sencillez y el candor infantil... propagad su culto bajo la tierna advocación de El Buen Suceso, que con ella conseguiréis cuanto pidáis a Jesús y María.

Sabed, hijas queridas, que vendrá un tiempo en el que descuidándose el culto de Nuestra Santísima Madre de El Buen Suceso, casi no se hará mención de él, entonces yo me postraré en el Cielo ante el Trono de María y conseguiré de su Maternal Corazón que se digne bajar nuevamente a éste mi querido Convento... favoreciendo a una de mis venideras hijas con muchas manifestaciones... Ella, siendo Prelada, levantará el culto caído, el que se conservará ya sin decaer por completo.

Sabed, también, hijas y Hermanas de todos los tiempos, que la Santísima Imagen es consagrada con Óleo Sacro y que la cuidan los tres Santos Arcángeles, Miguel, Gabriel y Rafael, a fin de que la sierpe traidora no le haga daño, porque viéndose oprimida y quitada muchas almas por esta devoción y advocación, intentará siempre hacerla pedazos...

Esta nuestra Santa Imagen tiene dos preciosos Niños, ambos trabajados por Don Francisco del

Castillo, trabajo primoroso en el que se ve la intervención sobrenatural...

Queda también, la bellísima Imagen de Nuestra Señora del Tránsito que Don Francisco la trabajó en el Coro Alto con licencia del Obispo, fijándose en todo en nuestro Tesoro la Santísima Virgen de El Buen Suceso... y sí tiene mucho parecido a Ella... Tiene la Santa Imagen... siete pares de aretes de perlas y pedrería fina, dado todo esto por varias familias de indios devotos de esta Santa Imagen, los que aseguran, (que ella) va personalmente a curarles en sus viviendas y, llorando, vienen a reconvenirla, como a vosotras os consta, de que no ha ido en mucho tiempo la bonita Niña María del Tránsito, quien, dándoles todas las señas, les ha dicho que vive en el Convento de la Concepción, y que allí la busquen. Ya sabéis los muchos regalos de comestibles que le dan...

El Niño de Coroso, que yo lo he tenido siempre conmigo, estando enferma o estando sana, que lo traje de España y fue regalo de mi madre al despedirme... queda como un recuerdo perpetuo que lego a mi Convento...[20]

---

[20] Su madre, María de Berriochoa Álvaro, se lo dio a la pequeña Mariana Francisca, cuando se embarcó para venir a América. Doña María de Berriochoa la había heredado de su abuelo, Joaquín Álvaro.

El hermano de Joaquín, tío abuelo de Doña María y por tanto, tío bisabuelo de la Madre Mariana, Santiago Álvaro, fue un Santo Religioso benedictino, favorecido con dones místicos.

Una noche de Navidad tuvo un maravilloso éxtasis, en el cual vio y acarició al Niño Jesús en el pesebre. Después de este éxtasis y siendo un hábil artista, talló la Imagen del Niño Jesús, en marfil-vegetal, entregándosela a su hermano

Os lego también el amor al Serafín Llagado, Francisco de Asís... quien bajando del Cielo ciñó a María Santísima de El Buen Suceso en su milagrosa Imagen... el cordón que él ceñía, entregándole sus tres Órdenes...

Y, volviéndome a ti, ¡oh, refulgente Estrella de la Mañana! Amparo de este querido Convento, que para fundarlo en esta Colonia nos trajiste a las españolas para Fundadoras; y a todas nos regalaste con Gracias sobrenaturales; gracias te doy... ellas ya están en el Cielo, yo, la última que he quedado también estoy en momentos de dejar la tierra, y en ellos te entrego a éstas tus hijas presentes y a todas las de los venideros tiempos...

Cláusula Cuarta: Consejos a las Hermanas con Salud y a las Enfermas

Aquí me dirijo a vosotras, queridas enfermas, hijas predilectas de Nuestro Divino Salvador y mías, de todos los tiempos.... decíos interiormente:... «Jesucristo, el Santo de los Santos, padeció mucho más que yo, y Él, inocente, yo, culpable. ¡Oh, Dios, cuántas traiciones e infidelidades en el tiempo que gocé de salud!... ¡Cómo me manifestáis Tu Amor enviándome lo presente para con ello satisfacer y merecer cuando en el Santo Purgatorio sólo tuviera que satisfacer sin nada merecer!... Yo no sólo acepto esta serie de enfermedades... sino que me abrazo a ellas, las amo como un tesoro precioso y de valor casi infinito...».

...os mando, os ruego, os encarezco... que seáis humildes, pacíficas, tolerantes en el tiempo de enfermedad, teniendo en cuenta que ella es el termómetro que marca con toda verdad la virtud de una Religiosa y el grado de amor a Dios...

A semejanza del Maestro Divino, que próximo a exhalar su último suspiro nos dio por Madre a Su Santísima Madre... dad a vuestros hermanos, los pecadores, vuestros padecimientos... de esta manera, enfermas queridas... daréis almas a Jesucristo, Quien complacido de vosotras... os llenará de aquellos íntimos y dulces consuelos, con los cuales sólo Dios sabe regalar a sus almas queridas y a Él unidas, que padecen clavadas en una misma Cruz con Él... si Purgatorio tenéis, será muy corto, porque ya lo tuvisteis en vuestra vida de sacrificio... Y para conseguir esto debéis también cada día y momento de enfermedad, ofre-

---

Joaquín con estas palabras: "Toma este precioso Niño, que será testimonio de las heroicas virtudes de nuestra bisnieta en tiempos lejanos".

cerlo todo sin perder ni una respiración, unidas a los méritos de Nuestro Señor Jesucristo...

Yo os conozco a todas, así enfermas como sanas, conozco hasta a la última hija que profesará y vivirá en éste mi amado Convento.

Esta (cláusula) es para vosotras, hijas queridas, a quienes Dios Nuestro Creador y absoluto Dueño concede el beneficio de la salud... Sed caritativas y compasivas con vuestras Hermanas enfermas, considerándolas como miembros sufrientes del Cuerpo Místico de Nuestro Señor Jesucristo... Tenedles una santa envidia, considerando que aquellas almas, tan amadas del Señor, poseen un cúmulo de virtudes superiores a las vuestras y que por este motivo fueron dignas de confiarles sus... tesoros de la Cruz... para coronarlas un día no muy lejano en el Cielo con corona y palma de mártires. Veneradles y prestadles los servicios que podáis... hablándoles de los goces del Cielo, los cuales serán a medida de los padecimientos soportados por amor a Jesucristo... No os canséis de ellas porque... son el tesoro de la Comunidad y los pararrayos de las ciudades.

La Última Bendición

Terminado de leer el Testamento, la Madre Mariana dijo:

"Ahora, recibid la última Bendición que con la mayor ternura y amor os da vuestra Madre que os lleva a todas en su corazón al Cielo para velar por vosotras y por el Convento. En el Nombre del Padre, y del Hijo, y del Espíritu Santo. Amén... ¡Adiós, hijas del alma!".

Luego, con voz muy baja, con poca vitalidad, se dirigió a los Padres:

"Padres y Hermanos míos, ya es hora de partir, recomendad mi alma con las oraciones del caso. Os agradezco todo. Cuidad siempre de este Convento y de nuestras Hermanas...".

El Padre Anguita se quitó del pecho un Cristo pequeño y después de hacerlo besar a la Madre

Mariana, se lo puso entre sus manos. Ella lo estrechó contra su corazón.

Los Padres leyeron la Recomendación del Alma.

Al concluirla, la Madre Mariana suspiró, y su alma salió del cuerpo. No tuvo agonía ni estremecimientos. Eran las tres de la tarde del 16 de enero de 1635. En sus labios quedó una dulce sonrisa.

Su cuerpo, enflorado y amortajado con su hábito de Concepcionista Franciscana, fue trasladado al Coro Bajo, donde rodearon su túmulo con más flores, pues sus devotos las habían enviado en profusión.

Funeral y Milagros

La Madre Rosa Mariana, muy tranquila, pidió permiso para acompañar el cuerpo de la Madre Mariana toda la noche, y la Madre Priora se lo concedió. La joven, agradecida, se acomodó de rodillas, abrazada a los pies de la Madre Mariana. En tanto, la Comunidad entraba y salía, rezando por intervalos, del Coro Bajo.

A la una de la mañana, la Madre Priora, preocupada por la enfermera, quiso darle agua de anís, pero la Madre Rosa Mariana no respondió a su llamado. Entonces, la acostaron en el suelo; estaba helada, con los ojos cerrados y la boca llena de sangre coagulada. También había sangre en el piso, a los pies del cuerpo de la Madre Mariana.

La llevaron a su celda y llamaron al Doctor, pero todo fue inútil; aquel confirmó su muerte, que había ocurrido aproximadamente siete horas antes. Avisado el Obispo, dispuso que la Madre Rosa Mariana sea velada por tres días, junto con la Madre Mariana, en el Coro Bajo.

Las Religiosas estaban tristes, pues ya no les quedaban flores para adornar el cuerpo de la Madre Rosa Mariana. Entonces, ocurrió que, cuando trasladaban el cuerpo en andas al Coro Bajo, al pasar por el patio empedrado, vieron que estaba todo cubierto por rosas blancas. Dieron gracias a Dios por el portento, recogieron todas las flores, enfloraron el cuerpo de la Madre Zoila Blanca Rosa de Mariana de Jesús y la colocaron en un túmulo contiguo al de la Madre Mariana.

A primera hora de la mañana del 17 de enero, la multitud que esperaba con ansias entrar a despedirse de la Madre Mariana, era grande. Desde la tarde anterior había afluido gran cantidad de devotos, y esa mañana, daban fuertes golpes a la puerta de la Iglesia para que los dejen entrar.

Los Padres Franciscanos llegaron, aseguraron bien las rejas del Coro Bajo, y finalmente abrieron las puertas de la Iglesia de la Concepción. La gente entró en tropel y, llorando, introducía los brazos por las rejas del Coro Bajo, tratando de alcanzar alguna reliquia.

Durante el 17, el 18 y el 19 de enero, se celebraron a diario Misas rezadas y cantadas, de Cuerpo Presente, por las dos Madres. Vinieron Frailes Cantores de San Francisco, pues las Religiosas Concepcionistas no tenían ánimo para cantar. El 19, el Obispo celebró la Misa Solemne y pronunció la Oración Fúnebre.

En aquella Misa estuvo presente la jovencita Mariana de Paredes y Flores, quien cuatro años después, en 1639, vistió el hábito de la Tercera Orden Franciscana, tomando el nombre de Mariana de Jesús. Esta laica consagrada, ofreció con heroísmo su vida a Dios, en la Iglesia de la Compañía de Jesús, para salvar a su Patria, a la que amaba, cuando años más tarde ésta era asolada con la peste y terremotos. El Señor aceptó su sacrificio y Mariana de Jesús murió, por enfermedad repentina, a los veintiséis años, esto es, diez años después de la muerte de la Madre Mariana. Su historia, profetizada por la santa Fundadora, está escrita en el "Cuadernón".[21]

Entre las personas que en la mañana del 19 de enero lloraban al pie de las rejas, estaba una mujer pobre llamada Petra Martínez. Ella pedía un milagro para su hijita de cinco años, ciega de nacimiento. En cierto momento, Petra salió de la Iglesia, dejando allí a la niña, y regresó con un palo. Audaz, introdujo el palo por las rejas y tocó la corona de flores de la Madre Mariana, de la cual se desprendió una flor, que cayó sobre su ojo izquierdo. Las Religiosas reprendieron a Petra, pero aquella insistió, en voz alta: "Madre Marianita... acuérdese de la promesa que me hizo de que mi hijita ha de recobrar la vista... ¡no me he de mover de aquí hasta que me haga este favor!". Y rogaba que le den la flor que se había desprendido de la corona.

La Sacristana, cansada de tanta insistencia, le dio la flor a Petra, quien la cogió y se sentó en el suelo, con la cabeza de su hija en su falda, y empezó a aplicarle la flor alternadamente sobre cada uno de sus ojos, mientras decía sin descansar: "Madre Marianita, entrégueme sanos los ojitos de mi hijita". Finalmente, madre e hija se quedaron dormidas junto a la reja. A las cinco de la tarde se despertaron madre e hija, y Petra volvió a sus ruegos, pero la niña se levantó y, mirando hacia el Coro, agarrada de las rejas, dijo: "¡Madre Marianita, qué bonita que ha sido vuestra merced!... ¡Otra Madrecita bonita, también está durmiendo al lado! ¡Qué bonitas las monjitas!".

Petra miró a los ojos de su hija, que estaban abiertos, brillantes y negros y... veían. Su grito resonó en toda la Iglesia: "¡Milagro, milagro!". Distintas personas se acercaron a la niña, y le preguntaron qué veía, y ella, muy contenta, describió minuciosamente los objetos y personas del Coro Bajo y de la Iglesia.

La Madre Mariana fue enterrada con sus cilicios y sus disciplinas.[22] Al momento de su entierro, en el Monasterio, los venerables cuerpos

---

21 Santa Marianita de Jesús o Santa Marianita de Quito, fue la primera Santa ecuatoriana. Beatificada por el Papa Pío IX el 20 de noviembre de 1853, fue canonizada por Pío XII, el 4 de junio de 1950. La tradición cuenta que, en la Solemne Misa Fúnebre de la Madre Mariana de Jesús, Marianita gritó: "¡Ha muerto una santa!".

22 Los cilicios son una faja de cadenillas de hierro con puntas, ceñida al cuerpo, que se usa para mortificación. Las disciplinas son los látigos

de las Madres Mariana y Rosa Mariana, no tenían la menor señal de corrupción, al contrario, estaban flexibles, con sus mejillas rosadas, parecían tan sólo dormidas.

---

usados para azotarse.

Anécdotas Milagrosas de la Intercesión de la Madre Mariana

El Zapatero Injustamente Condenado (Noviembre de 1610)

En el barrio de San Blas vivía un zapatero, cristiano y honrado. Un día de 1610, el zapatero fue a entregar algunos trabajos, cuando vio pasar a un hombre corriendo como un rayo. El zapatero, por curiosidad, corrió detrás de él, y entonces fue detenido por la justicia, que venía persiguiendo a aquel hombre, culpable de cometer un crimen. Las autoridades lo sentenciaron inmediatamente a muerte. Llamaron a su Confesor, un sacerdote agustino, que nada pudo hacer, aunque apeló a las autoridades.

Su esposa acudió a la Marquesa de Solanda, quien se horrorizó por la injusticia, pues la esposa le contó que la noche anterior su marido no durmió para poder terminar unos pedidos y entregarlos al día siguiente, pues tenían vencido el arriendo de tres meses.

La Marquesa dirigió una carta al Presidente de la Real Audiencia, pero el Presidente le contestó que la sentencia estaba dada. Entonces ella replicó que iba a escribir al Rey de España, y el Presidente suspendió la sentencia.

La Marquesa habló con su querida Madre Mariana, entonces Priora, y le contó el triste caso. La Madre Mariana prometió orar al Señor para que manifieste a todos la inocencia del zapatero.

Esa misma noche, entró en agonía un artesano, y pidió Confesión. Lo atendió el mismo Confesor del zapatero, el Padre Agustino. El moribundo se acusó ante el Padre como el autor del crimen; dijo que lo había cometido por venganza, pero que luego se había arrepentido, y luego más aún, cuando supo que habían condenado a un inocente.

Le contó que esa mañana – cuando la Madre Mariana entró en oración – había ido a la Iglesia de la Inmaculada Concepción a oír Misa y pedirle perdón a Dios, rogándole que le mandase una enfermedad de muerte, para poder confesarse y morir en paz, y así liberar al inocente. Le rogó al Padre que contara todo a las autoridades. El Padre fue inmediatamente donde el Presidente de la Real Audiencia y le contó la verdad de lo ocurrido; los jueces acudieron a tomar la declaración al moribundo, el cual confesó todo, pidió perdón y murió a la mañana siguiente, confortado por los Sacramentos.

El pobre zapatero fue liberado y, cuando fue a darle las gracias a la Marquesa, ésta le dio el dinero necesario para que pague el arriendo atrasado, y además, le regaló una de sus casas para que viva sin angustia. Cuando el zapatero llegó a su casa, feliz, encontró a su mujer y a sus hijos rezando el Rosario por él.

Las Familias que se Reconciliaron (Agosto de 1634)

En 1634, el Obispo Oviedo visitaba casi a diario a la Madre Mariana, encomendándole las necesidades espirituales de sus feligreses. Además, le concedió el permiso de recibir personas necesitadas de ayuda espiritual en el locutorio. Entonces ocurrió un hecho misterioso: a pesar de recibir a gran número de personas, la Madre Mariana las despachaba a todas, consoladas, rápidamente, sin jamás alterar su horario de oración de Regla y Comunidad.

Un día, el Obispo le pidió ayuda con el caso de dos familias muy conocidas de Quito, que tenían muchos años de enemistad y de no frecuentar los Sacramentos.

Las familias aludidas acudieron donde la Madre Mariana por separado, y cada jefe de familia, en su momento, hizo hincapié en que su familia era la dueña de la razón. La Madre Mariana oraba interiormente mientras oía el relato, cargado de rencor, de cada padre de familia.

Ella les habló del mensaje de paz, misericordia y perdón de Nuestro Señor Jesucristo, y les dijo: "vais conmigo unos nueve días, a pensar en lo que os he dicho y a rezar un Padrenuestro en familia. Después de esto os espero aquí para resolver el asunto... añadan también un Avemaría a la Virgen Santísima de El Buen Suceso, Reina de la Paz".

Después de despedir a las familias, la Madre Mariana habló con su Comunidad: "Existen en esta ciudad dos familias encontradas que se odian recíprocamente, y si esto sigue, van a perder sus almas quitándose la vida varios miembros de ellas... Nosotras podemos y debemos impedirlo... Vamos a conseguir esto de la manera más fácil y sencilla: todos los días en el Santo Sacrificio de la Misa, cuando el Sacerdote eleve en sus manos la Santa Hostia... vamos a postrarnos en tierra y a decir con fe y fervoroso amor... interiormente:

«Padre Eterno mío, recuerda que un día Tu Jesús y mío fue clavado y elevado en el afrentoso patíbulo de la Cruz por salvar las almas. Por ese Corazón Divino todo fuego de Divina Caridad, haced descender sobre estas familias Tu Misericordioso Amor y con él, el perdón de sus pecados y la paz mutua».

Luego ofreceremos durante nueve días toda nuestra vida claustral y observante. Las enfermas ofrecerán sus dolores y sacrificios; todo esto por manos e intercesión de María Santísima a quien le rezaremos tres Avemarías en Comunidad, pidiéndole buen suceso, y un Padrenuestro al Espíritu Santo, pidiendo Luz y Gracia para estas almas, sobre todo para que cuando recen ellas esta oración... al llegar a las palabras «perdónanos nuestras deudas, así como nosotros perdonamos a nuestros deudores», sientan remordimiento y opere entonces la Gracia Divina".

Cada noche, durante los nueve días siguientes, cada jefe de familia reunió a los suyos para rezar las oraciones pedidas. Concluidos los nueve días, las familias se acercaron a hablar con la Madre Mariana, una en la mañana y otra en la tarde.

El primer padre de familia le dijo: "Madre, sus palabras fueron espadas de dos filos que traspasaron nuestros corazones... Al final del día, yo, como padre de la casa, llamé a mi familia y criados para rezar lo indicado por Vuestra Reverencia... al llegar a las palabras:

«Perdónanos nuestras deudas, así como nosotros perdonamos a nuestros deudores», no pudimos pronunciarlas porque un gran temor se apoderó de todos al considerar que mentíamos delante de Dios... Si fuera necesario vender parte de nuestros bienes temporales para arreglar este asunto, lo haría gustoso, pero viéndolo bien, sólo tengo que entregar a aquella familia un caballo y dos cabezas de ganado... aún cuando no fue tan sólo culpa nuestra la muerte de estos animales sino descuido de la gente de servicio de ambas casas. Y como seis años nueve meses hemos pasado en discordias... les daré dos caballos y seis cabezas de ganado, entrando en amistad como antes".

La Madre Mariana le respondió: "Todo se arreglará".

Al salir del Monasterio, el señor se topó con el padre de la familia contraria, y los dos, por primera vez en años, se saludaron con el sombrero en lugar de insultarse.

En la tarde vino donde la Madre Mariana la otra familia, y el padre de familia le dijo:

"Reuní a todos los míos, inclusive a los sirvientes, para dar principio a la Novena con un Padrenuestro, y nadie lo pudo concluir... me sentía aterrado... y esto pasó por algunos días... todos nos convencimos de que jamás podríamos rezar el Padrenuestro mientras abriguemos en nuestros corazones tal enemistad... y resolvimos perdonar a esta familia, el caballo y los dos bueyes que murieron en la hacienda de ellos, tanto más que los patrones no tenían culpa en esto, sino los sirvientes de ambas partes...".

La Madre Mariana les dijo: "Nadie que tenga odio, venganza y rencor contra su prójimo, puede entrar en el Reino de los Cielos... Si vosotros queréis, yo llamaré a esa familia a una hora señalada... para tener la satisfacción de presenciar esta reconciliación que Dios os pide y con la cual le daréis mucha gloria...". La familia aceptó, gozosa, y la Madre Mariana los citó al día siguiente, a las diez de la mañana.

Luego de esto, la Madre Mariana llamó al locutorio a la otra familia, los exhortó cristianamente al perdón, y les avisó de la reunión. Con lágrimas en los ojos, le respondieron: "Mañana antes de la diez estaremos todos aquí, para esperar con los brazos abiertos a esa, ya para nosotros, querida familia". Y se despidieron muy contentos.

Al salir, a una cuadra de distancia, les salió al paso un mendigo, que con los ojos llenos de lágrimas, les pidió caridad. El padre de familia le dio un patacón.[23]

Y llevándolo a un lado, continuó: "Señor... os hago saber que la familia, vuestra enemiga, hace pocos instantes, en la plaza principal, como locos furiosos hablaron de vosotros y os insultaron y resolvieron todos quitaros la vida... mañana que dizque vais a veros con ellos en el locutorio de este Convento vecino. Todos van bien armados y al daros el fingido abrazo de amistad... clavarán sobre vuestra merced sus garras y sobre todos los miembros de vuestra familia... por esto os ruego que no vayáis mañana a ese Convento, ni deis tanto crédito a una pobre Monjita que ninguna virtud tiene, sólo os dice aparentes maravillas por entretener el tiempo. Para ella es muy duro pasar escondida y olvidada. Ella trabaja con actividad por salirse fuera porque no vive contenta. En prueba de esta verdad, os aseguro que a mí no me quiere y nunca a la dicha Santa le he merecido nada, sino sólo el desprecio y la burla... Ya ves que clase de santidad tendrá. No os molestéis en darme por ahora la limosna, guardad para otra vez el patacón en vuestro bolsillo y sólo os pido que me deis un bocado, hoy en vuestra casa por haberos hecho saber la traición que os aguarda y haber evitado una horrible desgracia en vuestra familia. Por la tarde iré a vuestra casa a satisfacer mi hambre, porque no he comido en muchos días...".

El señor, sorprendido, le dijo: "Oye, hombre, ¿dónde vives tú y cómo te llamas? Yo no recuerdo haberte visto jamás, ésta es la primera vez".

---

23 Patacón: nombre dado en España y en América, a la pieza de plata con un valor de 8 reales; se llamaba también "peso", "duro" o "real de a ocho". Su peso era de una onza.

El mendigo le contestó: "No hay necesidad de que sepas mi nombre, basta que yo te haya conocido y querido, y por esto te libro de tantas desgracias. Conozco también a la embustera española, lo mismo que a todas las que viven en ese Convento, al que yo tengo horror, porque males gravísimos me han hecho allí, y me harán siempre. Aléjate de allí y no vuelvas más".

Entonces el señor se enojó y le dijo: "Eres un mentiroso... Te atreves a hablar mal de criaturas a quienes yo conozco mejor que tú... Retírate de mi presencia y no oses venir a mi casa, nunca, porque te sacaré a empellones y te daré de palos". Y le dio golpes con el bastón, hasta que el mendigo cayó al suelo, y el señor se alejó.

La señora miró al mendigo desde lejos y vio que se reía a carcajadas. Enojada, le dijo a su esposo: "Mira a tu mendigo, que aparentó caer al suelo, ¡cómo se burla de ti y de nosotros! Qué miedo tengo de ese asqueroso bellaco...".

Al llegar a la casa, el Señor le contó a su familia lo dicho por el mendigo, y la señora razonó: "Hijo, no es ningún mendigo, esto es cosa mala. Voy inmediatamente a hablar con mi Santa Fundadora...". Y salió inmediatamente hacia el Convento, donde llamó a la Madre Mariana, le contó todo y se echó a llorar. La Madre Mariana, con dulzura y calma, le respondió: "No desperdiciéis vuestras lágrimas... sabed que el mentiroso Satanás tomó la forma repugnante de aquel mendigo, el que no existe... Nada creáis de lo que ha dicho el diablo, el que después de inquietar a vuestro esposo, fue con lo mismo donde la señora de la otra familia, la que, perturbada y nerviosa, viene ya donde mí...".

En ese instante entró intempestivamente aquella señora, diciendo en voz alta: "¡Madre Mariana, somos víctimas de una horrible traición!", sin notar la presencia de la otra señora. Entonces la Madre Mariana calmó a la señora explicándole la acción del diablo, y las dos señoras se abrazaron cariñosamente, conversaron y quedaron en reunirse allí el día siguiente a las diez de la mañana, como estaba convenido.

La Madre Mariana se dirigió entonces al Sagrario, para contarle todo a Jesús. Estando en oración allí, tuvo una visión: Vio, de una manera indecible, cómo la Santísima Trinidad reside en la Hostia Consagrada, para ser Luz del universo; y cómo Jesucristo vive en el Santísimo Sacramento una vida de actividad asombrosa, trabajando incesantemente por la salvación de las almas. Vio cómo todas las conversiones se hacen por la Intercesión de la Virgen María: a Jesús se va por medio de María, Jesús nos lava con su Preciosa Sangre, el Espíritu Santo nos inflama en el fuego del Amor Divino, y así nos presentamos limpios y purificados a Nuestro Padre Celestial.

Las Familias que se Reconciliaron

Y luego vio las conciencias de los miembros de ambas familias, y cómo el diablo, en los últimos instantes, quería tomar la figura de uno de los padres de familia para impedir la reconciliación.

Entonces la Madre Mariana oró a Jesús y a María: "Amores míos dulcísimos, yo quiero impedir aún a costa de mi vida... esta nueva intriga diabólica... esta enemistad... según varias veces me habéis manifestado, terminará con el homicidio y el suicidio, dejando sepultadas sus almas en el Infierno".

Jesús, en presencia de Su Madre, le contestó: *"Esposa mía, mi muy querida... no puedo negarte nada. Eres la hija fiel de mi Inmaculada Madre... hágase como lo pides. Tú misma manda que desciendan al fondo del abismo infernal estas furiosas legiones de diablos que han salido para impedir la conversión de estas almas, y mándalos, en nombre del Misterio de la Santísima Trinidad, de mi Presencia Real en la Hostia Consagrada, de la Inmaculada Concepción de mi Bendita Madre y de su Maternidad Divina, Virgen Purísima en el Parto, antes del Parto y después del Parto, y verás como huyen despavoridos... Y, para que esto lo puedas hacer, míralos primero".*

La Madre Mariana vio un sinnúmero de malignos espíritus que, de todo tamaño, figura y forma, invadían las casas de las dos familias y forcejeaban por entrar dentro de sus corazones. Apenas hubo acabado de mirarlos con horror, la Religiosa española volvió su mirada a Jesús y María, diciéndoles: "Fortaleza de los débiles, acompañadme en esta empresa, de otra manera nada podría, porque soy vilísimo y asqueroso lodo, y por lo tanto, se burlarán de mí estos infernales y astutos demonios...".

Terminada su oración, la Madre Mariana vio que el Cielo se abrió y bajó al Sagrario. El Altar Mayor refulgía con Luz. Los Ángeles cantaron el *"Salve Santa Parens"* con una melodía propia, diferente a la de la tierra. Luego los tres Arcángeles, seguidos de muchos ángeles, fueron hasta el Sagrario.

San Miguel tomó en sus manos una Hostia, que se convirtió instantáneamente en el Niño Jesús, Quien dijo: *"Ponedme cuanto antes en los brazos de Mi Madre y todos vosotros acompañadnos para que presenciéis la grandeza del Poder de Dios, el que se vale de instrumentos débiles al parecer, para obrar grandes maravillas...".* El Arcángel llevó al Niño donde Su Madre, y se lo dio. La Virgen cargó al Niño con su brazo izquierdo.

Enseguida llegó San Rafael, con una Cruz del tamaño de un dedo, muy luminosa. Estaba hecha de piedras preciosas. El Arcángel se la dio al Niño Jesús, diciéndole: "Aquí tenéis, Rey de los Cielos y la Tierra, el presente que guardasteis y deparasteis para vuestras fieles Esposas... con el cual triunfarán de las maquinaciones diabólicas...".

Los tres Arcángeles, al acercarse, hacían una profunda reverencia a la Virgen María, y al retirarse, hacían otra.

Entonces los Coros Celestiales entonaron un Himno de Gloria cuya melodía no puede ser tolerada por los sentidos del cuerpo, sino tan sólo gozada por el alma.

Terminado el Canto, el Niño le dijo a la Madre Mariana: *"Esposa mía querida... Debes saber que Yo he puesto en las palabras de Mis Esposas, espadas de dos filos para penetrar aun en corazones endurecidos. Aun cuando en el exterior de ellas nada se note, esas palabras resuenan noche y día en el interior de sus almas... y si van unidas a la súplica incesante a favor de esos pecadores queridos, mucho mejor. Yo no puedo resistir a los pedidos de Mis Esposas, tratándose de salvar las almas... Te aseguro que una sola palabra proferida por las personas Religiosas es de mucho peso en el corazón de los seglares... Ahora, oye a tu Madre y Mía, y vamos a sepultar en los abismos a estas malditas legiones que salieron del Infierno para perder a estas dos pobres familias... y recibe esta hermosa Cruz como regalo de las Nupcias Eternas que próximamente te esperan".* Entonces el Niño Jesús puso la Cruz en el corazón de la Madre Mariana, llenándola de consuelo. Más tarde, la Madre Mariana le contaría a su Director Espiritual que el incendio divino de su alma, en esta época, ya era incompatible con su vida física.

La Virgen le dijo: *"Hija mía muy querida... ya tus días mortales terminan... Esfuérzate en orar, trabajar y sufrir por ganar almas para Dios... Gran caridad es trabajar, sufrir y orar por esos pobres hermanos descarriados, que cual hijos pródigos abandonaron la Casa de su Buen Padre y se ausentaron a regiones muy lejanas de Dios... Este bueno y amoroso Padre, desde el Sagrario, sale diariamente para penetrar en corazones purificados y limpios, desde donde tiende su amorosa vista, por si a lo lejos ve venir a esos hijos pródigos para recibirlos con los brazos abiertos y, una vez reconciliados y lavados en el Santo Tribunal de la Penitencia, volverles a su Amistad y Gracia... Precisamente para esta conquista de hijos pródigos estableció la Vida Contemplativa en Su Iglesia, para que Sus almas predilectas, escondidas a toda mirada humana, desconocidas, olvidadas y muchas veces despreciadas, sean... apóstoles activos y fervorosos...".*

Concluidas estas palabras, Jesús y María, la Celestial Comitiva, y la humilde Madre Mariana, estuvieron en las casas de las dos familias. La Luz de la Crucecita puesta en su corazón le permitía ver a la Madre Mariana los pormenores de sus conciencias, y el trabajo de los demonios:

Las Familias que se Reconciliaron   111

temores infundados, resentimientos renovados, amor propio, orgullo, dudas, disgusto, fastidio...

Entonces la Luz de Jesús, en brazos de Su Madre, los alumbró. Con esta Luz se aterrorizaron los demonios y quisieron huir, pero no pudieron, porque San Miguel les dijo:

"Malditas, desventuradas y envidiosas legiones, os mando, en Nombre del Verbo Divino y Su Madre Virgen, nuestra Reina, que permanezcáis aquí hasta que una humilde sierva del Señor os hunda en el profundo abismo...".

Al oírlo, temblaron los demonios y dieron un alarido terrible. Al ver a la Madre Mariana, a quien detestaban por tantas victorias obtenidas sobre ellos durante su vida, quisieron lanzarse sobre ella y matarla. Pero el Niño le dijo a la Madre Mariana: *"Esposa Mía querida, la Fuerza Divina os sostiene, levantaos sobre vos misma y mandad a estas asquerosas y débiles legiones que, dejando libres a estas almas, desciendan al profundo abismo, reconociéndose impotentes ante las criaturas humanas que fieles sirven a su Dios y Señor".*

El corazón de la Madre Mariana se llenó de fortaleza y con desprecio les dijo: "Malignos y asquerosos espíritus que por vuestra soberbia... caísteis desde el alto Cielo... Yo, pobre y débil criatura... os mando, en nombre del Augusto Misterio de la Santísima Trinidad, de la Presencia Real de Jesucristo en la Hostia Consagrada, del Misterio de la Inmaculada Concepción de María Santísima... así como en el de su Purísima e Integérrima Virginidad y Maternidad Divina, siendo Virgen Purísima antes del Parto, en el Parto y después del Parto, que dejando libres a estas dos familias... descendáis al averno profundo... quedando derrotados y huyendo con vergonzosa fuga... y sirviéndoos de mayor tormento la Cruz Redentora, la que gustosa ostento en mi corazón, habiendo vivido alegre clavada en ella". E hizo la Señal de la Cruz.

En ese instante, dando bramidos, se precipitaron en lo profundo de la tierra, ocasionando un temblor tan fuerte que se alarmaron los habitantes de Quito y el Obispo mandó a orar en todas las Iglesias.

Las dos familias se apaciguaron enseguida, y se reunieron con su servidumbre a rezar el Santo Rosario. Los criados comentaban aliviados que, gracias al temblor, sus patrones – que estaban insoportables – se habían calmado.

La Madre Mariana agradeció a Jesús y a María con ternura; la Virgen y el Niño la bendijeron, y terminó la visión. Al salir del éxtasis, vio a las demás Monjitas alrededor, rezando ante el Sagrario, implorando al Señor que detenga el probable terremoto. En el torno también habían personas pidiendo que la Madre Mariana alcance de Dios que no venga el posible terremoto, e inclusive el Obispo le envió una misiva a la Madre Mariana con la misma petición.

La Madre Mariana calmó a todos, diciéndoles: "Nada sucederá, bendecid las Misericordias todas del Señor y de su Santísima Madre". Todos se tranquilizaron, pues conocían la santidad de la Madre Mariana.

Al día siguiente, las dos familias llegaron antes de tiempo, y, con ayuda de la Madre Mariana, se rompió el hielo, se abrazaron y se pidieron perdón mutuamente. La familia deudora ofreció los dos caballos y las seis reses, pero la otra familia rechazó aquello con sinceridad, pues ya no era necesario. Desde entonces, las dos familias fueron más que amigas, y su unión se consolidó con el matrimonio de dos hijos de la una con dos hijas de la otra. Y fueron ejemplo de piedad en Quito, frecuentando con fervor los Sacramentos de la Confesión y de la Comunión.

Al día siguiente, el Obispo visitó a la Madre Mariana y le pidió que consiga de Dios que la dejara más tiempo en la tierra. Pero la Madre Mariana le contestó: "Contados son los días de cada criatura, y los míos terminan el 16 del próximo enero... Desde el Cielo velaré por esta patria y ciudad en la que tantos favores he recibido de Dios a pesar de mi indignidad.

A partir de esta sonada reconciliación, llovieron las cartas para la Madre Mariana, pidiéndole favores a Dios por su intercesión. Leyendo las cartas de las necesidades de las personas, comentó a sus Hermanas: "¡Dios mío, Dios mío, ¡cuántas aflicciones verdaderas pesan como plomo sobre el pobre corazón humano!... Aquí en la vida religiosa todo cuanto se sufre es nada, comparado con los sufrimientos tan complicados del mundo. Además, nuestros pequeñitos pesares tienen un valor inmenso delante de Dios, y los grandes pesares del mundo, mucho menos. La diferencia entre éstos y aquellos consiste en que nosotros abrazamos el estado perfecto... mientras que los del mundo, ¡pobrecitos!, aun cuando sean buenos muchos de ellos, se distraen en muchas cosas, pensando en adquirir bienes para dejar porvenir a sus hijos y familia... Aquí, nuestra sublime ocupación es adquirir y atesorar riquezas para la propia alma... para legar un porvenir cuantioso de ejemplos y sólidas virtudes a nuestras hijas, que en el transcurso del tiempo poblarán estos Claustros... porque estos países, en todo tiempo, serán culpables, así la Colonia actual, como cuando sea República libre, y mucho más entonces, porque aprovechando el demonio "El Siglo de las Luces",[24] propagará su

---

24 "El Siglo de las Luces" o "La Ilustración" se llama a la corriente de pensamiento iniciada por varios filósofos anticristianos del siglo XVIII. Esta corriente, en nombre de la razón, considerada como un "dios", atacaba todas las Verdades Cristianas de orden sobrenatural, a las que el creyente accede no

Las Familias que se Reconciliaron 113

maldad, con la corrupción casi general de las costumbres para perder a las almas, valiéndose de hombres incautos que harán caer en sus redes, desviando varias inteligencias de la verdad y robando a Dios ¡tantos cerebros! Los que siguiendo la verdad de la Iglesia Católica, Apostólica y Romana, fueran el sostén de ella".

---

por la vía de la experiencia sino de la fe. El racionalismo de "La Ilustración" negó todo valor a la fe y rechazó incluso los milagros, poniéndolos en un mismo plano con las leyendas y la superstición.

Los "Libertinos", una corriente racionalista-hedonista nacida de "La Ilustración" proclamaba: «Comamos y bebamos que mañana moriremos». Su único horizonte era la temporalidad: gozar al máximo de las delicias de la vida presente.

El "Deísmo", creado por la Masonería en Inglaterra a comienzos del Siglo XVIII, a partir de las ideas de "La Ilustración", sustituyó la Religión revelada por una religión meramente natural, y luego se propagó a Francia y Alemania. El dios de los "deístas" era una construcción racional, al margen de toda Revelación.

"La Ilustración" se convirtió en una auténtica secta, de la cual Voltaire (1694-1778) fue su pontífice máximo. El odio al Cristianismo constituyó la obsesión constante de Voltaire: para él, la Iglesia Católica era «la infame», a la que había que aplastar, y la ambición de su vida fue acabar con el cristianismo. «Jesucristo —escribió- necesitó doce Apóstoles para propagar el Cristianismo; yo voy a demostrar que basta uno solo para destruirlo.»

La fidelidad a la doctrina cristiana era para los «Ilustrados» objeto de burla, prueba de pobreza intelectual, y propia de mentes retrasadas enemigas del progreso. Ellos, creyéndose «espíritus inteligentes», se ufanaban de ser "librepensadores".

Instrumento decisivo para popularizar la ideología «Ilustrada» fue la «Enciclopedia», escrita entre 1751 y 1772 por un equipo de redactores que recibieron el nombre de «enciclopedistas». La «Enciclopedia» era radicalmente hostil al Cristianismo, cuya pretendida incompatibilidad con la experimentación o la razón trataba a cada paso de resaltar.

En la segunda mitad del siglo XVIII, España e Italia sufrieron sólo en pequeña escala la influencia de los "Ilustrados". En cambio, en Francia, el espíritu del "Siglo de las Luces» contagió a casi toda la sociedad, hasta desembocar en una de las más grandes persecuciones de los tiempos modernos contra la Iglesia Católica, que, amparada bajo el lema engañoso de "Libertad, Igualdad y Fraternidad", se conoce como "La Revolución Francesa" (1789).

La Salvación de un Joven (Diciembre de 1634)

Del final de su vida, se cuenta un milagro que ocurrió con el hermano de la Madre Manuela, Monja del Monasterio. A este joven, llamado Roberto, la Madre Mariana le dijo un día: "Roberto, Dios Nuestro Señor en breve va a llamarte a juicio y si tú no te enmiendas, pones en riesgo tu salvación". El joven se impresionó, pero como iba a salir de viaje al día siguiente, le contestó: "Si pudiese demorar mi viaje un solo día, lo haría... pero ya todo está fijado... por mis compañeros, pues es imposible viajar solo por esos caminos infestados de ladrones. De regreso, los cuidados de mi alma serán mi primera ocupación...".

La Madre Mariana le contestó: "Te ayudaré en tu mayor aflicción, porque eres una de las almas escogidas para el Cielo. Durante tu viaje no dejaré de rezar un solo día el Rosario. Reza con tus compañeros, pidiendo a Dios una buena muerte y la salvación de tu alma. No dejes de examinar tu conciencia para confesarte oportunamente". Roberto hizo todo lo que la Madre Mariana le dijo.

Llegados al lugar de destino, dos de los cinco compañeros se enfermaron, y los demás, excepto Roberto, quisieron esperar a que sanasen para regresar. Roberto les encargó su mercancía y sus criados, decidió regresar acompañado sólo por uno. Dos horas después de su partida, a lo lejos, en la oscuridad de la noche, los compañeros oyeron unos gritos. Los dos amigos sanos, junto con varios criados, montaron y se dirigieron veloces en dirección a los gritos. Entonces vieron a Roberto pidiendo socorro, en su mula, perseguido por tres hombres a pie.

A los gritos de los amigos, los ladrones fugaron, excepto uno, al que mataron. Entonces, grande fue la sorpresa de sus compañeros al ver a la mula destrozada, con los intestinos fuera, sin entender cómo en ese estado había podido cargar a Roberto, quien, herido y bañado en sangre, les dijo: "Una Religiosa de la Inmaculada Concepción me ampara", y les contó que, cuando los ladrones lo interceptaron, todos vieron una luz muy clara, y en medio de ella, una mujer vestida de blanco y azul. Los ladrones se dirigieron contra ella, y fue cuando el joven pudo huir en su mula. Colocado en el suelo, Roberto, dijo con dificultad: "Mis amigos, voy a morir, tráiganme un Sacerdote para que me oiga en confesión y me absuelva".

En ese momento pasaron algunos viajeros por el camino, entre los que iban unos Frailes Franciscanos, a quienes llamaron los amigos. Dos Frailes se acercaron y Roberto extendió sus brazos hacia ellos, llorando. Los amigos se retiraron. Un Fraile lo sostuvo mientras el otro lo oyó en su Confesión, que duró media hora. Luego los amigos se acer-

La Salvación de un Joven

caron, y Roberto les dijo: "Soy feliz, muero reconciliado con Dios, muero tranquilo, nada me inquieta... Digan a todos que no me olviden en sus oraciones, pues necesito sufragios para mi alma... Procuren que el paje que iba conmigo... aproveche la ocasión para confesarse".

Los criados encontraron al paje bien lejos, muerto hacía algunas horas. Los Padres comenzaron a recitar la Letanía de los Agonizantes. Roberto dio un beso al Crucifijo que le presentaron, dio un profundo suspiro y expiró en brazos de los Sacerdotes.

Esa mañana, en el Monasterio, la Madre Mariana le había dicho a la Madre Manuela: "Hija mía... voy a preparar tu corazón para que recibas tranquila el don de la tribulación que el Divino Esposo te quiere regalar... Sabes, hija mía, que al amanecer de este día Roberto caerá en manos de salteadores, que querrán acabar con su vida, pero tú y yo no lo permitiremos hasta que pueda confesarse y reconciliarse con Dios, porque Él ya tiene preparada su Confesión y muy pronto pasará a la Eternidad. Además, estarán con él dos de nuestros Hermanos Franciscanos, que le asistirán en su última hora. Mas, para conseguir esto es preciso mucha oración de nuestra parte".

La Madre Manuela se echó a llorar en brazos de la Madre Mariana, pidiéndole que ruegue al Cielo que Roberto no fuera asaltado. Pero la Madre Mariana le replicó: "Hija de mi alma, los designios insondables de Dios no los podemos comprender. Está decretado este género de muerte para nuestro querido Roberto. Ánimo y mucha generosidad para con Dios. No hay que perder tiempo llorando, sino hay que rezar...". Y abrazándola contra su pecho, la colmó de caricias. La Madre Manuela recobró el ánimo para rezar con fervor y la Madre Mariana la tuvo junto a sí todo el día, y en la noche, después de la Cena, pidió a toda la Comunidad rezar hasta el día siguiente por un pariente de una Monja – su nombre no lo reveló – que se hallaba en gran angustia.

A medianoche, estando en meditación, la Madre Mariana presenció la escena del asalto de Roberto. Vio las almas de los criminales, negras, y que el peor de ellos, horas antes, había asesinado a su propia madre y a sus hermanos, y que bajaría al Infierno antes de que muriese Roberto. Vio que el paje de Roberto era muy católico y que en el día de su partida, se había confesado y comulgado en la Iglesia de San Agustín, y que durante el viaje no perdió el estado de Gracia. Cuando fue herido, intentando salvar a Roberto, perdonó a sus agresores y encomendó su alma a Dios y a la Virgen, pidiendo su salvación. La Madre Mariana asistió a su juicio favorable y vio el corto Purgatorio que le fue impuesto. Cuando el asaltante fue muerto, la Madre Mariana vio su alma bajar al Infierno con la velocidad de un rayo.

Cuando después de algunas semanas, llegaron los compañeros de viaje, la familia se enteró de la muerte de Roberto. Su madre, destrozada, fue al Monasterio, y pidió hablar con la Madre Mariana y con su hija, la Madre Manuela. Les dijo: "¿Qué será de mi Roberto? ¿Se salvó o se condenó? El fue buen católico, pero en los últimos años se disipó y se apartó de los Sacramentos. Esto me mata y me consume. Mi dolor disminuiría si supiera que se salvó".

La Madre Mariana habló a la afligida madre con palabras llenas de unción divina, explicándole que Roberto estaba a salvo y que las muertes repentinas e imprevistas dependen de designios de la Providencia Divina. La exhortó a hacer sufragios sin descanso por el alma de su hijo, para que saliese cuanto antes del Purgatorio y entrara al Cielo. La madre volvió a su casa muy confortada.

En tanto, la Madre Mariana y la Madre Manuela ofrecían sufragios sin descanso por el alma de Roberto. La Madre Mariana pudo ver el alma bella de su hija, y cómo los sufragios por su hermano también repercutían en Gracias para ella misma. Vio que la Madre Manuela, quien le tenía miedo a la muerte, debía morir de muerte súbita, para así ser preservada de las tentaciones con que el demonio asalta, en el último trance, aun a las almas justas.

Finalmente un día, luego de la Comunión, Dios le mostró a la Madre Mariana el alma blanca de Roberto, elevándose al Cielo y dándole las gracias por su Intercesión y sufragios. Roberto le dijo: "¡Os espero en el Cielo!".

Historia del Biógrafo, Padre Manuel de Sousa Pereira, Detallada en su Biografía de la Madre Mariana de Jesús Torres, escrita en 1790

El joven Manuel de Sousa Pereira era un joven portugués de muy buena familia, que quedó huérfano a corta edad, y fue acogido con mucho cariño en la familia de su tío materno, que era militar. Cuando llegó la hora de escoger una carrera, el joven Manuel se decidió por la carrera militar.

Corría el año 1776. En la milicia, las tentaciones del mundo llegaron, pues tenía compañeros de poca moral. El joven Manuel se confesaba con un Fraile franciscano, a quien le contó las invitaciones al mal que le hacían sus compañeros, en las cuales estaba a punto de caer. Estaba angustiado por ello.

El buen Padre tuvo la inspiración de contarle sobre un libro que estaba leyendo. Le dijo: "Lo que vas a oír no es un cuento, es la pura verdad. Una Monjita española, residente en la Colonia de Quito, donde el Rey de España estableció un Convento de la Inmaculada Concepción... nos tiene en movimiento... ¡Vuélvete devoto de ella y serás feliz, porque ella desde el Cielo velará por ti!".

Y el Padre le empezó a leer la biografía de la Madre Mariana escrita por Fray Bartolomé Ochoa Alacano y Gamboa.[25]

El joven Manuel estaba muy impresionado con lo que oía, y las tentaciones que rondaban su alma se disiparon. Le dijo a su Confesor: "Soy un tonto. Pues, si no cometí pecado, ¿por qué esta angustia? ¡Yo no quiero cometerlo! No soy juguete de mis jóvenes compañeros, ni una criatura para que me manipulen como quieran... Prosiga la lectura, Padre, pues el mismo Dios me habla".

El Padre prometió continuar la lectura al día siguiente. Manuel regresó al cuartel, donde sus compañeros estaban furiosos con él pues, por haberlo estado esperando, habían perdido la oportunidad de pecar. Manuel les respondió: "Hago lo que yo quiero y no me digan una sola palabra, ni cuenten conmigo para sus maldades, porque otra vez que quieran cometer estas torpezas, les delataré a mi tío, que es General, y haré que reciban el merecido castigo". Los compañeros se fueron asustados y quedaron pensativos.

Esa noche, en sueños, Manuel vio a una Monja Concepcionista, vestida de blanco y azul, de hermoso rostro, que le decía: "Manuel, joven militar, deja la milicia temporal y alístate entre los hijos de San Francisco de Asís, para que con provecho y ventaja combatas bajo su bandera. Esta milicia es superior a la tuya y no te arrepentirás". Manuel se despertó asustado y, cuando volvió a dormirse, la visión se repitió.

Al día siguiente pidió permiso y regresó al Convento Franciscano, para contarle al Padre la visión que había tenido y para que prosiga con la lectura. El Padre le contestó: "Tú y yo pediremos al Señor que se digne manifestar Su Voluntad, por intercesión de la Monjita española...". Y continuó la lectura. Manuel, cada vez más emocionado, le pidió el libro

---

25 Fray Bartolomé fue un sabio franciscano, electo Provincial de Quito en el año 1725. Como Director Espiritual de muchas Religiosas de la Inmaculada Concepción, tuvo acceso al famoso "Cuadernón", el libro que contiene las vidas de todas las Madres Fundadoras, escritas por diversos sacerdotes.

En el Cuadernón, la vida de la Madre Mariana de Jesús Torres, consta como escrita por el virtuoso Padre Fray Martín de Ochoa; siendo ésta la fuente de la que Fray Bartolomé se sirvió para escribir la biografía que el Confesor le leyó al joven Manuel de Sousa Pereira.

al Padre, para leerlo con sus compañeros en el cuartel, pues no podía pedir más permisos. El Padre le contestó: "Con mucho gusto, hijo mío. Tienes razón de tener celo por el exacto cumplimiento de los deberes, pues en esto consiste la perfección en todo estado. Aquí tienes el bello libro escrito por el gran Padre Bartolomé Ochoa de Alacano y Gamboa, español de nacimiento... Él vivió y murió en nuestro Convento Máximo de San Francisco de Quito, lleno de méritos y virtudes".

Manuel, muy contento, les contó a sus superiores sobre el libro, y les propuso leerlo a todos en el cuartel. Sus jefes eran buenos católicos y aprobaron su lectura pública. Inmediatamente, se prendió el entusiasmo general en la lectura, nadie la interrumpía, y se leía hasta de noche. Terminada la lectura, todos pidieron un retiro espiritual, que lo dieron los Padres Franciscanos.

Durante el retiro, la bella Monja española se apareció todas las noches en sueños a Manuel, instándolo: "Manuel, deja la milicia de la tierra y alístate bajo la bandera de Francisco, mi Padre, que necesita valientes campeones para luchar contra los vicios y salvar las almas...".

Pero Manuel no acertaba a tomar la decisión de hacerse Fraile Franciscano. Entonces se le apareció la Madre Mariana, ya no en visión sino en persona, y le dijo: "Manuel, joven militar, ¿por qué eres lento y pesado de corazón? Oye finalmente la Voz de Dios. Deja el ejército, el mundo y sus locas vanidades, y alístate bajo la bandera de San Francisco de Asís. Allí te espera Dios. Pero si desoyes la Voz Divina y te mantienes sordo a tantas inspiraciones, seguramente perderás tu alma... Y, para que te convenzas de esto, mira el lugar donde irás a pasar por toda la Eternidad".

Y ante Manuel se abrió el abismo del Infierno, en el centro de la tierra. No había lugar vacío y todo estaba lleno de fuego. Los demonios gritaban: "Este es el lugar del militar, Manuel Sousa Pereira, por no haber atendido la Voz del Señor, que lo llamó a la perfección en las vías del "estomagoso" Francisco de Asís,[26] mi enemigo, que me tiene arrancadas incontables almas. Trabajemos todos con empeño para impedir que se haga Fraile Franciscano. Y cuando llegue aquí, lo atormentaremos sin compasión".

Manuel entonces imploró: "¡Oh, virgen Religiosa, si es verdad que estás en el Cielo... disponed vos misma las cosas, de manera que sin

---

26 En varias obras de aquellos siglos, como la "Chronica seraphica: vida del glorioso patriarca San Francisco, y de sus primeros discípulos", escrita por Damián Cornejo O.F.M. en 1682, se citan Exorcismos en los que los demonios proclaman su odio contra San Francisco de Asís y lo llaman "estomagoso", que significa "causador de malestar".

dificultad pueda alistarme bajo la bandera de Francisco!...". Inmediatamente se le apareció de nuevo la Madre Mariana, y le dijo: "Manuel... por fin Dios ganó definitivamente tu corazón... Todo saldrá bien. No dudes de la veracidad de mi vida, porque tú mismo, después de poco tiempo, escribirás otra biografía mía en la que narrarás también tu Vocación y tu llamado a la Orden Seráfica".

Al día siguiente, Manuel le avisó a su Confesor lo ocurrido el día anterior y le confirmó que deseaba entrar en la Milicia Franciscana de inmediato. El Padre, con lágrimas de emoción en los ojos, le dijo que hablaría con el Superior de su Convento.

Terminado el retiro, que fue de alto provecho espiritual, sobre todo para las almas caídas en los vicios. Todo el cuartel se confesó y acudió a la Comunión. Había militares que habían dejado los Sacramentos hace diez, veinte y hasta veinticinco años.

Manuel se dirigió al Convento Franciscano al día siguiente y fue presentado al Padre Guardián. Éste lo aceptó y convino en que Manuel entraría al Convento en los días siguientes. Regresó entonces a la casa de su tío para despedirse, y repartió su fortuna en la siguiente forma: dejó para sus primos su herencia paterna y para los pobres, la tercera parte. Su tío, aunque algo triste, comprendió su Vocación y le dio la Bendición.

Manuel describe el momento de su entrada al Convento: "A partir de entonces, sentí llenarse el vacío de mi alma, que con nada de este mundo se había saciado. Todo alrededor de mí parecía sonreír".

Manuel estuvo tres meses en el Convento en Portugal, y sus Directores quisieron enviarlo a España, para que haga los estudios sacerdotales. Durante ese tiempo, Manuel pedía al Señor que le manifieste Su Voluntad... y la Madre Mariana se le aparecía en sueños todas la noches. En un sueño, le dijo: "Manuel, mi Hermano, Dios no te quiere en España, sino en Quito, la Colonia española. Allí, en la ciudad donde viví, harás mucho y favorecerás mucho a mi Convento. Pide que te manden para allá...".

Manuel continuó rezando y meditando su Vocación; y decidió que, a imitación de San Francisco de Asís, quien por su extrema humildad no quiso ser Sacerdote, pues lo consideraba una dignidad sublime, él tampoco sería sacerdote. Sería un simple Hermano Lego.[27] Y obedeciendo a la Madre Mariana, pediría que lo envíen a Quito, para allí tomar el Hábito.

---

27 San Francisco fundó tres órdenes: los Frailes Franciscanos, las Hermanas Clarisas y los Terciarios. Se conocen como la Primera, Segunda y Tercera Orden de San Francisco.

Los Padres aceptaron la decisión de Manuel, aún cuando ellos pensaban que tenía Vocación Sacerdotal.

En esos días llegó un Padre de España, Fray Baltasar, que tenía que dirigirse aquel mismo mes, por motivos médicos, al Convento de Franciscanos de Quito, pues el clima allí era muy benéfico. Fray Baltasar aceptó llevar a Manuel hasta Quito y presentarlo en el Convento, para que allí profese como Hermano Lego.

Cuando el tío de Manuel, quien lo quería muchísimo, se enteró de la doble decisión – Hermano Lego y en la Colonia – quiso sacarlo del Convento, pues por su noble linaje y condición social eso era impensable. Pero Manuel estaba firme como roca: "...A mí, téngame como muerto y sepultado. Nobleza, riquezas, aspiraciones humanas y mundanas se acabaron para mí... me voy lejos, para que nadie de mi casa interrumpa mi soledad y ponga dificultades a la vida perfecta a la que soy llamado por Dios". Y abrazando a su tío, que lloraba, lo dejó.

El 10 de enero de 1777, con veintiséis años, Manuel y Fray Baltasar salieron rumbo a España, donde hicieron una breve parada, antes de salir para Quito. Su tío, inconsolable, fue a despedirse de Manuel, y a rogarle, una vez más, que desista del viaje. Manuel le recordó el pasaje del Evangelio donde Jesús llamó a un joven a seguirlo, pero el joven le respondió que lo seguiría después de cumplir sus deberes de hijo, y perdió su alma (Lucas 9, 61-62). Por fin, su tío lo entendió y le dio la Bendición.

A mediados de enero salieron de España para Quito; pasaron por varios países sudamericanos, conociendo Conventos Franciscanos. Finalmente llegaron a Quito, donde ya esperaban su llegada y los recibieron con alegría; Manuel lloraba de felicidad.

Los Padres de Quito también pensaron que Manuel debía ser sacerdote, sin embargo, Manuel se mantuvo firme en su decisión. Ter-

---

En la Orden de Frailes Franciscanos, hay dos tipos de Monjes: Los Hermanos Legos, que se ocupan de las labores domésticas del Monasterio, y los Monjes del Coro, que por lo general son Sacerdotes.

Los Hermanos Legos dedican una parte importante del día a orar; así como también los Monjes de Coro deben pasar parte del día en labores manuales, aunque en muy diversa proporción. Antiguamente a los Hermanos Legos se los conocía también como "illiterati", iletrados, puesto que no solían tener muy buena educación.

Cuando tanto los Monjes de Coro como los Hermanos Legos salen a cumplir funciones fuera de su Monasterio, se los llama "Frailes", y más comúnmente, "Fray".

Historia del Biógrafo 121

minado el Noviciado, el 5 de febrero de 1778, a los 27 años, Manuel profesó como Hermano Lego Franciscano.

Uno de los Padres Franciscanos era Confesor de las Religiosas del Monasterio de la Inmaculada Concepción, y siempre que él iba allá, llevaba a Manuel. Mientras el Padre confesaba, Manuel se arrodillaba en las gradas del Coro Inferior, donde tantas Gracias
Celestiales se habían derramado, y desahogaba su corazón, diciendo:

"Madre Mariana de Jesús, niña española, ya estoy en tu casa, deja las mortajas que os cubren, levántate y acércate a estas gradas; bendíceme y háblame palabras de fuego divino, que abracen mi frío corazón... ahora que estoy contento en el humilde estado de Hermano Lego... los Padres me insinúan e insisten para que... me ordene Sacerdote. Mi rostro se enrojece porque no me considero digno...

Además, ¿cómo subir al Altar y llamar a Nuestro Señor Jesucristo, con las sublimes palabras de la Consagración, y tocar el Santísimo Cuerpo con estas manos, que tocaron armas cuando militar?

¡Habladme desde vuestra sepultura, Santa Hermana, dime cuál es el Querer de mi Señor...! Conocida la Santísima Voluntad de Dios, la seguiré... puesto que Él se sacrificó mucho más por mí, a punto de dejarse clavar por tres gruesos clavos en una Cruz, con todo su Bendito Cuerpo hecho una llaga, y corriendo a raudales su Sangre Divina por Amor a mí.

Contemplándolo así, me devora el deseo de martirio para derramar también mi sangre... como derramaron su sangre tantos Hermanos Legos en este Convento de Quito. ¡Quién me diera el poder seguir... a los Padres Misioneros en las misiones que realizan junto a los indios del litoral y de otros lugares de estas tierras!".

Siempre terminaba sus oraciones del Coro Inferior con lágrimas en los ojos.

Una noche, el Hermano Manuel volvió a ver, en sueños, a la Madre Mariana. Ella le dijo: "Hermano Manuel, te doy mil parabienes, porque oyendo la Voz de Dios, dejaste el mundo con coraje de soldado, bendito serás en el tiempo y en la Eternidad. Las santas emociones que sentiste en las gradas del Coro Inferior no me fueron ajenas y no me pasaron desapercibidas. Te miro con ternura de Hermano y te respeto como Ministro de mi Señor Jesucristo, que te escogió para que, subiendo al Altar, lo llames a tus manos y lo manejes con ternura y amor agradecido.

Mi Seráfico Padre, San Francisco de Asís, te escoge como el sucesor en el gobierno de este Convento Máximo, en él harás oportunamente mucho bien. Obedece a tus Superiores y ordénate de Sacerdote... porque no solamente eres llamado, sino también elegido.

Cuando seas Sacerdote, no olvides de favorecer mi Monasterio... los Padres Franciscanos... lo sostendrán con sus consejos, hasta que llegue el día tan deseado en que el Convento les pertenecerá por entero".

Cuando su Padre Confesor supo del sueño, le hizo ver que no podía demorar más su respuesta al llamado Divino. Dejando a su Confesor, el Hermano Manuel se topó con sus Superiores, quienes, sin saber nada del sueño, lo volvieron a urgir para que empiece inmediatamente los estudios sacerdotales.

Entonces Manuel se arrodilló y besó los pies de los Padres. Cuando lo levantaron, dijo: "Padres, que se haga la Santísima Voluntad de Dios".

Los estudios sacerdotales del Hermano Manuel, encomendados por él a la Madre Mariana, progresaron rápida y fácilmente. Su ordenación sacerdotal fue el año 1787.

En una de sus Visitas Canónicas al Monasterio de la Inmaculada Concepción, el Obispo eligió a Fray Manuel y a otro Fraile Franciscano para que lo acompañen. Así, Fray Manuel, con inmensa emoción, pudo entrar por primera vez al sellado Claustro y conocer el sepulcro de la Madre Mariana y la cárcel del Monasterio.

Las Hermanas, al ver el afecto de Fray Manuel por el Monasterio y por la Madre Mariana, empezaron a llamarlo como Confesor y a relatarle datos de la vida de la Santa Fundadora que no constaban en la Biografía de Fray Bartolomé Ochoa de Alacano y Gamboa. Así Fray Manuel pudo leer y conservar el Diario de las meditaciones semanales de la Madre Mariana; él nunca se desprendió de esa preciosa Reliquia.

Cuenta la tradición del Monasterio de la Inmaculada Concepción que la protección que la Madre Mariana le dispensó a Fray Manuel fue constante durante toda su vida, siendo incluso favorecido con sus apariciones visibles en momentos de gran peligro.

En 1790, el Padre Manuel escribió su propia biografía de la Madre Mariana, cumpliéndose la profecía que ella misma le había hecho. En el último párrafo de su libro, el Padre escribe:

"En el transcurso de los años, las mejores plumas de sabios de la Familia Seráfica, como de ajenos, escribirán esta vida tan ejemplar y práctica, con la corrección y estilo de cada tiempo... Y yo, al terminar mi humilde escrito, el que cuántos sabios escritores lo encontrarán mal redactado, porque no soy escritor – pero gloriándome de que es verídico en todas sus partes – pido a los lectores de todos los tiempos que recen por mí un Avemaría a la Reina del Cielo...".

Notas Finales

El Desarrollo de la Devoción a Nuestra Señora de El Buen Suceso en el Siglo XX

Hasta el Siglo XX, como Nuestra Señora predijo varias veces, la vida de la Madre Mariana fue olvidada, aunque dentro del Convento continuó la devoción a la Virgen de El Buen Suceso, si bien ignorándose del todo sus orígenes.

El 8 de febrero de 1906, durante una remodelación del Convento, el sarcófago en el que la Madre Mariana había sido enterrada en 1635 se abrió y su cuerpo fue encontrado completo e incorrupto. Entonces se colocó en una urna de vidrio en un aposento del nivel inferior del claustro, junto con los cuerpos de otras tres Madres Fundadoras, que también se encontraron incorruptos.

A principios de 1980, se estableció una comisión de sacerdotes para estudiar la vida y obras de la Madre Mariana. El mayor recurso fue libro, "Vida de la Madre Mariana de Jesús Torres", escrito por el Padre Franciscano portugués, Manuel de Sousa Pereira. La comisión declaró que estas fuentes eran "auténticas, veraces, y dignas de credibilidad."

Su Causa de Beatificación fue abierta por el entonces Arzobispo de Quito, Antonio González Zumárraga, el 8 de agosto de 1986. El nombró a Monseñor Luis Cadena y Almeida como Postulador de la Causa y estableció un Tribunal Eclesiástico para iniciar la primera fase del proceso. También emitió un decreto por el cual afirmó que la Madre Mariana había practicado todas las virtudes en grado heroico y reconoció sus dones sobrenaturales y carismas.

Monseñor Luis Cadena y Almeida (†) escribió, en la década de 1980, varios libros sobre la Madre Mariana. El 2 de febrero de 1991, la Imagen de Nuestra Señora de El Buen Suceso fue Coronada Canónicamente como Reina de Quito, y la Iglesia de la Inmaculada Concepción fue declarada Santuario Mariano.

El Postulador actual de la Causa de Beatificación de la Madre Mariana es el Hermano Eduardo Muñoz Borrero, Director del Santuario del Santo Hermano Miguel en Quito.

En tanto, la devoción a Nuestra Señora de El Buen Suceso ha continuado extendiéndose. Varias páginas de Internet se han abierto en su nombre, nuevos libros se han escrito. El Rosario de la Aurora que se realiza en procesión con una pequeña réplica de su Imagen, en los alrededores del Monasterio, cada 2 de febrero, y que el año 2000 empezó con la asistencia de cien personas; el año 2010 contó con la presencia de más de ocho mil personas.

El Milagro del 1941

En el año 1941, Perú había invadido territorio ecuatoriano. Ante esta emergencia el Arzobispo de Quito ordenó rezar Triduos en honor a las diversas advocaciones de la Santísima Virgen en las diferentes iglesias de Quito, implorando el cese de hostilidades.

El 24 de julio se inició en la Iglesia de la Inmaculada Concepción el Triduo en honor a Nuestra Señora de El Buen Suceso.

Su rostro cambiaba alternadamente de un tono rojizo a otro similar al mármol. Sus ojos, que normalmente miran hacia abajo, durante el milagro se elevaban poco a poco hasta quedar mirando al Cielo en actitud de súplica; luego bajaban hacia los fieles, y así alternadamente.

Esa misma tarde, el día 27, los diarios anunciaron el cese de hostilidades con Perú. Los diarios del día siguiente reseñaron la noticia en primera página, quedando los acontecimientos internacionales -la Segunda Guerra Mundial y la invasión peruana- relegados a segundo plano.[28]

El Futuro Hallazgo del Cuadernón y del Niño Jesús Original

Con motivo de las guerras de Independencia, la Imagen de la Virgen de El Buen Suceso, con su bello Niño original hecho por Francisco del Castillo, las dos Coronas, las llaves, el báculo, el testimonio del escultor Francisco del Castillo y el "Cuadernón", fueron escondidos en los muros del Monasterio, para preservarlos de un posible peligro. Sin embargo, la Hermana que conocía los escondites, falleció sin revelar su ubicación.

En 1906, año en que el dictador liberal Eloy Alfaro abolió la educación católica para las clases populares ecuatorianas, implantando obligatoriamente la educación laica en los colegios públicos, el Cielo hizo dos milagros para amparar la Fe de sus hijos:

El primero, el 8 de febrero, el hallazgo inesperado, durante la remodelación del Convento, de la desaparecida Imagen de la Virgen de El Buen Suceso. Sin embargo, no se encontraron ni el Niño Jesús,

---

28 Véase Apéndice IV más abajo.

ni las dos Coronas, ni las llaves, ni el báculo, ni el testimonio de Del Castillo, ni el Cuadernón. Recordemos que la Virgen le anunció a la Madre Mariana que aquellos objetos serían encontrados cuando los Frailes Franciscanos vuelvan a la Dirección del Convento... o antes, si los ecuatorianos hacemos "violencia al Cielo", con oraciones, penitencias y ayunos.

El segundo, el 20 de abril, el Milagro de la Virgen Dolorosa del Colegio San Gabriel de Quito, donde un cuadro de la Virgen Dolorosa colocado en el comedor, abrió y cerró los ojos durante 15 minutos, delante de los alumnos internos y de sus profesores. El Colegio San Gabriel tenía y tiene este nombre, puesto por los padres jesuitas, en honor de su fundador, Gabriel García Moreno, el Presidente Mártir profetizado por la Virgen de El Buen Suceso.[29]

Se describe este relato con más detalle en el folleto en inglés titulado, Our Lady of Quito: Queen of Ecuador. El Reverendo Padre Agustín Berthe ha escrito una biografía excelente sobre García Moreno. Los dos libros están disponibles en Dolorosa Press (www.dolorosapress.com).

Epílogo

Sirva este modesto Extracto, como medio de difusión de las heroicas virtudes religiosas de la Madre Mariana Francisca de Jesús Torres y Berriochoa, para que los fieles, ecuatorianos y extranjeros, soliciten su Intercesión, y Dios, Quien es glorificado en sus Santos (2 Tesalonicenses 1, 10), conceda los favores pedidos a través de Su Hija, y así pueda ella prontamente ser inscrita en el Libro de los Santos de la Iglesia Católica, cumpliéndose su profecía: "En la ciudad empezaré a hacer milagros para mi Causa de Beatificación. Sabed, hijas queridas, que a vuestra Madre quiere el Señor glorificar, subiéndola al honor de los Altares".

Que Nuestra Señora de El Buen Suceso ampare por siempre a todos los que lean este relato. Guayaquil, 8 de diciembre de 2010, Fiesta de la Inmaculada Concepción de María.

Apéndices

Apéndice I

Aparición del 21 de enero 1577 en el Convento de la Inmaculada Concepción en Quito [30]

En este mismo tiempo se verificó también la fundación del primer monasterio de religiosas que hubo en Quito y, por consiguiente, en toda la República. Casi desde los primeros tiempos de la fundación de la ciudad[31] se había deseado que se fundase en ella un convento de monjas, pero hasta el año de 1575 no se pudo poner en ejecución semejante proyecto, por falta de recursos necesarios para ello. Un clérigo, llamado Juan Yáñez, dio tres mil pesos,[32] el Cabildo secular contribuyó también con alguna cantidad y, á fin de completar la necesaria para dar principio á la fundación, la Audiencia nombró una persona encargada de pedir limosna en los pueblos. Compráronse cuatro casas, (en el mismo sitio donde está ahora el monasterio de la Concepción), y se determinó que en ellas se fundase un convento de monjas de la Inmaculada Concepción, de la Orden de San Francisco, con todos los estatutos y privilegios que en España á dichos monasterios había concedido el Papa Julio segundo. Por acuerdo de la misma Audiencia, se encargó el gobierno del nuevo monasterio á los Padres franciscanos; Fr. Antonio Jurado, entonces Comisario[33] de los frailes de Quito, lo

---

30 González Suarez, el reverendo Federico, Historia General de la República del Ecuador (Quito, Imprenta del Clero, 1892), tomo 3, pp. 160-165.
31 La ciudad de San Francisco de Quito fue fundada el 28 de agosto 1534. La ciudad más tarde se trasladó a su actual ubicación y fue refundada el 6 de diciembre 1534. [Nota del editor].
32 "Uno de los que más realmente deseaban esa fundación era un clérigo llamado Juan Yáñez, cuyo espíritu de virtuoso sacerdote se empeñaba en ver un monasterio como refugio y recogimiento de muchas doncellas pobres, hijas de conquistadores. No tuvo suerte para que se realizare en vida su empeño; pero, a su muerte, dejó un legado de tres mil pesos de plata marcada para principiar las obras del primer monasterio de monjas que se fundase." (José Gabriel, Navarro, Contribuciones a la Historia del Arte en el Ecuador, tomo 3, p. 117).
33 Entre los franciscanos el Comisario era un oficial en España intermedia entre el Superior General y los provinciales. En la Nueva España fue el más alto funcionario de la orden y tuvo ciertos poderes más que el Visitador o inspector oficial. [Nota del editor].

aceptó en nombre de su Orden, y, el día 12 de Octubre, tomó posesión de las casas compradas, celebrando el sacrificio de la misa en una de ellas, á presencia de numerosos concurrentes: se puso aquel mismo día una cruz grande en el patio, y se colocó una campana, con la cual se hizo señal para la celebración de la misa.[34]

Casi dos años después, arreglada y compuesta la casa de una manera cómoda para convento, se verificó con grande solemnidad la instalación de las primeras religiosas que debían habitarlo, las cuales recibieron el velo de manos del mismo Padre Jurado, el día 13 de Enero de 1577. La fundadora y primera abadesa fue Doña María de Taboada, sobrina carnal de nuestro primer Obispo[35] y descendiente de una noble casa solariega de Galicia: en el claustro, después de su profesión, se llamó Sor María de Jesús; con ella profesaron doce jóvenes más, las cuales fueron las primeras religiosas del monasterio de la Concepción de Quito. Por Patrono principal fue declarado el Rey, de quien se esperaba que haría merced al monasterio de las rentas que le faltaban para sustento de las religiosas; y, como el Cabildo de la ciudad había cooperado tanto á la fundación, la Real Audiencia lo instituyó primer Patrono después del Rey. Se fijó el precio de la dote en mil pesos de plata corriente marcada, y se encargó á los Prelados, Abadesa y Patronos que no recibieran para religiosas en el nuevo monasterio ni mestizas, ni gente ruín, sino niñas de sangre limpia. En efecto, según aparece del libro de profesiones, en el primer siglo de la fundación del convento las religiosas fueron hijas de las más nobles familias del país.

Poco tiempo después de fundado el monasterio sucedió un caso maravilloso, que puso en movimiento á toda la ciudad. Un

---

34   Cuando se verificó la fundación de este monasterio, se hallaba ausente de Quito el Obispo, por lo cual los canónigos, reunidos en Capítulo, reclamaron contra la proyectada fundación, haciendo notar que no podía fundarse monasterio alguno, sin licencia previa del Ordinario, requisito canónico, que no se había cumplido todavía para la nueva fundación.

Hubo también nuevos disgustos con el Obispo Peña, porque el Prelado reprobó que se hubiese mandado que los indios trabajaran, hasta los días de fiesta, en sacar oro de las minas, á fin de que los vecinos tuviesen con qué hacer más gruesas limosnas al recién fundado monasterio.

35   Mons. García Díaz Arias, quien fue obispo de Quito 1546-1562. [Nota del traductor].

Aparición del 21 de enero 1577

lunes, 21 de Enero de 1577, pasadas las siete de la noche, estando las religiosas en el coro, á la hora en que acostumbraban rezar maitines, de repente, vieron aparecer en el altar mayor una luz, á manera de estrella, la cual principió á brillar sobre la cabeza de la imagen de la Virgen Santísima: á pocos instantes creció el resplandor con una iluminación, que, entrando por la ventana de la iglesia, alumbró de tal manera el altar mayor, que las monjas desde el coro alcanzaban á ver distintamente, bañada en claridad, la imagen de la Virgen, y percibían la cara de un Crucifijo, pintado en la pared del mismo altar; cosa tanto más notable cuanto ni en el coro ni en la iglesia había lámpara ni alumbrado de ninguna clase, y todo había estado completamente á oscuras.[36] Las monjas contemplaban maravilladas aquel sorprendente espectáculo; y, su admiración subió de punto, cuando vieron asomar unos como luceros pequeños, que oscilaban en torno de la santa imagen, al mismo tiempo que se oía no sé qué ruido suave como de innumerables pajarillos que cantasen. No pudieron contener su asombro las religiosas, y principiaron á dar gritos, llamando á la Madre de Dios é invocándola con exclamaciones fervorosas: la imagen se veía, como en el aire, inundada en gratísima claridad, y ya no era en actitud de llevar en brazos al santo Niño, como la que estaba puesta en el altar, sino como suele representarse á María en su Inmaculada Concepción. Algunas religiosas corrieron al campanario y principiaron á repicar, gritando milagro, milagro!! .... Otra salió del coro precipitadamente á llamar á tres hermanas, que, por enfermas, no habían acudido á maitines: algunos vecinos de la ciudad, que vivían al frente de la iglesia, oyendo el ruido de las voces de las monjas, deseosos de saber lo que pasaba, se acercaron á las puertas de la iglesia, mandaron abrirlas y, entrando dentro, alcanzaron á ver distintamente el rostro de la imagen de la Virgen. Hincándose entonces todos en tierra, fueron caminando de rodillas hasta el altar, aunque en ese momento la iglesia había vuelto á quedar en tinieblas, y fue necesario que se encendiese una vela de sebo para poder subir al altar y ver otra vez la imagen. Difundida la voz por la ciudad, acudió mucha gente á la iglesia, y no se cansaban todos de mirar el rostro de la imagen, diciendo que

---

36 La puesta de sol en Quito en ese día del año es a las 6:30 pm. [Nota del traductor].

encontraban en él cierta hermosura que no habían visto antes, y que no volvieron á descubrir después, aunque lo observaban con cuidado. Algunos de los primeros en llegar á la iglesia confesaron que habían alcanzado á ver la claridad que salía por una ventana, en lo cual no pararon mientes por no saber la causa, que la producía.

Se mandó formar una prolija información sobre el caso, y, reuniéndose los Prelados regulares y la Audiencia, resolvieron hacer el siguiente sábado una fiesta y procesión solemne en honra de la Virgen María, para dar gracias al Señor por un acontecimiento, con el cual parecía que aprobaba el Cielo la fundación del primer monasterio de religiosas en esta tierra.[37]

En este mismo tiempo se verificó también la fundación del primer monasterio de religiosas que hubo en Quito y, por consiguiente, en toda la República.

Casi desde los primeros tiempos de la fundación de la ciudad se había deseado que se fundase en ella un convento de monjas, pero hasta el año de 1575 no se pudo poner en ejecución semejante proyecto, por falta de recursos necesarios para ello. Un clérigo, llamado Juan Yáñez,

---

37 No damos á este hecho mayor importancia que la que merece un acontecimiento histórico de cuya verdad consta por los documentos contemporáneos, que actualmente tenemos á la vista. En la información seguida por orden de la autoridad competente, encontramos testimonios de personas respetables, así eclesiásticas como seculares: todos se limitan en sus declaraciones á testificar la verdad del hecho, sin pasar á la clarificación de la naturaleza de él: respecto de la naturaleza del hecho, la autoridad eclesiástica guardó silencio. Sin embargo, no impidió que las religiosas por su parte, todos los años en conmemoración de este suceso. mandasen celebrar una misa solemne á la imagen de la Virgen con la que tuvo lugar este acontecimiento. La imagen se conserva todavía en el monasterio y la misa se solía celebrar todos los años hasta hace muy poco tiempo. — El expediente original se guarda en el archivo del convento, y consta de las declaraciones juramentadas que se recibieron de las monjas y de otros testigos, examinados al efecto. — El anónimo ecuatoriano adicionador á los Anales del Perú del Licenciado MONTESINOS, refiere que en esto mismo convento de la Concepción de Quito, sucedía una cosa singular, y era cierta señal, con cuyo medio conocían las monjas que alguna de ellas debía morir en breve: esta señal o anuncio consistía en unos cuantos golpecitos, dados á deshora por manos invisibles á las puertas de las celdas y principalmente en las rejas de los confesonarios. — El anotador de Montesinos vivía en Quito el año de 1643.

La fundación del convento se verificó en tiempo del Presidente García de Valverde.

dio tres mil pesos, el Cabildo secular contribuyó también con alguna cantidad y, á fin de completar la necesaria para dar principio á la fundación, la Audiencia nombró una persona encargada de pedir limosna en los pueblos. Compráronse cuatro casas, (en el mismo sitio donde está ahora el monasterio de la Concepción), y se determinó que en ellas se fundase un convento de monjas de la Inmaculada Concepción, de la Orden de San Francisco, con todos los estatutos y privilegios que en España á dichos monasterios había concedido el Papa Julio segundo. Por acuerdo de la misma Audiencia, se encargó el gobierno del nuevo monasterio á los Padres franciscanos; Fr. Antonio Jurado, entonces Comisario de los frailes de Quito, lo aceptó en nombre de su Orden, y, el día 12 de Octubre, tomó posesión de las casas compradas, celebrando el sacrificio de la misa en una de ellas, á presencia de numerosos concurrentes: se puso aquel mismo día una cruz grande en el patio, y se colocó una campana, con la cual se hizo señal para la celebración de la misa.

Casi dos años después, arreglada y compuesta la casa de una manera cómoda para convento, se verificó con grande solemnidad la instalación de las primeras religiosas que debían habitarlo, las cuales recibieron el velo de manos del mismo Padre Jurado, el día 13 de Enero de 1577. La fundadora y primera abadesa fue Doña María de Taboada, sobrina carnal de nuestro primer Obispo y descendiente de una noble casa solariega de Galicia: en el claustro, después de su profesión, se llamó Sor María de Jesús; con ella profesaron doce jóvenes más, las cuales fueron las primeras religiosas del monasterio de la Concepción de Quito. Por Patrono principal fue declarado el Rey, de quien se esperaba que haría merced al monasterio de las rentas que le faltaban para sustento de las religiosas; y, como el Cabildo de la ciudad había cooperado tanto á la fundación, la Real Audiencia lo instituyó primer Patrono después del Rey. Se fijó el precio de la dote en mil pesos de plata corriente marcada, y se encargó á los Prelados, Abadesa y Patronos que no recibieran para religiosas en el nuevo monasterio ni mestizas, ni gente ruín, sino niñas de sangre limpia. En efecto, según aparece del libro de profesiones, en el primer siglo de la fundación del convento las religiosas fueron hijas de las más nobles familias del país.

Poco tiempo después de fundado el monasterio sucedió un caso maravilloso, que puso en movimiento á toda la ciudad. Un lunes, 21 de Enero de 1577, pasadas las siete de la noche, estando las religiosas en el coro, á la hora en que acostumbraban rezar maitines, de repente, vieron aparecer en el altar mayor una luz, á manera de estrella, la cual principió á brillar sobre la cabeza de la imagen de la Virgen Santísima: á pocos instantes creció el resplandor con una iluminación, que, entrando por la ventana de la iglesia, alumbró de tal manera el altar mayor, que las monjas desde el coro alcanzaban á ver distintamente, bañada en claridad, la imagen de la Virgen, y percibían la cara de un Crucifijo, pintado en la pared del mismo altar; cosa tanto más notable cuanto ni en el coro ni en la iglesia había lámpara ni alumbrado de ninguna clase, y todo había estado completamente á oscuras. Las monjas contemplaban maravilladas aquel sorprendente espectáculo; y, su admiración subió de punto, cuando vieron asomar unos como luceros pequeños, que oscilaban en torno de la santa imagen, al mismo tiempo que se oía no sé qué ruido suave como de innumerables pajarillos que cantasen. No pudieron contener su asombro las religiosas, y principiaron á dar gritos, llamando á la Madre de Dios é invocándola con exclamaciones fervorosas: la imagen se veía, como en el aire, inundada en gratísima claridad, y ya no era en actitud de llevar en brazos al santo Niño, como la que estaba puesta en el altar, sino como suele representarse á María en su Inmaculada Concepción. Algunas religiosas corrieron al campanario y principiaron á repicar, gritando milagro, milagro!! .... Otra salió del coro precipitadamente á llamar á tres hermanas, que, por enfermas, no habían acudido á maitines: algunos vecinos de la ciudad, que vivían al frente de la iglesia, oyendo el ruido de las voces de las monjas, deseosos de saber lo que pasaba, se acercaron á las puertas de la iglesia, mandaron abrirlas y, entrando dentro, alcanzaron á ver distintamente el rostro de la imagen de la Virgen. Hincándose entonces todos en tierra, fueron caminando de rodillas hasta el altar, aunque en ese momento la iglesia había vuelto á quedar en tinieblas, y fue necesario que se encendiese una vela de sebo para poder subir al altar y ver otra vez la imagen. Difundida la voz por la ciudad, acudió mucha gente á la iglesia, y no se cansaban todos de mirar el rostro de la imagen, diciendo que encontraban en él cierta hermosura que no habían visto antes, y que no volvieron á descubrir después, aunque lo observaban con cuidado. Algunos de los primeros en llegar á la iglesia confesaron que habían alcanzado á ver la claridad que salía por una ventana, en lo cual no pararon mientes por no saber la causa, que la producía.

Se mandó formar una prolija información sobre el caso, y, reuniéndose los Prelados regulares y la Audiencia, resolvieron hacer el siguiente sábado una fiesta y procesión solemne en honra de la Virgen María, para dar gracias al Señor por un acontecimiento, con el cual parecía que aprobaba el Cielo la fundación del primer monasterio de religiosas en esta tierra.

Apéndice II

Extracto de la visita canónica al convento de la Inmaculada Concepción en 1628 por Don Fray Francisco de Sotomayor DE M., Obispo de Quito (1625-1629)[38]

«Nos Don Fray Francisco de Soto Mayor, por la miseración Divina y de la Santa Iglesia de Roma Obispo de Quito, del Consejo de su Majestad, etc. ... A la Venerable Madre Abadesa, Vicaria, Discretas y demás Monjas del Convento de la Concepción de esta ciudad, Salud en Nuestro Señor Jesucristo, que, es la verdadera salud. Aunque en la Visita que habíamos hecho del dicho Convento y Monjas, por la misericordia de Dios no hemos hallado defectos ni inconvenientes algunos notables que sean dignos de remediar y castigar más antes muchas virtudes que loar y estimar de que estamos con particular gusto y edificación, y agradecemos el cuidado; prudencia y desvelo con que la Venerable Madre Mariana de Jesús, el tiempo que ha sido Abadesa ha gobernado el dicho Convento, y que ha sido tan en servicio de Dios, aumento de la religión, santa vida y buena reputación del Monasterio cuya paga aseguramos de Nuestro Señor, y de nuestra parte la estimación posible, y así mismo la tenemos de la docilidad, obediencia y observancia con toda puntualidad de las religiosas en sus estatutos y Reglas y demás obligaciones en que han mostrado su mucha virtud y religión; con todo, para que esta no vaya a menos, con consideración que el Demonio es un cruel león que rodea y cerca una y muchas veces, para ofender y lastimar las ovejuelas del rebano del Señor y que es una envidiosa fiera que con notables ansias procura devastar y asolar el vergel divino de azucenas y flores que el Soberano hortelano tiene plantado y cultivado para regalarse y apacentarse en ellas, y aquel cruel enemigo intenta fiar descuido y sueño sobre sembrar cizaña en la dehesa y sementera del Señor, y es bien que prevengamos los daños, pues los que son previstos ofenden menos y el que es prevenido casi no es combatido y reparemos las cercas y demos voces para el desvelo en

---

38 Esta carta se conserva en el Libro de la Fundación, folio 82 guardada en el archivo del convento de la Inmaculada Concepción y fue transcrita por primera vez por el P. José M. Urarte, S. J. en 1946. Esto fue publicado por primera vez en Nuestra Señora de "El Buen Suceso de Quito" y el Conflicto Internacional con el Perú en 1941, por el Reverendo Canon Benjamin Rafael Ayora y Cueva (Editorial Ecuatoriana, 1946), pp. 6-7.

cuya conformidad determinamos hacer los mandatos y ordenaciones por modo de estatutos siguientes ...»[39]

---

[39] Archivo del Monasterio de la Concepción.

Apéndice III

Como se llegó a conocer la historia de Nuestra Señora del Buen Suceso en el siglo XX.

En fin, se puede afirmar que, a su vez, Don Gabriel estaba embriagado. No ciertamente por obra de un licor material, sino espiritual. Era éste la lectura de unas revelaciones que se decían hechas por nuestra Señora del Buen Suceso a una santa monja española, miembro del monasterio de la Inmaculada Concepción en Quito. El nombre de aquella religiosa era Mariana de Jesús Torres, con respecto a la cual Monseñor Manuel María Pólit, el año 1903, emitió el juicio siguiente:

> Santas ha habido y monjas de singular virtud y religión, como lo fueron Doña María Taboada, primera fundadora y Abadesa, y otras que imitaron su virtud. La que más resplandeció en humildad y obediencia, penitencia y don de oración, fue Mariana de Jesús, una de las primeras, y que desde niña tomó el hábito. Vivió y murió con grande ejemplo, así en lo espiritual y temporal como en su gobierno siendo abadesa diversas veces; y cuyas súplicas y oraciones fueron aceptas a la Divina Majestad, pues se conseguía de su Misericordia lo que ella le pedía. Su muerte fue en tanta paz y santidad como en la que vivió. Sus confesores declararon, en los sermones que se hicieron en su entierro, honras y cabo de año, cómo fue muy celosa en el divino servicio, y que mereció grandes revelaciones de su Divina Majestad, y que tuvo don de profecía. Está recibida en esta opinión, y en la del Arzobispo Ilmo. Dr. Dn. Fray Pedro de Oviedo, que la trató y confesó.

Nótese que Fray Pedro de Oviedo, que, a la sazón, era obispo de Quito, fue denominado Arzobispo, en razón de que tal dignidad había tenido antes, en la ciudad de Santo Domingo de la Isla Española.40

Pues bien, la vida y revelaciones de Sor Mariana de Jesús Torres, fueron descritas, en tiempo aún de la colonia, por la pluma de un religioso franciscano portugués, Manuel Sousa Pereira, por el año 1792. Resultado: tres cuadernos manuscritos, los cuales, habiendo estado por el espacio de muchos lustros en el monasterio de la Concepción,

---

40   El juicio de Monseñor Pólit, en el semanario quiteño "El Amigo" 4 de diciembre de 1943. Consta en la Historia del Ecuador. tomo 4°, páginas 205 y siguientes, escrita por Monseñor Federico González Suárez, que Fray Pedro de Oviedo fue obispo de Quito en esos años.

finalmente vinieron a parar en manos del Presidente García Moreno, entregados por la Abadesa, Sor Bárbara Fierro, nativa de Tulcán. El Mandatario les dio atenta lectura; e impresionado por las heroicas virtudes y revelaciones de Sor Mariana de Jesús Torres, juntó las tres cuadernas en un solo paquete, para enviarlos a su Santidad Pío IX. Al mismo tiempo redactó una carta con destino al mencionado Vicario de Cristo. En ella le suplicaba que, si fuese de su beneplácito, se hiciera en Roma un examen acerca de la vida de Sor Mariana de Jesús, con miras a una posible causa de beatificación.[41]

Pero antes de que tales documentos fueran despachados al correo, fue victimado García Moreno. Tan sólo unos quince años después, Doña Mariana Alcázar, viuda del insigne Mandatario, se decidió a poner por separado y en orden los escritos que hablen pertenecido a su eximio esposo, y para ello recurrió a la ayuda de un señor Rafael Varela Yépez, cuyos antecedentes son dignos de ser consignados:

Allá por los años de 1865, este individuo, con sólo quince abriles de edad, se hallaba en su ciudad natal de Latacunga, cuando el renombrado Gabriel García Moreno, que se hallaba de viaje, le pidió posada para el tiempo de unas dos horas. En este intervalo el gran hombre completarla su sueño, pues no eren más que las seis de la mañana, y les bestias comerían y repararían sus fuerzas para continuar la marcha rumbo al sur. El adolescente quiso proporcionarle una confortable cama, pero el ilustre viajero se opuso: "Me basta, dijo, esta banca de puro palo; me viene bien pera la salud". Al despedirse para Guayaquil, García Moreno dijo al muchacho: "Dentro de pocos días regreso a Quito. Véngase usted a esta capital, e inicie sus estudios de segunda enseñanza. Yo le daré hospedaje y todo apoyo".

El jovencito no desperdició tamaña fortuna. Oportunamente se presentó a Don Gabriel, y éste le suministró en su propia casa no sólo habitación sino también comida. A guisa de modesta compensación, Rafael Varela prestaría sus pequeños servicios como secretorio y ayudante del afamado Estadista. No solamente coronó sus cursos de secundaria sino que ingresó en la Universidad y emprendió los estudios de jurisprudencia.

---

41 Por declaración de las monjas Conceptas de Quito, en 1934. al Padre José Urarte S. J., el franciscano portugués tomó los datos de un solo inmenso volumen manuscrito, denominado "Cuadernón", que posteriormente no ha sido encontrado en el Convento. Esta desaparición se explica, tal vez, por la presencia de los tres nuevos cuadernos. Lo demás fue también narrado por la Madre Varela al Padre Urarte, y éste lo trasmitió al autor, en Guayaquil, el 11 de noviembre de 1968; y en Cuenca, el 16 de diciembre del mismo año.

Como se llegó a conocer la historia

Asesinado el insigne Mecenas de Varela, este joven tropezó con el inconveniente de no haber dado a tiempo algunos de sus exámenes. Recurrió al Congreso Nacional. Manifestó las justas razones de su atraso, y solicitó se legalizara su continuación en la Universidad. En 1º de noviembre de 1875, la solicitud fue despachada favorablemente, con el Ejecútese del Vicepresidente interino Javier Eguiguren. El universitario Varela podía matricularse para el cuarto año de jurisprudencia, pero quedaba obligado a rendir los exámenes de Derecho Internacional y Derecho Canónico en el próximo diciembre.

Continúa estudiando hasta el mes de agosto de 1878. Corona su cerrara y logra el título de Licenciado. Contrae matrimonio con una quiteña cuyo nombre Mercedes Vásconez; y esta unión es bendecida con varios hijos. La primogénita es la niña Clotilde, nacida en nueve de septiembre de 1879, la cual, habiendo llegado a la edad de unos once años, ayudó a su padre, en la separación y ordenamiento de los escritos que hablan pertenecido al Presidente García Moreno. Enseguida encontraron la carta y paquete con destino al Romano Pontífice. Clotilde inició la lectura de los tres cuadernos, y los encontró sumamente amenos y provechosos. Rogó a Doña Mariana Alcázar le permitiese llevarles a su casa, y alcanzó esa merced en forma irrestricta.

Les dió lectura en su totalidad, los releyó, e inclusive los meditó. Encontró en ellos un estímulo más para tender a la santidad. Todo esto lo puso en conocimiento de su confesor el Padre Miguel Meneses, el cual, en vez de aprobar la deglución espiritual de aquellas páginas, terminó por improbarle su lectura. ¿Qué peligros entrevió aquel asceta? —Sin duda los de alucinación y vana curiosidad, puesto que la tal biografía de Sor Mariana de Jesús Torres, contenía en gran parte apariciones y revelaciones de orden sobrenatural, con una literatura fantástica e impresionante. Más todavía, con el fin de suprimir de raíz lo que juzgó una tentación, el Padre Meneses ordenó a su penitenta entregar al fuego esos tres cuadernos. ¡Quién no advierte que tal precepto fue un despropósito! Hubiera bastado que dicho sacerdote los recogiera y los tuviera a buen recaudo.

La señorita Clotilde Varela escuchó con mucha contrariedad el mandato, y se lo manifestó a su confesor. Es te mantuvo su precepto. Entonces ella rogó a su Reverencia le permitiera sacar, en cifra o taquigrafié, una copia de aquellas páginas que le parecieran más enjundiosas. Aceptado esto por el confesor, la señorita Varela emprendió en la tarea valiéndose del arte que habla aprendido de su padre, quien, a su vez lo había aprendido de García Moreno.

Corría el año de 1899, cuando los manuscritos originales del Padre Manuel Sousa Pereira fueron consumidos por el fuego. Y poco tiempo después, Clotilde Varela ingresaba en la Orden Religiosa de las monjas Conceptos. Ella también adoptó el nombre de Mariana de Jesús.

Se comprende que no transcurrieron muchos años sin que lloviesen las peticiones de copias en caracteres ordinarios, inteligibles para todos; y entonces Sor Mariana de Jesús Varela, con permiso de sus abadesas, satisfizo de buen grado esos deseos. Creció el interés y entusiasmo, incluso entre la gente piadosa de fuera del Convento. Llegó esto a oídos del Ilmo. Sr. Arzobispo Carlos María de la Torre, quien nombró una comisión de dos teólogos: Padre Joel Monroy, mercedario; y Padre José Urarte, jesuita, para que hablasen con Sor Mariana de Jesús Varela y la sometieran al respectivo interrogatorio. El Padre Monroy presentó como excusa su enfermedad, pero dijo que se adhería, por adelantado, al juicio que diera el Padre Urarte, jesuita muy competente para el caso.42

Corría el año de 1934 cuando el segundo religioso habló con Sor Mariana de Jesús Varela en los términos que siguen:

"Al trasladar usted o hacer el resumen de la vida de Sor Mariana de Jesús Torres, ¿fue usted leal y no cambió nada? Y cuando usted puso en lenguaje corriente lo que había escrito en cifra, ¿fue también leal y no cambió nada? Haga usted al favor de contestar a estas dos preguntas con toda verdad. Yo pudiera pedirlo a usted conteste con juramento, puesto que tengo autorización para ello. Sin embargo no lo hago. Pero diga usted la verdad".

Sor Mariana de Jesús Varela contestó en los términos que siguen:

"Fui leal y no cambié nada cuando escribí en cifra el texto primitivo, y cuando lo escrito en cifra lo trasladé a lenguaje corriente. Puedo jurar en forma solemne que digo la verdad". Esto último fue repetido varias veces, manifestando más bien deseos de hacer tal juramento. El Padre Urarte se persuadió de que Sor Varela hablaba con sinceridad, y se ratificó en no exigirle juramento. En ese mismo año 34, Sor Varela entregó su alma al Creador.43

Después de un maduro examen, el jesuita escribió a Monseñor De la Torre, dándole su juicio en esta forma:

"Puesto que los actuales manuscritos han sido el fruto de dos traslados, a saber: del original a cifra, y de la cifra al lenguaje ordinario, juzgo que los dichos actuales manuscritos no pueden ser creídos con fe ciega". Está visto que José Urarte opinó ser difícil que, al verificar Sor

---

42 Dicho Padre Urarte lo narró al autor en las ciudades y fechas antedichas.
43 Fue la concepta Sor Josefina de la Encarnación, la que me dio la fecha del fallecimiento de Sor Varela.

Varela esos dos traslados, no hubiera modificado, siquiera en parte los textos originales.

Con el fin de obtener más detalles al respecto, yo, el autor de la presente biografía, me personé, a mi vez, en el locutorio de las religiosas Conceptas de Quito, el día 1° de octubre de 1968, y formulé un interrogatorio a Sor Josefina de la Encarnación, la cual contestó en el tenor siguiente:

1°. —Gracias a mi oficio de enfermera, pude conversar muchas veces y en la intimidad, con Sor Mariano de Jesús Varela, de quien atestiguo haber tenido virtudes en grado eminente. Un caso: estando en peligro de muerte una religiosa joven, Sor Varela hizo a Dios holocausto de su propia vida, con tal de que mejorara la enferma. Sor Varela murió poco tiempo después, mientras que aquella enferma vive hasta la presente.

2°. —Conversé con Sor Varela, varias veces, acerca de las revelaciones hechas a la santa Madre Mariana de Jesús Torres. También acerca de las que parecen referirse al Presidente García Moreno, por ejemplo el que un Presidente de veras católico había de consagrar el Ecuador al Corazón de Jesús, y alcanzaría la palma del martirio en la plaza donde se halla el Monasterio de la Inmaculada Concepción.

3°. —En cuanto a los puntos que parecen referirse al Presidente García Moreno, la referida Madre Varela me los contaba no como apreciaciones suyas, sino como leídos en los cuadernos originales del tiempo de la colonia.

Con respecto a la fama de santidad con que murió Sor Varela, yo el autor afirmo que tal opinión es general entre cuantas personas conocieron a dicha religiosa. Lo confirma su autobiografía, escrito por cumplir la obediencia que le impuso su confesor el Rvdmo. Sr. Canónigo Baquero.

Con tales antecedentes, me voy a permitir consignar aquí una copia de las páginas que pudieron haber interesado más a García Moreno. Tengamos de nuevo ante los ojos el aserto de Sor Varela: "No cambié nada"; y el de José Urarte: "No se puede creer con fe ciega".44

"Corría el año de 1628, cuando la Madre Mariana de Jesús Torres gobernaba este Monasterio; y al terminar este año de su prelacía, ocurrió el siguiente caso:

Como de costumbre oraba la Madre en el coro alto, a las doce de la noche: y una de estas veces vio toda esta Colonia en movimiento. Fijó

---

44   Todo lo dicho me fue declarado por la Madre Josefina de la Encarnación, en la citada fecha. "La copia hecha por la Madre Varela no puede ser admitida con **fe ciega**". Luego puede ser admitida con una fe provista de reservas, cuidado y precauciones.

su mirada en Dios; y le manifestó que trabajaban por independizarse de la Madre España y formar República libre; porque las autoridades enviadas por el Rey nuestro Señor a gobernar estos países, hacía tiempo que se tomaban muchas libertades y cometían abusos, oprimiendo a inocentes, y lo que se convertía en grandes sufrimientos, con la imposibilidad de remediarlos. Vio la guerra de la independencia; los grandes sacrificios de los héroes, y la tierra empapada en sangre. Se dolió de todo, y pidió al Señor que favoreciera la causa y diere el triunfo a la parte que sea de su voluntad. Y conoció que esta colonia debía independizarse de la Madre Patria...

Cuando vio ya concluida la guerra de la Independencia, quedando de la colonia República libre, tuvo dos admirables y raras visiones. La primera: vio al Ecuador rodeado, por todos sus cuatro alrededores, de una nube negra de un número sin número de demonios que, con alaridos, llantos, risotadas diabólicas y horribles ademanes, forcejaban por apoderarse de la nueva República, para que sea, desde sus principios, gobernada y regida por ellos, cimentando la maldad en los siete pecados capitales y el odio a Cristo y a su bendita Madre; y extinguiendo por completo los Conventos y Claustros, e impidiendo toda Institución piadosa; y que, soplando ellos, se cubría toda la atmósfera de un humo espeso, el que obscurecía en las almas la luz preciosa de la Fe; y respiraban la blasfemia, endureciendo los corazones.45

En la segunda vio que se abrió el cielo de par en par sobre la República; y una luz clara e irresistible se apoderó de toda ella; de cada Convento y Claustro salía una nube de estrellas que penetraba los cielos; y se oyó la voz del Príncipe San Miguel que dijo: "Descended inmediatamente al profundo de los abismos, malditas y negras legiones, porque aquí Dios vive, Dios triunfa, y Dios reina en cada tiempo, por sus almas predilectas; y cuando más triunfantes estéis, más cerca está vuestra derrota; porque ¡ay de esta nueva República! sin las Comunidades Religiosas: ella no subsistiría. . . I al punto vio cruzar, en los cuatro alrededores, rayos, truenos y relámpagos; y espadas de fuego que caían a diestra y siniestra, pareciendo ser manejadas por manos muy versadas en la milicia, que acababan con estas diabólicas legiones, las cuales, al desaparecer, daban horribles alaridos, como caer mortal-

---

45 Las revelaciones acontecidas en el año 1628, están descritas en conformidad con una copia hecha en Riobamba el año 1946 con destino al Monasterio de Conceptas de Cuenca. La copia que existe en Riobamba, donde las Conceptos, fue hecha en Quito. Por supuesto, las Monjitas Conceptas aseguran que todas estas copias coinciden con la original de Sor Varela. Esta última está archivada actualmente en la Curia Arzobispal de Quito.

mente heridos, y amenazando siempre que en todos los tiempos harán cruda guerra a esta pequeña porción de tierra en la que tan venerada y querida será la Mujer su enemiga; porque, si lograban extinguir su devoción en el pueblo, la victoria será de ellos: y añadieron: "Tiempos vendrán en los que tendremos muy buenos agentes que, con la fuerza y violencia, nos ganarán gran trecho; los ampararemos, proporcionándoles gustos, comodidades y riquezas, para después atormentarlos en el infierno, por ingratos y desconocidos a los beneficios de su Creador".

Terminado esto, vio cómo quedaba la tierra en calma, la atmósfera fresca, y el Sol lucia con claridad muy clara; y apareciéndose la Virgen del Buen Suceso, con su dulce Infante en los brazos, le dijo: "¡Pobrecilla hija de mi corazón, tus fuerzas, en lo natural, decaen ya, con visión tan formidable; de manera que, queriendo volver a la vida, no lo podrás conseguir humanamente; y no es tiempo todavía de dejar la tierra...

Ahora levanta tu vista al Pichincha, en donde verás crucificado a este Infante Divino que tengo en mis brazos. Lo entrego a la cruz, para dar siempre buenos sucesos a esta República, la que será muy feliz, cuando, conociéndome con esta advocación, me honren en toda ella...

Vio enseguida que los tres arcángeles, Miguel, Gabriel y Rafael, tomando al Divino Niño de los brazos de su Santísima Madre, lo condujeron al cerro del Pichincha; y con reverente acatamiento, lo dejaron allí desapareciendo los arcángeles.46

El Divino Niño parecía allí de la edad de doce o quince años, hermoso y lleno de la Divinidad, aun cuando oculta bajo la santa Humanidad; y postrándose en tierra con los brazos en cruz, oró a su Eterno Padre, diciendo de esta manera: "¡Padre mío y Dios Eterno! mi amoroso corazón, y el tierno corazón de mi Madre Santísima, criatura tan pura y tan bella cual ninguna; que en este lugar se dará libertad de República nueva; y mi infantil corazón se llena de infinita ternura, al mirar cuántos héroes perderán su vida temporal. Benditos sean mil veces por sus heroicos sacrificios; y recibidas sean sus almas en el Cielo, para que gocen del premio de sus trabajos. Por esto quiero orar en este monte, como oré en Getsemaní, pidiéndote para mí todas las almas que pueblan estas tierras, librándolas de la ira diabólica que tanto les amenaza. Yo quiero salvar a todas; y para esto tengo esposas vírgenes, quienes, socias conmigo, eleven sus manos suplicantes al trono de vuestra Majestad... Sobre todo, mirad mi casa y Monasterio, propiedad de mi Inmaculada Madre, fundado en el corazón mismo de la Ciudad por vuestra santísima

---

46 Aquellas palabras de los demonios: "Tiempos vendrán en los que tendremos muy buenos agentes". etc. quizá podrían aplicarse al régimen de Alfaro y sucesores.

voluntad, para desagravio de tantos crímenes que se cometerán en todos los tiempos"...

Nuestra Señora del Buen Suceso continuó hablando a Sor Mariana de Jesús Torres en los términos que siguen:

"Para tu consuelo te hago saber que es muy conveniente esta independización, para menos responsabilidades de los Monarcas, quienes, mandando sus representantes para el gobierno, les entra la ambición, y así se toman libertades que no deben, oprimen a la Iglesia, ultrajan a los ministros del Señor, y se creen dueños absolutos de todo. A ti te consta cuántos males ha padecido la Iglesia de Dios en esta colonia durante estos tiempos, aun de parte de los representantes del Poder Eclesiástico, fundados en el aprecio y consideración de los reyes; y por esta causa cuántos escándalos al pueblo, cuántas riñas y pendencias, cuántos pecados con los cuales ha sido ofendido Dios.

Amamos mucho esta pequeña porción de tierra que será un día "Ecuador"; y teniendo en cuenta las almas verdaderamente buenos que habitarán aquí, nos empeñamos en hacerla República libre: la que, un día, será solemnemente consagrada al Corazón Santísimo de mi Divino Hijo: y a voz en cuello repetirán de un confín al otro: "La República del Corazón Sagrado de Jesús."[47]

Aciagos tiempos le sobrevendrán, en los que, cegando en la misma claridad, aquellos que deberían defender en justicia los derechos de la Iglesia, sin temor servil ni respeto humano, darán la mano a los enemigos de la Iglesia, para hacer lo que ellos. Pero ¡ay! del yerro del sabio, del que gobierna la Iglesia, del Pastor del redil que mi Santísimo Hijo lo confió a su cuidado.

Pero, cuando aparezcan triunfantes, y cuando la autoridad abuse de ella, cometiendo injusticias y oprimiendo a los débiles, cercana está su ruina, caerán desplomados por el suelo; y alegre y triunfante, cual tierna niña, resurgirá la Iglesia y se dormirá blandamente mecida en manos hábiles y corazón maternal del elegido hijo mío muy querido de aquellos tiempos; al que, si dócil presta oído a las inspiraciones de la gracia, siendo una de ellas la lectura de las grandes misericordias que mi Hijo Santísimo y yo hemos usado contigo, lo llenaremos de gracias y dones muy particulares; lo haremos grande en la tierra y mucho más en el Cielo, donde tenemos reservado un asiento muy precioso; porque, sin

---

47   El abusivo Patronato Regio fue usurpado aun con más abusos, por los Presidentes ecuatorianos. En nuestro tomo 1°, página 102, hemos citado esta resolución del Presidente Juan José Flores: "Esta República no ha de consentir que se disminuye un ápice de las regalías que gozaron los monarcas españoles".

temor a los hombres, combatió por la verdad, y defendió impertérrito los derechos de su Iglesia; al que bien podrán llamar "mártir"...
Crucificado lo viste a mi Divino Hijo en el cerro de Pichincha. No fue al acaso. Como este cerro domina la ciudad, quiso mi Hijo Santísimo santificar este lugar, en donde quiere dominar el Corazón Santísimo de mi Jesús querido...48

La lámpara que arde delante del Amor Prisionero, y viste apagarse, tiene muchos significados. El primero, que en el siglo veinte, cundirán en estas tierras, entonces ya República libre, varias herejías; y reinando ellas, se apagará la luz preciosa de la Fe en las almas, por la casi total corrupción de las costumbres. En este tiempo habrá grandes calamidades físicas y morales, públicas y privadas: y el corto número de las almas en los cuales se conservará oculto el tesoro de la Fe y de las virtudes, sufrirá un cruel e indecible, al par que prolongado martirio. Muchas de ellas descenderán al sepulcro por la violencia del sufrimiento, y serán contadas como mártires que se sacrificaron por la Iglesia y por la Patria. Y para libertar de la esclavitud de estas herejías, necesitarán gran fuerza de voluntad, constancia, valor y mucha confianza en Dios, aquellos a quienes destinará para la restauración el amor misericordioso de mi Hijo Santísimo. Y para poner a prueba de los justos esta fe y confianza, llegarán momentos en los cuales, al parecer, todo estará perdido y paralizado; y entonces será el feliz principio de una restauración completa.

El segundo, que esa mi Comunidad, estando a un reducido número de personal, será sumergida en el mar sin fondo de indecibles amarguras, y parecerá ahogarse en estas variadas aguas de las tribulaciones...

El tercero, porque en estos tiempos estará la atmósfera repleta del espíritu de impureza, el que, a manera de un mar inmundo, correrá por calles, plazas y sitios públicos con una libertad asombrosa...

El cuarto, porque, habiéndose apoderado la secta de todas las clases sociales, tendrá tanta sutileza para introducirse en los hogares domésticos, que, perdiendo a la niñez, se gloriará el demonio de alimentarse con el exquisito manjar de los corazones de los niños.

De esta manera irán perdiéndose las vocaciones para el sacerdocio, que será una verdadera calamidad. Y quedarán las comunidades reli-

---

48　En la página 415 de nuestro tomo 3°, estas palabras del Presidente García Moreno: "El Gobierno del Ecuador desea únicamente que la Iglesia goce de toda libertad e independencia de que necesita; y que el Poder Civil sea el defensor y el garante de esa libertad".
Es digno de advertirse que la Basílica Nacional del Corazón de Jesús está ubicada en la Loma de San Juan, estribaciones del Pichincha.

giosas para sostener la Iglesia, y trabajar con valeroso y desinteresado empeño en la salvación de las almas.

Porque en ese entonces resplandecerá en las Comunidades la observancia regular; habrá santos ministros del altar, almas ocultas y bellas, en quienes mi Hijo Santísimo y yo nos recrearemos, con las exquisitas flores y frutos de santidad heroica"…. Etc.

Vamos a dar cima a este capítulo, reproduciendo unos impresos aparecidos en el semanario quiteño "El Amigo", cuyo Director era el Rdo. P. José Abrahán Cerón S. J. —En el número correspondiente al 27 de noviembre de 1943, hay el siguiente preliminar:

"Es el caso que providencialmente fue puesta a nuestra disposición una de las varias copias que se han hecho y divulgado de las Apariciones de la Madre Admirable a la Rda. Madre Mariana de Jesús Torres, española, y una de las Madres Fundadoras del Real Monasterio que, con envidiable suerte, posee la Capital del Ecuador… Ante documentos tan valiosos, concebimos la idea de hacer un compendio de los relatos que constan en la copia adquirida. Pero antes quisimos cerciorarnos de la fidelidad del traslado, y al efecto lo remitimos a la Rda. Madre Abadesa de las Conceptas, de donde la obtuvimos de nuevo, con el testimonio de que no discrepaba de otra copla que se tiene como fidedigna.

Entonces acudimos al Excmo. Sr. Arzobispo, a confiarle nuestros anhelos; y el dignísimo Prelado ha tenido la benevolencia de autorizarnos el trabajo y la publicación, con la única advertencia de que se sometieran los originales a la Censura establecida, antes de imprimirlos. Esta misma garantía lleva cuanto se publica en "El Amigo".

Ocho páginas después, el citado semanario es recomendado en estos términos:

"Es muy digno de conservarse "El Amigo", providencialmente elegido, para que en él todos admiren estos interesantes episodios que no solamente explican la conservación de este Convento tenazmente perseguido, sino el martirio del Católico Presidente García Moreno, y el origen funesto de tantas calamidades que actualmente lamentamos".

En el número de 4 de diciembre del antedicho año 1943, publicase lo referente a la primera Aparición, acaecida en 2 de febrero de 1589. —La pasamos por alto, pues no hay contenido que cuadre a la presente biografía.

Una semana después. "El Amigo" publica la segunda Aparición, que tuvo lugar el 2 de febrero de 1594. Tampoco hay material atingente a nuestra obra.[49]

---

[49] En las apariciones de los años 1589, 1594 y 1599 primera parte, la Santísima Virgen se refiere casi exclusivamente a consejos y ascética útiles a

Como se llegó a conocer la historia 147

En el número de 18 de diciembre del mismo año 1943, la tercera Aparición, que aconteciera el 16 de enero de 1599. Ni aquí hay algo que tenga relación con nuestras páginas. Por el contrario, en el número de 25 de diciembre del propio año 1943, encuéntrase lo más admirable para nosotros. Es una segunda parte de la materia contenida en la tercera Aparición de 16 de enero de 1599, y sus primeras líneas rezan en los términos que siguen:

En el siglo XIX vendrá un Presidente de veras católico, y de veras varón de carácter, a quien Dios nuestro Señor le dará la palma del martirio, en la plaza en cuyo sitio está mi Convento. El consagrará la República al Divino Corazón de mi Amantísimo Hijo; y esta consagración sostendrá la Religión Católica en los años posteriores, que serán aciagos para la Iglesia"... Tan sólo anotamos la distancia de doscientos setenta y seis años, entre lo vaticinado y lo sucedido. Se continuaba con este otro vaticinio: "En esos años, en que el Masonismo[50] se apodere del gobierno civil, vendrá cruel persecución a todas las comunidades religiosas, y se estrellará sobre esta mía."[51]

---

la persona de Sor Mariana de Jesús Torres.

[50] De seguro que los originales coloniales no estamparon la palabra **Masonismo**. Sin duda este vocablo fue expresado por la Madre Varela, como equivalente de otro que figuraba en dichos originales. [This footnote should be put at the end of the article, since that is where the word Masonismo first appears, first and only in this Appendix.].

[51] Con respecto a este vaticinio del martirio de García Moreno, recordemos que Sor Varela quiso jurar no haber cambiado el sentido de los originales; y también el juicio oficial del Padre Urarte: "La copia hecha por la Madre Varela no puede ser admitida con **fe ciega**".

Apéndice IV

ARTÍCULOS DE PERIÓDICOS RELATIVOS AL MOVIMIENTO DE LOS OJOS DE LA ESTATUA DE NUESTRA SEÑORA DEL BUEN SUCESO EN QUITO EN 1941[52]

V

El Diario "Ultimas Noticia" con fecha 28 de Julio de 1941 dice lo siguiente:

«IMAGEN DE NUESTRA SEÑORA DEL BUEN SUCESO, QUE DICEN HIZO AYER MOVIMIENTOS PORTENTOSOS. Desde muy por la mañana de hoy, un inmenso público de Quito acudió al templo de la Concepción, donde muchos aseveraron ayer haber visto mover los ojos a una bella y antigua imagen de N. S. del Buen Suceso. Pero la imagen a la que se atribuyó el portento, había sido retirada ya al interior del monasterio. No obstante, junto a la puerta principal del templo permanece un grupo de fieles durante todo el día, aun después de cerrada dicha puerta»

VI

"El Telégrafo" de Guayaquil, con fecha 28 de julio de 1941 trae este párrafo:

«CREYENTES DE QUITO DICEN QUE HAN VISTO PARPADEAR A LA VIRGEN DEL BUEN SUCESO. El mundo católico de esta Capital se ha visto conmovido a las primeras horas de la noche de hoy, por un suceso de extraordinario carácter religioso, sucedido en momentos en que de acuerdo con los ritos devotos, se verificaban ejercicios rituales ordinarios, en la Iglesia de la Concepción, convento situado frente a uno de los costados del Palacio de Gobierno.

Más o menos a las 7 de la noche, varios fieles que se encontraban dedicados a sus oraciones se pronunciaron en exclamaciones de asombro, manifestando que habían visto parpadear a la Imagen de la Virgen del Buen Suceso, que se encuentra colocada en el altar mayor de la citada

---

52   Extracto de Nuestra Señora de "El Buen Suceso" de Quito y el Conflicto Internacional con el Perú en 1941 por el reverendo Benjamin Rafael Ayora y Cueva (Quito, Editorial Ecuatoriana, 1946), pp. 17-46.

Iglesia. Inmediatamente y con gran rapidez cundió la noticia por las calles de la Capital, dando lugar a que infinidad de hombres y mujeres se dirigieran apresuradamente a la Iglesia de la Concepción para constatar el milagro que decían se había producido.

Notificado de este acontecimiento concurrió también el Arzobispo de Quito y varias dignidades eclesiásticas y caballeros figurando también entre ellos el Sr. Jacinto Jijón y Caamaño, jefe del partido conservador.

Varias personas que se encontraban comentando este acontecimiento en el pórtico de la Iglesia, aseguraron plenas de su gran misticismo religioso haber visto y observado durante algunos segundos el parpadeo de la Virgen de Buen Suceso.

Una enorme cantidad de creyentes y curiosos acudieron desde la siete y media de la noche a la Iglesia de la Concepción, animosos de alcanzar a ver una repetición de lo que se considera un nuevo milagro religiosos, *en estos momentos de trascendental importancia para la vida internacional del País*».

VII

"El Universo" Diario de Guayaquil, con fecha 28 de Julio de 1941, anota lo siguiente:

«En Quito afirman haber visto parpadear a la Virgen del Buen Suceso.

Fieles de ésa la venían venerando *por la paz y el cese de hostilidades*».

«En la iglesia La Concepción, de esta ciudad, que está situada frente al Palacio de Gobierno, durante la misa de las nueva de la mañana, el Canónigo Ayora y la mayor parte de los fieles aseguraron que a la Virgen del Buen Suceso, que es de madera y tamaño natural, la vieron parpadear por dos ocasiones, lo que causó en el interior de la iglesia grito, llantos y desmayadas.

Por la tarde, cuando era conocida la «visión» de los fieles católicos, gran cantidad de público se instaló frente a la iglesia con el fin de ver a la Virgen, pues por segunda vez, dicen haberla visto parpadear a las cuatro de la tarde, lo cual hizo que aumentara el número de personas que deseaban entrar a la iglesia, siendo necesario pedir algunos carabineros para que impidieran la entrada, ya que el público había llegado a unas dos mil almas.

Por la noche, trataron forzar la puerta de la iglesia para ver a la Virgen; pero la intervención de la policía evitó que ocasionaran daños a la perta, quedando ésta resguardada por los carabineros.

Son muchas las personas que aseguran que la Virgen volteó los ojos hacia arriba, causando la consiguiente impresión en los fieles, comentado esta novedad hasta cerca de las diez de la noche.

Los Reverendos Padres de la Concepción no quisieron dar informaciones para la prensa, manifestando que el único que podría hablar al respecto era el Arzobispo y los fieles que dicen haber visto el parpadeo de la Virgen del Buen Suceso, que se venera en la nombrada iglesia.

Se nos ha informado que a esta imagen la han venido venerando hace algunos días, siendo hoy el último día; y que esta veneración la hacen los fieles *por la paz y porque termine la guerra del Ecuador con la invasora del Sur».*

VIII

"El Debate" con fecha 27, 28 y 29 de Julio de 1941, dice lo siguiente:

El día 27
"SUSPENSION DE HOSTILIDADES"

Comunicaciones recibidas por la radio, procedentes de Buenos Aires y Washington, en la tarde de ayer y luego ratificaciones de parte del Ecuador dan cuenta que los dos países han accedido *al llamamiento a la paz y al cese de las hostilidades* formulado por el Señor Ruíz Guiñazu, Canciller argentino, de acuerdo y con la ratificación de las demás naciones mediadoras, Brasil y Estado Unidos.

Tanto nuestro Gobierno como el de la nación vecina del Sur, según se informó, a la par que han accedido a la sugerencia de suspender la acción bélica, han dado su contestación en el sentido de que los harían de acuerdo con la fecha y la hora que fijen los Estados mediadores.

Y ayer mismo a las seis de la tarde, según comunicados oficiales, han cesado ya las hostilidades de parte y parte.

Empero, la contestación de Perú a la propuesta argentina para resolver pacíficamente el diferendo limítrofe, tiene las acostumbradas insidiosas restricciones, reticencias e inculpación de responsabilidades de que es autor exclusivo el invasor suriano, pues, acusa al Ecuador, con su cinismo habitual de ser éste el causante de la presente contienda; falsedad demasiado conocida en América que sabe muy bien por la historia del pasado siglo y del contemporáneo, cuales son los procedimientos consuetudinarios del país que, con influjos o apoyos totalitarios o no, como se asegura, siempre ha sido el inveterado agresor de sus colindantes; recibiendo por sus embestidas, severas lecciones y castigos de sus vecinos en diversas épocas de la historia de los países sur americanos que tienen sus costas en el Pacifico.

Ha agregado el Perú en la respuesta que nos ocupa «que no aceptará la responsabilidad por la disputa ni las consecuencias emanadas de la misma», es decir elude la nación peruana las consecuencias de sus actos, la culpabilidad que pesa sobre ella y las proyecciones derivadas de este escandaloso atentado, en pugna con la paz y armonía de nuestros países y la solidaridad continental.

En la política de asestar el golpe, inferir el ultraje y no solo esconder la mano que hiere y ofende sino, que avanza, la avilantez hasta atribuir tales desmanes a la misma víctima que los sufre.

Está bien la gestión mediadora, las labores pacifistas, el encarecimiento para la cesación de las hostilidades, el esfuerzo y actitudes cordiales, amistosas, fraternas que girarán, no lo dudamos, alrededor de la justicia, del derecho, de la efectividad de los acontecimientos y todo con un alto espíritu americanista.

Pero, lo que más desearíamos es que esta plausible conducta, estos esfuerzos por la paz no resulten estériles, quedando el litigio en pie y apenas con una tregua; y persista la posibilidad de nuevos conflictos por no haberse arreglado definitivamente el diferendo, o porque el depredador austral no renuncia a posteriores avances e irrupciones.

El Ecuador no desea la guerra como ya reiteradamente se ha expresado, no es país imperialista, defiende lo que le corresponde y no aspira a conquistas de ajenos territorios, ni paulatinamente va usurpándolos a nadie; exige el respeto y la conservación de su derecho y de su patrimonio; no permite la conculcación de su honor, de su integridad y de sus intereses sagrados, y en todo lo que no vaya contra estos postulados fundamentales, está listo a entrar en arreglos decorosos, ecuánimes, conciliando lo que nos pertenece en estricta justica y según lo cual la línea limítrofe de statu quo o de las posesiones de facto consumadas por el Perú, tendría que retroceder unos cuantos centenares de miles de kilómetros, penetrando hondamente en territorio y zonas que el vecino expoliador mantiene en su poder y considera indebidamente como suyos».

Nótese bien.—*El día 27 de Julio a las 10 a. m. se verificaba el milagro de Nuestra Señora del Buen Suceso y por la tarde circulaba «El Debate» con el artículo preinserto.*

El día 28

"La Imagen de la Santísima Virgen del Buen Suceso, de la Iglesia de la Concepción de esta ciudad, abría y cerraba los ojos. Este hecho presenciaron miles de habitantes de la Capital ayer por la noche".

«En la noche de ayer la opinión de esta Capital despertó violentamente con el inesperado prodigio de la Imagen de la Santísima Virgen del Buen Suceso, de la Iglesia de la Concepción de esta ciudad.

Es el caso que, habiéndose concluido el día de ayer en la nombrada Iglesia el triduo ordenado por el Excelentísimo Señor Arzobispo de Quito, *con motivo del conflicto con el Perú,* después de la bendición, a la 7 y media p. m., la Imagen de dicha advocación abría y cerraba los ojos, hecho que presenciaron miles de quiteños, que conociendo el portentoso hecho se agolpaban para verlo maravillados.

Fue necesaria la intervención de la policía para evitar desgracias por la aglomeración.

Quien estas líneas escribe puede certificar la veracidad de este milagro de la Santísima Virgen del Buen Suceso.

El Ecuador puede esperar de esta nueva manifestación celestial, nuevas gracias del cielo.

Esperamos que las autoridades eclesiásticas estudien detenidamente este caso providencial, para dar su fallo, mientras tanto nosotros consignamos este prodigioso suceso».

X. X.

Nota de la Redacción.—La información anterior, suministrada por uno de nuestros distinguidos colaboradores, la publicamos con las reservas del caso. «El Debate» no puede anticipar juicio alguno al respecto, mientras la autoridad eclesiástica, en la forma concienzuda, prolija y convincente con que acostumbra, no emita un dictamen y dé su fallo y su opinión sobre lo tratado en la presente nota informativa».

El día 29

"La Santísima Virgen del Buen Suceso abre y cierra sus ojos ANTE EL CORAZON DOLORIDO DE LA PATRIA"

«Desde las primeras horas de la mañana de ayer, la Iglesia de la Concepción fue muy visitada por los católicos de Quito, y aún por las personas no muy afectas a la Religión Católica de Cristo, con el objeto de visitar la Imagen de la Virgen del Buen Suceso, de la que se asegura, por numerosas personas que la vieron abrir y cerrar los ojos, en la noche del domingo último. Desgraciadamente la Imagen milagrosa no había sido expuesta, tan solo estaba en el altar mayor una imagen pequeña de la Virgen del Buen Suceso.

Personas dignas de crédito que han visto el prodigio, nos manifestaron que al producirse éste, el rostro de la Imagen tomó primeramente un color rojo y luego de mármol, y que entonces los ojos que en posición normal los tenía dirigidos hacia abajo, los iba levantando poco a poco hasta quedar mirando al cielo."

N. N.

IX

"El Comercio" el día 3 de Agosto de 1941 hace el siguiente comentario:

LA VIRGEN DEL BUEN SUCESO

«La magnitud de los acontecimientos internacionales ha relegado a segundo término el nuevo extraordinario de la Virgen del Buen Suceso, venerada desde hace siglos en el Monasterio de la Concepción.

Por breves instantes tan sólo mariposearon los comentarios. La entraña romántica de Quito moruno y sentimental sufrió la reviviscencia rápida de su pasado religioso, con la Dolorosa del Colegio, la de los ojos tristes como un manojo de lágrimas, que tienen algo así como una resignación infinita, que dan idea de que la humanidad es algo anónimo y de que todo esponsal, es esponsal secreto con muerte... El Quito de ayer, desde luego,

no es el Quito de Bolívar, ni del Capital, del Boris, ni del Patio Andaluz. El Quito de ayer aún huele a chocolate de convento y apacigua en sus altares y en sus templos. En sus templos en que el arte diviniza a la tradición...

La Virgen del Buen Suceso ha defendido dulcemente su convento contra la tentativa de gobiernos y congresos que han pretendido destinarlo para Ministerio de Relaciones Exteriores o Palacio Legislativo.

Desde la época de Alfaro hasta ha poco tiempo, el propósito de expropiación del solar concepcionista, ha encendido la hoguera del conflicto religioso. Cuando gobernaba Baquerizo Moreno, el pueblo se arremolinó en la plaza de la Independencia en actitud hostil y por poco estalla en revuelta. Al iniciarse el gobierno de Córdova, emergió la silueta de don Jacinto Jijón y Caamaño, señalando con la espada de «Ambi» la estrella que debió conducir a la victoria de sus legiones. Se quería que las monjitas ancianas venerables de la aristocracia quiteña, que enterraron su belleza en esos muros gigantescos, fueren a vivir en los alrededores de Quito, en una confortable quinta paradisiaca, en aire puro, agua corriente, baños, flores y sol, que haga menos penumbrosa la vida contemplativa. Así no estarían tan separadas del mundo, tan solitarias, algo así como despedidas...

Dicen que sólo al medio día hay un punto de pasión en las monjitas, que se hace intensa y firme la idea de vivir, porque hay un momento de fuerza en las vidas, por cuyo meridiano pasa el sol.

Es el momento en que platican con la Virgen del Buen Suceso, para refocilarse, luego, en su sangrienta soledad. Y el alma se desata y regresa su melancolía. Y hasta aquí el más grande prodigio de la Virgen de «El Buen Suceso» ha sido la defensa de su convento. Ella ha desarmado a todos los gobiernos. Por eso es alta, con unos ojos de enormes pupilas, abnegadas y da expresión lenta y solemne. *Que lo proteja también de los bombardeos de aquellos bábaros, que no respetan ni los hospitales.*[53] *Que ampare su convento, con una lluvia de estrellas, que ilumine el negro sin luz de los ojos de los invasores!; de esos hombres sin fantasía, sin tradición heroicas y sin horizonte».*

MARTENSE

---

53 Alude a la destrucción del Hospital de Machala, en la Provincia de «El Oro», cuando la invasión peruana a dicha Provincia.

X

"La Sociedad" en el N° 193, de Agosto 3 de 1941, relata el milagro en la forma siguiente:

«El milagro de la Virgen Santísima del Buen Suceso en la Concepción

No vamos a prevenir el juicio de la Autoridad Eclesiástica sólo vamos a narrar el acontecimiento, a modo de crónica, de lo que millares de personas aseguran haber presenciado el día domingo veintisiete de este mes de Julio que acaba de pasar.

El templo de la Concepción, en el centro de la ciudad—lo conocemos todos los quiteños—venera desde el siglo dieciséis a la Virgen Santísima en la advocación del Buen Suceso. Esta advocación nació en forma prodigiosa con repetidas apariciones de la dulcísima Madre de Dios, a una religiosa santa que echó las bases de la vida monástica más elevada y sublime, en el convento de las religiosas concepcionistas, el primero que se fundara en la ciudad.

Desde entonces esta advocación del Buen Suceso dirémoslo así, en la bellísima Imagen, dirigida por María en persona, y que la ostenta de cuerpo entero, con su rostro maravilloso ligeramente inclinado, con los ojos bajos, con su báculo de abadesa, con el Niño Dios en su brazo izquierdo, ha sido invocada con tanta devoción por los quiteños.

Con motivo esta emergencia internacional que estamos viviendo, el Excelentísimo Señor Arzobispo ordenó triduos en las diversas iglesias de la capital, a la Virgen Santísima, en las diversas advocaciones que en ellas se venera; y dio comienzo el jueves veinticuatro de Julio en la Concepción, ante la santa Imagen del Buen Suceso.

El triduo se vió concurridísimo, *porque era para implorar la honrosa paz en nuestro suelo.* Empezó a susurrarse por la ciudad que algunas personas de respeto, como el Reverendísimo Señor Antonio Arcos, capellán, había visto a la Santísima Virgen con la mirada en alto.

El domingo por la noche, a las ocho, ante una multitud enorme, la sagrada Imagen, iluminada por potentes reflectores, de manera que todos pudieran ver, visiblemente abrió sus ojos maternales, los posó repetidas veces sobre la muchedumbre, los elevó, así mismo, repetida veces al cielo, y los volvió a bajar a su posición natural, que hace que de frente no se los pueda ver sino muy de cerca.

Entre las innumerables personas asistentes, hubo algunas que mientras todas veían, ellas no veían. Caso curios el de los estudiantes universitarios, el úno perfectamente católico, y el otro socialista; entraron en la curiosidad de observar el fenómeno del que todos hablaban; el católico no vió nada, mientras el socialista iba de emoción en emoción contemplando el abrir y cerrar de ojos de la Imagen, hasta que cayó de rodillas bañado en lágrimas.

Otras personas han contemplado el prodigio sin darse cuenta. Aseguran no haber visto nada, porque no conocían la Imagen; la han visto con los ojos en alto, y creyeron que así era.

Y hay testigos de toda clase; además de algunos sacerdotes, han visto y comprobado personajes del foro, médicos, estudiantes, damas respetabilísimas, las religiosas del convento, gente piadosa y gente despreocupada y hasta incrédulos.

Este santuario mariano, per cierto, que se alza en el corazón mismo de Quito con sus murallas vetustas, y que tantas y tantas veces ha provocado la rapacidad de los modernizadores de la ciudad, no es la primera vez que contempla un milagro de las proporciones sociales de actual.

En 1577, a las siete de la noche del 21 de Enero, las religiosas y numerosísimo público, entre los que se contaban conspicuos personajes de la época, contemplaron arrobados, aparecerse a la Virgen inmaculada, que se entronizó en el retablo de altar mayor, acompañada de un cortejo de ángeles, toda entre un resplandor inenarrable que iluminó a todas las imágenes del templo, especialmente el Santo-Cristo.[54]

De este hecho se levantó un minuciosísimo proceso, que lo han recogido los historiadores antiguos y modernos, narrándolo con precisión de detalles, como lo hace en su magna obra Monseñor González Suárez,[55] historiador tan escrupuloso, pero que tuvo que rendirse ante la evidencia de los documentos irrefutables.[56]

---

54   Las fundadoras del convento de la Inmaculada Concepción llegaron de España en Quito el 30 de diciembre 1576 y el convento fue fundado oficialmente el 13 de enero 1577. Así que el milagro tuvo lugar ocho días después, en el octavo día de la fundación del convento. Ver Vida admirable de Madre Mariana por el p. Manuel Sousa Pereira, vol. 1, pp. 36-37. (Nota del traductor).

55   Fr. González Suárez era un sacerdote cuando escribió esta obra en 1892, pero más tarde se convirtió en el arzobispo de Quito en 1906, hasta su muerte en 1917. (Nota del traductor).

56   Véase el Apéndice I para un relato de la aparición de la Santísima Virgen en 21 de enero 1577 en el Convento de la Inmaculada Concepción en Quito.

Aquí terminamos nuestra crónica. Debíamos dejar consignado el suceso prodigioso. Que éste sirva para que pongamos más y más nuestra confianza en la Madre de Dios y madre nuestra, que tantas pruebas ha dado de amor a este pueblo ecuatoriano, *hoy tan atribulado por los enemigos tradicionales. Y sirva el prodigio de bálsamo a nuestras penas y de prenda de que el Ecuador no ha de desaparecer. Es pueblo de María y ha de sobrevivir a todas las catástrofes*».

XI

La "Voz Obrera", el 10 de Agosto de 1941, N° 265, relata el prodigio de la siguiente manera:

«PARPADEO LA VIRGEN DEL BUEN SUCESO

El mundo católico se ha visto conmovido en las primeras horas en la noche del 27 de Julio, por un caso de carácter religioso, sucedido en momentos en que realizaban rituales ordinarios en la Iglesia de la Concepción de Quito. Más o menos, a las siete de la noche, varios fieles que encontraban dedicados a sus oraciones vieron con asombro parpadear a la Imagen de la Virgen del Buen Suceso, que se encontraba colocada en el altar de la citada Iglesia.

La sensación que produjo dicho acontecimiento y que los feligreses atribuyen a un hecho milagroso, se difundió rápidamente entre los que se hallaban congregados en el interior del templo, acudiendo todos ellos a postrarse delante de la Virgen. Inmediatamente y con rapidez cundió la noticia por todos los sectores de la capital, dando lugar a que infinidad de hombres y mujeres se dirigieran apresuradamente a la Iglesia de la Concepción para constatar el milagro que decían se había producido. Notificado de este acontecimiento concurrió también a la Iglesia de la Concepción el Arzobispo de Quito y varias dignidades eclesiásticas, figurando además el señor Jacinto Jijón y Caamaño, Jefe del Partido Conservador. Varias de las personas que presenciaron tal acontecimiento aseguran, en una forma terminante, de haber presenciado durante algunos segundos el parpadeo de la Virgen del Buen Suceso. Una enorme cantidad de creyentes y curiosos acudieron desde las siete de la noche a la Iglesia de la Concepción, ansiosos de alcanzar a ver una repetición de lo que se considera un nuevo milagro religioso, *en estos momentos de trascendental importancia para la vida del país.*

La señora Matilde Chiriboga de Salvador, dijo: «Yo le he visto a la Santísima Virgen abrir los ojos y cerrarlos, como lo han visto millares de personas».

El Canónigo Ayora, desde el presbiterio fue también testigo presencial del suceso, y el señor Hugo Argüello que acudió desde su domicilio, abriéndose paso entre el gentío, llegó al pie del altar y contempló durante diez minutos, el inesperado acontecimiento, junto a muchísimas señores, señoritas y jóvenes».

XII

La "Voz Católica" de Loja, con fecha 5 de Octubre de 1941, dice lo siguiente:

«UN PRODIGIOSO MILAGRO EN QUITO

Desde las diez de la mañana de ayer, en el lugar más céntrico de esta capital, la plaza de la Independencia, en uno de cuyos ángulos se levanta la antigua Iglesia de la Concepción, se oía, de boca en boca, que la Virgen del Buen Suceso, en cuyo homenaje se venían llevándose a cabo oficios religiosos, desde hace tres días, con mucho entusiasmo, había abierto los ojos y alzado al cielo por varias ocasiones. A las ocho de la noche, más o menos, se volvió a decir que en ese momento, había vuelto la Virgen a mover los ojos. En el deseo de saber si teníamos la suerte de presenciar este milagro que se ha propagado rápidamente por toda la ciudad, o por lo menos con el fin de inquirir acerca de la verdad del suceso a personas de solvencia moral, nos trasladamos al referido templo, donde millares de fieles estaban congregados delante de la Imagen.

Primeramente fue interrogado el doctor Andrade, Subdirector del Pensionado Elemental del doctor Borja, quien nos manifestó que él no podía dar ningún dato, ya que primeramente debía conocer del acontecimiento las autoridades religiosas, a quienes correspondía dar las informaciones del caso.

Sin embargo, buscando entre los concurrentes alguna persona prestante que nos pudiera proporcionar alguna información al respecto, nos encontramos con la distinguida señora Matilde Chiriboga de Salvador, quien con toda entereza nos dijo: «Yo le visto a la Santísima Virgen abrir los ojos y cerrarlos, volviendo a su posición natural, tal como lo han visto millares de personas durante el día».

Por numerosas referencias hemos tenido conocimiento de que el hecho sucedió en la siguiente forma: Varias señoras estaban junto al altar mayor en la mañana de ayer, a eso de las 9 a. m. y presenciaron, con enorme sorpresa, que la imagen de la Virgen del Buen Suceso, movía de rato en rato los párpados, hecho que les hizo sumir en llanto y que optaron por no comunicar al resto de la concurrencia».

El mismo periódico con fecha 12 de Octubre de 1941 añade:

«El prodigioso milagro en Quito.—Declaraciones de testigos presenciales del milagroso suceso acontecido en la Iglesia de la Concepción de Quito, el domingo 27 de Julio de 1941.

«El señor Juan Bautista Jaramillo refiere: «Estaba oyendo misa de diez en la Iglesia de la Concepción, noté que la gente se alborotaba y congestionaba en torno a la imagen de la Virgen del Buen Suceso». Al principio no dió importancia al hecho, pero luego que oyó las lamentaciones y vió que algunas personas se desmayaban, se acercó, inquirió la causa y que una señora señalando la dirección de la imagen, entre sollozos y lágrimas dijo: «¿No ve usted el milagro portentoso que está realizando la Virgen?» Efectivamente constaté que la Virgen abría los ojos, los movía en dirección al altar y luego los volvía a su posición anterior. Es un hecho sobrenatural cuya impresión no se le quitará en toda su vida.

Una señora asevera haber visto a una distancia de dos metros de la imagen de la Santísima Virgen del Buen Suceso, en la Iglesia de la Concepción y en unión de su esposo, el milagro. Explica que su esposo que es militar retirado y masón, estuvo a punto de desmayarse, porque comprobó una cosa que él nunca había creído. Que ella tiene le dicha de ser testigo presencial de ese grandiosos suceso que ha contribuido a que se convierta su esposo, quien al llegar a su casa y dándose golpes en el pecho, le juró que haría lo posible para que sus compañeros de la Logia se conviertan a la religión Católica. Me pidió que le acompañara a rezar y postrándose de hinojos se puso a orar».

Y el 26 de Octubre de 1941, concluye el anterior relato:

El Milagro de 1941

«El señor Rafael Pérez declara, «Durante toda mi vida he sido descreído. Los milagros de los santos nunca los tuve por verídicos y siempre he pensado que son invenciones de los curas para explotar el sentimiento religioso del pueblo sencillo y creyente. Mas el domingo por la noche, a eso de las ocho y media salí a darme unas vueltas, cuando bajando por la calle Chile, en la esquina de la plaza de la Independencia vi un gentío enorme que me hizo suponer se trataba *de una nueva manifestación patriótica por la cobarde agresión de los peruanos.*

Llegué a dicha esquina cuando vi que el gentío se arremolinaba tratando de entrar en la Iglesia de la Concepción. Una señora me explicó que adentro la imagen de la Virgen del Buen Suceso estaba realizando un milagro. En mi afán de comprobar el hecho penetré en el templo abriéndome paso con gran dificultad y situándome lo más cerca que pude de la imagen. Experimenté una sorpresa sensacional. Observé que una y otra vez la Virgen alzaba los ojos al cielo y los bajaba. Me pareció simplemente una ilusión óptica y refregándome los ojos los clavé nuevamente en los de la Virgen y después de una comprobación serena de una hora quedé convencido de la veracidad de este grandioso suceso y salí cavilando *que las desgracias nacionales e internacionales de la hora bien pueden haber dado origen a que la Virgen y Dios se apiaden del pueblo ecuatoriano, que en este momento sufre callado las mayores desgracias de su historia.* La señora Isabel de Ramírez asegura haber visto el milagro de la Santísima Virgen del Buen Suceso, cuando la noche del domingo 27 al pasar por la Iglesia de la Concepción en unión de su familia compuesta de una hermana suya, dos hijas de ésta y una sirvienta, atraídas por la novedad del suceso penetraron en el templo, y colocándose muy cerca de la sagrada imagen, experimentó la sensación de algo extraño. Dice que una especie de neblina cubríale a la imagen, neblina que poco a poco se iba extinguiendo, apareciendo entonces la Santísima Virgen rodeada de un resplandor, que se puede llamar sobrenatural. Su rostro hermosísimo y bañado de una iluminación nunca vista, mantenía los ojos muy abiertos y una mirada dirigida hacia el cielo, en actitud de súplica. Actitud fuera de lo normal, ya que la Santísima Virgen siempre ha conservado los párpados medio cerrados con la mirada hacia abajo.

«Después de unos instantes de devota observación, noté ¡oh, asombro! que la niña de sus ojos junto con los párpados los colocaba en su natural posición. Este hecho se repitió una y otra vez, con intervalos de unos pocos minutos. Lo constaté. Igual milagro tuvo la dicha de presencia toda mi familia».

Este grandioso milagro lo confirman también dignísimas y honorables matronas de nuestra sociedad, quienes absortas y emocionadas lo han presenciado. Tales como las señoras: Elvira Chiriboga de Salvador, Lola Lasso de Uribe, María Lasso de Eastman Cox, Victoria Pérez de Quiñones, María Luisa Muñoz de Mancheno, señoritas Gangotena Jijón y muchas otras más. Así mismo, los canónigos Ayora, Arcos, Andrade y un grupo de carabineros y militares.

El señor Juan Bautista Jaramillo refiere: «Estando oyendo misa en la Iglesia de la Concepción, noté que la gente se alborotaba y congestionaba en torno a la imagen de la Virgen del Buen Suceso». Al principio no dio importancia al hecho, pero luego que oyó la lamentaciones y vió que algunas personas se desmayaban, se acercó, inquirió la causa y agrega que una señora señalándole la dirección de la imagen, entre sollozos y lágrimas, le dijo: ¿No ve usted el milagro portentoso que está realizando la Virgen?» Efectivamente, constaté que la Virgen abría los ojos, los movía en dirección al altar y luego los volvía a su posición anterior.

Es un hecho sobrenatural, cuya impresión no se me quitará en toda la vida».

XIII

La "República del Sagrado Corazón de Jesús" en el N° 172 trae el siguiente párrafo:

«CONSULTAS Y CENTELLAS

Ex-alumno. «V. R. indudablemente, por vivir tan cerquita de la Concepción habrá presenciado y podrá atestiguar la manifestación prodigiosa de Nuestra Señora del Buen Suceso, a fines de Julio próximo pasado, y quisiéramos saber aquí (en Ibarra) como interpretan dicho fenómeno celestial los Padres y demás personas más competentes de la Capital, pues no todos lo entiende y admiten del mismo modo».

Respuesta.—Yo no lo supe sino al día siguiente. Aquí en casa se tuvo noticia de lo que estaba pasando en la Concepción, pero nadie acudió, ni hubiera podido penetrar en la Iglesia por la aglomeración del pueblo. El definir sobre éste, como sobre cualquier hecho milagrosos o sobrenatural toca privativamente a la Autoridad Eclesiástica, y a nosotros, el aguardar su fallo oficial. Mas entre tanto, bien podemos aceptar el testimonio de tantas personas sanas, de buen juicio y fidedignas, que refirieron lo que vieron y perseveran en afirmarlo, sin que obste una que otra diferencia en ciertos detalles, ya que lo propio ha sucedido en otras muchas apariciones, desde la de N. S. Jesucristo a San Pablo, hasta la de la de la Virgen Santísima en Lourdes y aún más recientemente, en el milagro de la Dolorosa del Colegio. Semejantes manifestaciones prueban que María, la Augusta Madre de Dios, a cuyo purísimo Corazón está consagrada nuestra República, no nos ha abandonado, y que gracias, a su poderosísimo patrocinio, debemos esperar buen suceso en nuestros afanes y empresas, con tal que no nos apartemos de la santa ley de Dios y de las enseñanzas de la Iglesia.

J. R. Vásquez, S. J.»

XV

Hojas sueltas que circularon impresas en esta ciudad de Quito, a raíz del milagro del 27 de Julio de 1941, con licencia eclesiástica.

1ª—«El milagro de la Santísima Virgen del Buen Suceso.—El pueblo de Quito le comprobó con sus propios ojos.—Miles de personas concurren a la Iglesia de la Concepción a contemplar absortas el más grandioso milagro de los últimos tiempos.— Declaraciones de testigos presenciales».

A.—Origen de la devoción a NUESTRA SEÑORA DEL BUEN SUCESO.

«Sabido es de todos que una de las iglesias más conocidas en Madrid es la de Nuestra Señora del Buen Suceso. ¿Cuál es el origen de esta advocación?

Cuenta la historia que habiendo muerto el hermano Bernardino de Obregón, Fundador de la «Hermandad de los Mínimos para el servicio de los enfermos», fue elegido para sucederle el Hermano Gabriel de Fontaned. Entonces éste con Guillermo de Rigosa emprendieron la marcha, camino de Roma, para suplicar al Romano Pontífice la aprobación de su Instituto........Mas, he aquí que, al pasar por el pueblo de Traigueras, de la jurisdicción de Tortosa en un Principado de Cataluña, encontraron de un modo maravilloso, en una cueva de un monte, una hermosísima imagen de María Santísima con su Hijo Divino en el brazo izquierdo, un cetro en la mano derecha y una preciosísima corona en la frente. Llegados a Roma contaron al Papa lo acaecido y Paulo V no sólo reconoció intervención sobrenatural en aquel descubrimiento, sino que al confirmar la nueva Hermandad, la puso bajo la protección de aquella Virgen que él mismo llamó del *Buen Suceso*.

Y bien probó la historia, el acierto del Sumo Pontífice en ponerle tal nombre. La Sagrada Imagen, colocada en el Hospital Real de Madrid se hizo celebérrima por los favores innumerables que se consiguieron del Cielo. Felipe III mandó construir en 1641 el regio santuario de la Puerta del Sol, y hoy es famosísimo entre los templos de Madrid el suntuoso templo de Nuestra Señora del Buen Suceso.

Las famosas españolas, pues, que vinieron a fundar el Monasterio de la Limpia Concepción de Quito, traían en sus almas un amor ferviente a la advocación, del Buen Suceso. Lo que no sabían era que María Santísima, bajo su advocación, iba a dignarse hacerlas así como a sus sucesoras, objeto de predilección bien particular.

B.—EL CASO MARAVILLOSO, verificado en la ciudad de Quito, en el siglo XVII.

Fue como sigue:

«Era por los años de 1610. Distinguíase por su devoción a la Virgen del Buen Suceso, Mariana de Jesús Torres, que entonces era Abadesa del Convento y cuya virtud ya nos es bien conocida».

Hallábase, pues, una noche en el coro alto, encomendando su comunidad a la Santísima Virgen cuando, de repente, aparece en el aire una luz deslumbrante, y en medio de ella, la Madre de Dios, acompañada de ángeles y llevando en sus brazos al Niño Divino. Arrobada en dulce éxtasis, se postra Mariana ante María; más aún, no pudiendo contener su lengua, pregúntale cuál sería el objeto de tal vista. A lo que contestó amablemente la Madre de Dios: «Yo soy María del Buen Suceso, a quien has invocado con tan tierno afecto; tu oración me ha sido muy grata; tu fe me ha traído; tu amor me ha invitado a visitarte».

Declaróle también que su voluntad, conforme a la de su Divino Hijo, era ser honrada en su comunidad como principal y perpetua Prelada. Para esto mándale hacer labrar una imagen, tal como se le presentaba ante sus ojos, con el título de Buen Suceso, la cual había de quedar siempre colocada encima de la silla ocupada por las abadesas que se sucedieren, por cuanto desde allí, quería Ella presidir la Comunidad que adoptaba por suya.

Confundida la Madre Mariana, alegó la imposibilidad de reproducir en madera la majestad, belleza, tamaño y otros rasgos de la celestial Señora; pero Esta mandóle desceñirse el cordón y con él medir su estatura, operación en que Ella misma ayudó tomando un extremo de él, después de lo cual, dijo sonriendo que todo lo demás vendría por sí mismo. Al terminar la visión, volvió a reiterar su mandato, insinuado a Mariana de Jesús que en su mano derecha le colocara el báculo y depositara las llaves del Monasterio, ya que lo tomaba por suyo, asegurándole que los empeños de Satanás por destruírlo serían vano. Así, pues, la Virgen del Buen Suceso de Quito aparece con el báculo en su diestra, en vez del cetro que ostenta la de Madrid.

No hay para que decir que las religiosas del Monasterio de Limpia Concepción de Quito han demostrado siempre gran amor por su Prelada celestial y que la Imagen de la Virgen del Buen Suceso, una vez acabada, ha sido una de las más veneradas de Quito y ante la cual se han postrado casi todos los quiteños a través de tres siglos. Podemos, pues, decir que la Virgen del Buen Suceso de Quito es una Virgen Nacional, lo mismo que la Dolorosa del Colegio, que quiere tomarnos especialmente bajo su protección y a la cual, por consiguiente, deben acudir todos los ecuatorianos con gran fervor y confianza filial.

C.—Milagro del 27 de Julio de 1941.

«Algunas declaraciones de testigos presenciales de este milagroso suceso acontecido en la Iglesia de la Concepción de Quito el domingo 27 de Julio de 1941».

«La señora Rosario de Suasnavas dice: Pasaba yo entre las once de la mañana por la carrera García Moreno, por los bajos del palacio de Gobierno, cuando noté que grupos compactos de gente se dirigían hacia el lado de la Iglesia de la Concepción. Sorprendida y alarmada me imaginé que algo anormal ocurría en el ambiente ciudadano y estuve a punto de regresar a mi casa, asegurar puertas y ventanas creyendo que se trataba de una asonada contra el gobierno. En ese momento pasó por mi lado una señora pálida y llorosa quien me dice que en la Concepción la Santísima Virgen estaba haciendo milagros. Este dato despertó en mí la curiosidad y corrí a la iglesia, que en ese momento estaba atestada de gente. Con gran trabajo logré abrirme paso hasta muy cerca de la sagrada imagen y pude constatar efectivamente que la Virgen con intervalos de unos minutos abría los ojos, los levantaba al cielo, con una mirada llena de infinita ternura y, como implorando a su divino hijo protección para este pobre pueblo; luego movía la niña de sus ojos y bajaba la vista. Más de media hora permanecí observando este hecho milagroso, en tanto que cientos de personas, gritaban unas, imploraban otras y varias se desmayaban.

El señor Juan Bautista Jaramillo refiere: Estando oyendo misa de diez en la Iglesia de la Concepción, noté que la gente se alborotabas y congestionaba en torno a la imagen de la Virgen del Buen Suceso. Al principio no dió importancia al hecho, pero luego que oyó las lamentaciones y vió que algunas personas se desmayaban se acercó, inquirió la causa y que una señora señalando la dirección de la imagen, entre sollozos y lágrimas dijo: ¿No ve usted el milagro portentoso que está realizando la Virgen? Efectivamente constaté que la Virgen abría los ojos, los movía en dirección al altar y luego los volvía a su posición anterior. Es un hecho sobrenatural cuya impresión no se le quitará en toda su vida.

Una señora asevera haber visto a una distancia de dos metros de la imagen de la Santísima Virgen del Buen Suceso, en la Iglesia de la Concepción y en unión de su esposo, el milagro: Explica que su esposo que es militar retirado y masón, estuvo a punto de desmayarse, porque comprobó una cosa que él nunca había creído. Que ella tiene la dicha de ser testigo presencial de ese grandiosos suceso que ha contribuido a que se convierta su esposo, quien al llegar a su casa y dándose golpes en el pecho, le juró que haría lo posible para que sus compañeros de la Logia se conviertan a la religión Católica. Me pidió que le acompañara a rezar y postrándose de hinojos se puso a orar.

El señor Rafael Pérez declara: Durante toda mi vida he sido descreído. Los milagros de los santos nunca los tuve por verídicos y siempre he pensado que son invenciones de los curas para explotar el sentimiento religioso del pueblo sencillo y creyente. Mas el domingo por la noche a eso de las ocho y media salí a darme vueltas cuando bajando por la calle Chile, en la esquina de la plaza de la Independencia ví un gentío enorme que me hizo suponer se trataba de una nueva *manifestación patriótica por la cobarde agresión de los peruanos.*

Llegué a dicha esquina cuando ví que el gentío se arremolinaba tratando de entrar en la Iglesia de la Concepción. Una señora me explicó que adentro la imagen de la Virgen del Buen Suceso estaba realizando un milagro. En mi afán de comprobar el hecho, penetré en el templo abriéndome paso con gran dificultad y situándome lo más cerca que pude de la imagen, experimenté una sorpresa sensacional. Observé que una y otra vez la Virgen alzaba los ojos al cielo y los bajaba. Me pareció simplemente una ilusión óptica y refregándome los ojos, los clavé nuevamente en los de la Virgen y después de una comprobación serena de una hora, quedé convencido de la veracidad de este grandioso suceso y salí cavilando *que las desgracias nacionales e internacionales de la hora bien pueden haber dado origen a que la Virgen y Dios se apiaden del pueblo ecuatoriano, que en este momento sufre callado las mayores desgracias de su historia.*

La señora Isabel de Ramírez asegura haber visto el milagro de la Santísima Virgen del Buen Suceso, cuando la noche del domingo 27 al pasar por la Iglesia de la Concepción en unión de su familia compuesta de una hermana suya, dos hijas de ésta y una sirvienta, atraídas por la novedad del suceso, penetraron en el templo, y colocándose muy cerca de la sagrada imagen, experimentó la sensación de algo extraño. Dice que una especie de neblina cubríale a la imagen, neblina que poco a poco se iba extinguiendo, apareciendo entonces la Santísima Virgen rodeada de un resplandor, que se puede llamar sobrenatural. Su rostro hermosísimo y bañado de una iluminación nunca vista, mantenía los ojos muy abiertos y una mirada dirigida hacia el cielo, en actitud de súplica. Actitud fuera de lo normal, ya que la Santísima Virgen siempre ha conservado los párpados medio cerrados con la mirada hacia abajo.

Después de unos instantes de devota observación, noté ¡oh, asombro! que la niña de sus ojos junto con los párpados, los colocaba en su natural posición. Este hecho se repitió una y otra vez, con intervalos de unos pocos minutos. Lo constaté. Igual milagro tuvo la dicha de presencia toda mi familia.

Este grandioso milagro lo confirman también dignísimas y honorables matronas de nuestra sociedad, quienes absortas y emocionadas lo han presenciado. Tales como las señoras: Elvira Chiriboga de Salvador, Lola Lasso de Uribe, María Lasso de Eastman Cox, Victoria Pérez de Quiñones, María Luisa Muñoz de Mancheno, señoritas Gangotena Jijón y muchas otras más.

Así mismo, los canónigos Ayora, Arcos, Andrade, y un grupo de carabineros y militares».

2ª *La Virgen pide oraciones y regeneración moral.*

Nunca tal vez la acción de los demonios se ha manifestado tan general y amenazadora.
El poder de Dios es infinito.

Invocación a Nuestra Señora del Buen Suceso pidiéndole su protección en las angustias del conflicto internacional

ORACION POR LA PATRIA

Augusta Reina de los Cielos y Señora de los Ángeles, María Santísima del Buen Suceso, Hija predilecta del Eterno Padre, Madre amantísima del Divino Hijo, esposa carisma del Espíritu Santo, excelso Trono de la Majestad Divina, Templo augusto de la Santísima Trinidad; a Vos que habéis recibido de Dios, el Poder y la Misión de aplastar la cabeza de Satanás, os pedimos humildemente que envíes las celestiales legiones para que, bajo vuestras órdenes, ellas persigan a los demonios enemigos de la Patria, los combatan en todas partes, refrenen su audacia y los obliguen a retroceder hacia los abismos.

¿QUIEN COMO DIOS?

¡Oh, buena y tierna Madre, Vos seréis siempre nuestro amor y esperanza!
¡Oh, Divina Madre!, enviad a los Santos Ángeles para que nos defiendan y rechacen lejos de nosotros, al cruel enemigo, el demonio.
¡Santos Ángeles y Arcángeles defendednos y guardadnos!»

XVI

Coplas populares cuyo autor es desconocido.

«La Virgen de Buen Suceso,
la madre que hace tres siglos
prodiga sus beneficios
en la Concepción de Quito.

El domingo veintisiete,
de este mes, de los inicuos
acontecimientos hechos
por el cobarde enemigo;

el domingo veintisiete
de julio, el día domingo,
delante de treinta mil
hombres mujeres y niños,
sus ojos color de cielo,
sus ojos de paraíso,
movió de abajo hacia arriba,
como que decirnos quiso
que en estas horas amargas
hay que alzar al cielo mismo
nuestras más hondas plegarias,
nuestros afanes prolijos....!

Desde las nueve, a lo más
de ese día sacratísimo
hasta pasadas las ocho
de la noche ese domingo,
cómo abría los ojos,
sus ojos de paraíso,
la Virgen del Buen Suceso,
la madre de Jesucristo....

Treinta mil personas vieron
ese estupendo *prodigio*
y entre el más profundo llanto
y los más hondos suspiros,
fueron treinta mil personas
las que sintieron en lo íntimo
esa emoción del *milagro*
ese como paroxismo
de alma, que se sentía
el domingo, en todo Quito!

Esto la atención no llama
si al ver al hijo en peligro,
tal como estamos nosotros,
la madre mostrarnos quiso
que sufre mucho, que llora,
que su vida es un martirio;
y que debemos juntarnos
como uno sólo y unidos,

para levantar los ojos
al Cielo de Jesucristo,
y alcanzar fuerzas hercúleas
para lavar el ultraje,
al Pabellón Nacional
por villanos inferido....!

...Las madres, como la Virgen
que nos hace este prodigo
muestran su angustia
en los ojos,
cuando el hijo está en peligro;
y es por eso, ecuatorianos,
que lloró el día domingo
la Virgen del Buen Suceso
en el corazón de Quito...!

Lloró la Virgen Santísima,
mas estémonos tranquillos,
pues Ella nos acompaña
para ir hacia el enemigo!

Y más con sus ojos tristes
al cielo elevados quiso
como buscar los aviones,
que, Quito necesitaba,
y que pronto ha de mandarnos
la Virgen de «El Buen Suceso»,
la cuidadora de Quito....

Con los aviones, entonces,
que Ella nos dé muy prontito
ya veremos cómo cuentan
su cuento.... los peruanitos....

Pues, con aquellos aviones
venidos del Cielo mismo,
haremos, como la Virgen,
prodigios y más *prodigios!*»

                Quito, Julio de 1941.

XVII

La «Hoja popular» de Riobamba, hizo suyo, textualmente, el artículo publicado en «El Comercio» de Quito, con fecha 28 de Julio del año 1941, bajo el N° 13.002.

Apéndice V

Testimonio del milagro recibido por intercesión de la Madre Mariana de Jesús Torres y Berriochoa, vidente de Nuestra Señora de El Buen Suceso, por la familia Ambrosini-Cabrera, de Guayaquil, Ecuador, el año 2010.

Antecedentes.

Mi nombre es Eliana Emperatriz Cabrera Díaz, y en el año 1991, con veintiocho años, me casé con Paolo Antonio Ambrosini Brückner, de veintisiete, luego de un noviazgo de dos años y medio.

Paolo y yo estábamos de acuerdo en recibir todos los hijos con que el Señor quisiera bendecir nuestro matrimonio. Yo le rogaba a Dios por la bendición de tener hijos y le pedí que me mandara todos los hijos que en su Bondad quisiera con la única condición de que sean todos suyos, es decir, que sean verdaderos hijos de Dios y alcancen un día el Cielo. A cambio de este pedido enorme, yo le ofrecía y entregaba completamente mis hijos, en cuerpo y alma, para que Él disponga de ellos como quisiera, aunque esto significara que yo no los volviera a ver más en la tierra.

Una gran tristeza fue enterarme de que mi primer hijo debía nacer por cesárea, ya que debido a las mediciones óseas no podría salir en forma natural. Esto necesariamente condicionaba médicamente el número de hijos que podríamos concebir, ya que médicamente hay un límite de 3 a 5 hijos cuando el nacimiento es por cesárea.

Tuvimos primero tres varones, que nacieron respectivamente, de mayor a menor: Paolo María, el 13 de mayo de 1992 (Día de la Virgen de Fátima), Juan Pablo, el 11 de febrero de 1994 (Día de la Virgen de Lourdes) y José Arturo, el 11 de diciembre de 1995.

Después de nuestro tercer hijo, perdimos dos niños en los primeros meses de embarazo, uno detrás de otro.

Al nacer nuestro cuarto hijo, María Clara, la única mujer, el 12 de mayo de 1998, en la misma mesa de operaciones el doctor me dijo: "usted no puede tener más hijos". Mi esposo y yo empezamos a "cuidarnos" entonces por los métodos naturales, permitidos en casos extremos por la Santa Iglesia Católica.

Después de María Clara, a pesar de "cuidarnos" con la regla periódica, Dios dispuso que venga un quinto niño, Francisco Miguel, el

12 de noviembre de 1999; un sexto niño, Pedro Romano, el 10 de marzo de 2001 y un séptimo niño, Gabriel Enrique, el 16 de Julio de 2002 (Día de la Virgen del Carmen).

Luego pasaron 5 años en los cuales el Señor no nos envió más niños y mi esposo y yo pensamos que todo había terminado. Hasta que el 29 de septiembre de 2006, Día de los Santos Arcángeles Miguel, Gabriel y Rafael, una ecografía ordenada por mi ginecólogo, el Dr. Marcelo Pólit, reveló que yo tenía un bebé de 12 semanas en mi útero. Yo pensaba que estaba enferma y resulta que venía un bebé. Ya tenía 44 años, siete cesáreas, y desde los 42 años, presión sanguínea alta. Además, mi esposo no estaba bien laboralmente desde el año 2003, nuestra situación ya no era cómoda como antes.

El nombre de este bebé, de cuya existencia supimos el día de los Arcángeles, tenía que ser Rafael, puesto que era el único Arcángel que no había sido honrado en el nombre de nuestros hijos.

Lo que me preocupó mucho es que yo había estado tomando durante los tres meses de su existencia, un multivitamínico, porque me sentía muy cansada, y yo sabía que la vitamina A puede producir daño neurológico grave en el bebé. Quise saber cómo estaba el bebé, y el examen, que incluía mi muestra de sangre, reveló que el bebé tenía Síndrome de Down. Sin embargo, en el examen del cuello del bebé (traslucencia nucal) parecía normal.

Consulté mi caso por internet a un doctor español que me recomendó el aborto.

El embarazo se complicó con una tos fuerte irreductible, cierta pérdida de líquido amniótico, presión muy alta y una temible placenta previa oclusiva total. Por todas estas circunstancias, que significaban peligro de muerte para el bebé y para mí, el Dr. Pólit decidió no esperar más y Rafael Antonio vino al mundo el 12 de febrero de 2007, con tan solo 6 meses y 3 semanas de gestación. Era normal, no tenía Síndrome de Down.

Rafael fue bautizado a la media hora de nacer, por el Padre Juan Marín. A las pocas horas de nacido, no pudo respirar por sí mismo, y fue intubado. Su estado se agravó mucho y estuvo entre la vida y la muerte durante 7 días. En total, estuvo en terapia intensiva 15 días, y 15 días más en la sala de prematuros. Finalmente me dejaron traerlo a casa como "bebé canguro", un bebé diminuto, de carita angosta, que hizo el trayecto desde el hospital dentro de mi camiseta, y así permaneció, dentro de mi ropa, en contacto con mi piel, que es lo naturalmente más cercano a una incubadora, durante más de un mes.

Al nacer, Rafael sufrió un pequeño derrame cerebral y un pequeño infarto cerebral, por lo que me advirtió el doctor neonatólogo que podría tener dificultades de lecto-escritura. Esto no se ha cumplido, Rafael ya tiene 5 años, está en kinder, y es asombrosamente bueno en lectura, escritura y me atrevo a decir que, de todos mis hijos, es el que mejor motricidad fina tiene.

Es un niño hermoso, inteligente, con ojos tiernos, grandes, de color café claro, con pestañas largas, tupidas y negras, y el pelo lleno de bucles de color café a café claro.

Mi esposo y yo pensábamos que con este último regalo del Cielo, cuya vida y salud eran un verdadero milagro, Dios había cerrado nuestra descendencia con broche de oro. Pero Él tenía otros planes...

El milagro de Alfonso Mariano

El año 2010 transcurrió muy alocado con viajes al exterior por concursos de ballet de mi hija María Clara. En julio viajé con ella, por tercera vez ese año, a un concurso en USA. Al regreso, ciertos malestares físicos, que yo conocía muy bien, aparecieron. La posibilidad de un nuevo embarazo me parecía imposible, ya que desde enero de ese año, estaba prácticamente en menopausia.

La simple prueba de la botica, confirmó mis sospechas: estaba embarazada por onceava vez, y ahora, a los 48 años de edad. Un amigo me dijo, al enterarse: "Rafaelito-dos", y es lo que todos pensaban, que si nuestra experiencia con el anterior bebé había sido tan traumática, esta iba a ser lógicamente peor, pues se trataba de la misma mujer, con la misma presión alta, pero ahora con más edad y una operación cesárea más en su haber.

Mi papá, quien es médico pediatra, me pidió que vaya donde un doctor amigo suyo a quien considera una eminencia en ginecología, con mucha experiencia. El doctor me envió a hacerme una ecografía, con fecha 23 de septiembre, donde el ecógrafo que consideraba el mejor de todos. Los expertos ecógrafos eran dos: el doctor y su esposa, también doctora. Ellos sonreían y no demostraron alarma cuando me dieron su veredicto: placenta previa oclusiva total y dos miomas, los dos de 3 cm de diámetro.

Muy diferente fue la actitud del eminente doctor ginecólogo cuando le llevamos la ecografía. La revisó mucho, y dio su sentencia. "Usted debe inmediatamente hacerse una histerectomía. Es la única solución. De lo contrario, se muere: la hemorragia sería tan intensa que ni alcanzaría a llegar al hospital", nos dijo a mí y a mi mamá. El doctor nos explicó, en un dummie, que la placenta estaba insertada entre los dos tumores, ambos en la base del útero, y el bebé estaba colocado encima. Mi mamá con angustia le preguntó: "¿Hay alguna posibilidad de que la placenta se mueva, doctor?" Y el doctor le respondió: "Es imposible", y añadió nuevas explicaciones técnicas. Yo repliqué: "Doctor, no voy a abortar a mi bebé", y el doctor me respondió: "No es aborto, sino histerectomía". El doctor pensaba sacar el útero con bebé y todo. Luego el doctor escribió una nota para el doctor encargado del banco de sangre, para que me obtenga inmediatamente dos litros de mi tipo de sangre, y empezó a hacer preparativos para mi ingreso en el hospital.

Esa misma noche visité a mi doctor pro-vida de siempre, el Dr. Marcelo Pólit. Él examinó la ecografía, luego sonrió y me dijo: "Eliana, tengamos confianza en Dios. Rece, y en un mes tomamos una nueva ecografía para ver cómo está".

El doctor amigo de mi papá, lo llamó unas tres veces por teléfono, para insistirle en que debíamos ser responsables y en que no era posible que yo dejara 8 niños huérfanos por empecinarme en mis principios religiosos. Finalmente el buen doctor le dijo que lo apreciaba mucho como amigo pero que se retiraba del caso, pues él era ya una persona mayor y no quería pasar por la situación de emergencia que en cualquier momento me sobrevendría.

Casualmente, esos días, dos de mis hijos mayores iban a Quito, con los señores de "Tradición, Familia y Propiedad", al Monasterio de la Inmaculada Concepción, para ayudar en la bajada de la Sagrada Imagen de Nuestra Señora de El Buen Suceso, desde el Coro Alto hasta el nicho del Altar principal de la Iglesia adjunta al Monasterio. Esta bajada se la hace en los últimos días de septiembre y la Sagrada Imagen permanece durante todo octubre, mes del Rosario, expuesta al público en la Iglesia. Entonces le escribí una carta a la Priora del Monasterio, la Madre Inés María del Sagrario, pidiéndole sus oraciones y contándole todo el caso.

Supe luego que la Madre Inés María leyó la carta a su comunidad, y que estas hermosas almas consagradas empezaron desde ese día oración intensa por mí. La Madre Inés María me envió con mis hijos, que regresaron a los dos días, la oración de la intercesión de la santa Madre Sor Mariana de Jesús Torres y Berriochoa, monja española fundadora del Monasterio en 1577, y vidente de las apariciones de Nuestra Señora de El Buen Suceso. También me envió una pequeña tela, una reliquia, tocada al cuerpo de la Madre Mariana, que reposa incorrupto dentro de una urna en un cuarto del Monasterio.

Mi esposo y yo empezamos a rezar todos los días juntos la oración. Además me aplicaba todo el tiempo la reliquia en la barriga. Pasaba el día casi sin moverme, en cama.

Llegó el momento de la siguiente ecografía. Mi esposo y yo fuimos a Intereco, donde el doctor José Avilés, experto ecógrafo. Él era quien me había anunciado en el embarazo de Rafaelito que tenía placenta previa. Quise disminuir el impacto y le anuncié: "Le advierto que tengo placenta previa oclusiva total". "Ya vamos a ver" – me respondió.

El doctor empezó a deslizar la sonda y llamó a mi esposo, muy serio. Le dijo: "Esto que ves aquí es la placenta, esto es el cuello uterino, esto es el bebé". Luego giró hacia mí y me dijo: "No tienes placenta previa. Tu placenta está muy bien ubicada, en una posición ideal". Luego supe el término técnico: "Placenta fúndica posterior". Y de los miomas o pequeños tumores no había rastro.

¡La madre Mariana de Jesús Torres había sido escuchada por Dios! Ella misma lo profetizó en 1635, en el Testamento que dejó a las monjitas de su Monasterio: "En la ciudad empezaré a hacer milagros para mi Causa de Beatificación. Sabed, hijas queridas, que a vuestra Madre quiere el Señor glorificar, subiéndola al honor de los Altares, y cuando esto suceda, ya mis Conventos serán lo que deben ser y lo que Dios quiere de ellos."

Sin tumores, sin placenta previa, mi embarazo transcurrió de lo más normal, salvo por mi presión alta, que no era parte del embarazo y fue controlada con pastillas. En cada nueva ecografía el Doctor Avilés sonreía y decía que todo marchaba en forma perfecta. El Doctor Pólit estaba encantado también. Finalmente, el 3 de marzo de 2011, cuando el bebé tenía 35 semanas de gestación, sentí contracciones. El Doctor Pólit se dio cuenta de que los latidos del bebé se aceleraban con cada contracción y decidió operar de inmediato.

Mi bebé, Alfonso Mariano, nació alrededor de las 11 de la noche. La cesárea fue de lo más tranquila, y el bebé lloró con mucha fuerza apenas nació. El posparto fue casi placentero, el primero en el que no sentí absolutamente nada de náusea. Cuando por fin pude ver a mi bebé, me quedé sorprendida: estaba gordito y con los cachetes muy sonrosados. El neonatólogo, Dr. Leonardo Verduga, le dio el alta inmediatamente. Él fue el mismo gran neonatólogo que atendió, sufrió y rezó por Rafaelito. Al parecer, pensaba encontrarse ahora con un cuadro similar, pues supe que había exclamado: "¡Pero si éste es un bebé a término!". Era verdad, a pesar de tener 35 semanas, parecía de 38 o 40.

Sus nombres los escogimos por el Padre Alfonso Gálvez Morillas, Fundador de la Sociedad de Jesucristo Sacerdote, la Orden de mi parroquia, en la cual mis hijos son monaguillos. El nombre Mariano, en honor de su intercesora, la Madre Mariana de Jesús Torres.

El día primero de febrero de 2011, con Alfonsito de 11 meses, viajé a Quito. Fuimos a visitar la urna con el cuerpo incorrupto de la Madre Mariana. El bebé estuvo feliz, riendo y dando grititos todo el tiempo.

Considero a mis dos últimos hijos dos verdaderos milagros. En este momento el mundo reconoce muchas causales para el aborto; entre los dos embarazos las reúno casi todas. Humildemente digo, con la Confianza que me da Dios en su Divina Voluntad y que es un don del Cielo y no proviene de mí, que ninguna de ellas puede justificar el asesinar a tu bebé indefenso y pequeñito dentro de tu útero.

Que este sincero testimonio sirva para la Gloria de Dios, para la canonización de la Madre Mariana de Jesús Torres y para sumar una voz más a la lucha a favor de la preciosa vida humana depositada por Dios en el vientre materno.

Guayaquil, 1 de Julio de 2012

Eliana Cabrera Díaz de Ambrosini
Guayaquil, Ecuador

NOVENA

A NUESTRA SEÑORA

DEL

BUEN SUCESO

POR

EL R.P. JOSÉ M. URRATE, S.J.

Novena A La Santísima Virgen Del Buen Suceso

*Gobierno Eclesiástico
de la
Arquidiócesis de Quito.*

PUEDE REIMPRIMIRSE

Quito, a 31 de Julio de 1941

†*CARLOS MARIA
Arzobispo de Quito*

ACTO DE CONTRICION

Creo en Dios, fortaleced Señor mi fe; espero en Dios, afirmad Señor mi esperanza; amo a Dios, encended Señor mi amor; pésame de haberos ofendido. ¡Oh Dios mío! aumentad, Señor, mi arrepentimiento; que yo prometo, con el auxilio de vuestra Gracia y el Patrocinio poderoso de María Santísima del Buen Suceso, nunca más pecar. Tened, Señor, piedad y misericordia de mí. Amén.

ORACION
para todos los días

¡Oh Excelentísima e Inmaculada Reina del Cielo, María Santísima del Buen Suceso. Hija predilecta del Eterno Padre, amantísima Madre del Divino Hijo, Esposa carísima del Espíritu Santo, excelso Trono de la Majestad Divina, Templo augusto de la Santísima Trinidad, en quien las tres Divinas Personas han derramado los Tesoros de su poder, sabiduría y amor! Acordaos, Virgen María de Buen Suceso, de que Dios os ha hecho tan grande para que podáis socorrer a los miserables pecadores. Acordaos que habéis prometido muchas veces mostraros Madre piadosa de los que recurran a Vos. A Vos me acojo Madre misericordiosísima y os ruego, por el amor que os tuvo el Altísimo, me alcancéis de Dios Padre una fe tan viva, que jamás pierda de vista las máximas eternas:

del Hijo, una Esperanza tan firme, que siempre aspire a lograr aquella gloria que El me adquirió con su Sangre; y del Espíritu Santo, una caridad tan inflamada, que yo viva siempre amando al Sumo Bien y a Vos, Virgen Santísima hasta que, por vuestra intercesión, pueda ir a amar y gozarle eternamente en la gloria. Amén.

℟. SALUDEMOS A MARIA
℣. Por Hija predilecta de Dios Padre
Ave María, etc.

℟. SALUDEMOS A MARÍA
℣. Por Madre escogida de Dios Hijo
Ave María, etc.

℟. SALUDEMOS A MARIA
℣. Por Esposa singular del Espíritu Santo.
Ave María, etc.

Gloria Patri, et Filio, etc.

DIA PRIMERO

Considera cuán grandes e incomparables son los prodigios del Ser Omnipotente, manifestando los tesoros de su Misericordia en favor de sus redimidos. Pues, si admiramos los excesos de su bondad en la multitud de beneficios con que nos ha enriquecido, con mayor razón debemos asombrarnos y llenarnos de la gratitud por el beneficio más demostrativo de su diestra mano, con que nos ha engrandecido, dándonos a una excelentísima y privilegiada Criatura, como María, para nuestro consuelo, principalmente para los que le sirven y aman de corazón, inspirando a los padres e hijos de la Iglesia, diversos títulos y advocaciones con que la honrasen, diesen cultos, y recibiesen los mayores favores de su amparo y protección; como lo han experimentado muchas veces los verdaderos devotos de la Madre de Dios; especialmente por medio de la portentosísima Imagen del Buen Suceso, existente en el Templo del Hospital Real de la Villa de Madrid, que es tan prodigiosa, desde el especial con que fue hallada repentinamente en un Yermo, sin ser buscado ese Tesoro; pudiendo decirse lo que del mismo Dios expresa el profeta Isaías: "Déjeme hallar de quien no venía en mi busca y destíneme al bien de los que no habían hecho opinión de mi bondad ni formado crédito de mi largueza." Por este prodigioso principio, parece que el Altísimo hizo patente su Voluntad de que fuese honrada y venerada su Santísima Madre en la advocación del Buen Suceso.

ORACION

¡Oh Señor de infinita bondad! que con la milagrosa invención de esta imagen de María Santísima nos habéis dado un recurso poderoso para acudir con toda confianza a su amable protección en nuestras necesidades, concédenos los auxilios con que encontremos fervor y confianza para saber honrar y servir a esta vuestra Criatura predilecta; para que por su intercesión alcancemos nuestra santificación y después el Cielo, Amén.

ACCION DE GRACIAS A LA SANTISIMA VIRGEN
para todos los días

¡Oh Virgen bendita entre todas las mujeres! nos faltan voces para daros gracias por los innumerables beneficios que de vuestra mano recibimos. El día que nacisteis al mundo puede llamarse día de gracia, de salud y de consuelo. Vos sois el honor del género humano, la alegría del Paraíso, la prenda amada de Dios y la salud de nuestro pueblo. ¿Qué méritos tenemos, Virgen Santísima del Buen Suceso, para que os deis a conocer por Madre nuestra? ¡Sea infinitamente bendito aquel Dios que así lo quiso! Sé Vos igualmente bendita, Virgen María pues, sin embargo de nuestras ingratitudes os mostráis a nuestro favor tan propicia. Haced, pues, Madre clementísima que vuestra Imagen sea nuestro consuelo en la tierra, siendo nuestro refugio, nuestro auxilio, y protección, así en las necesidades públicas como privadas. Haced que se aparten de nosotros las guerras; la peste, el hambre, los rayos, los terremotos y todos los azotes que por nuestras culpas merecemos. Rogad por la Santa Iglesia y pos su cabeza visible. Oíd las súplicas de los que os invocan, acordaos que sois nuestra Abogada, nuestra Madre; pues como a tal ponemos en Vos nuestra confianza. A vos recurrimos, y esperamos que nos alcanzaréis de vuestro Hijo, el perdón de nuestras culpas y perseverancia en la gracia hasta la muerte. Amén.

Aquí elevando cada uno su corazón a Dios, pida por intercesión de María Santísima del Buen Suceso, lo que desea alcanzar.

GOZOS A LA SANTISIMA VIRGEN

María Virgen Madre
Cuya preeminencia
Tiene siempre absorta
A toda la tierra.

Respóndase:

Ampáranos pía,
Pues eres Madre nuestra.

Sola sin ejemplo
Diste complacencia
Al Verbo del Padre,
Que en tu honor se esmera.

Eres el más digno
Templo de la Excelsa
Trinidad augusta,
En quien te embelesas.

En tí tiene asiento
La misma pureza,
Los Ángeles gozo,
Los tristes clemencia.

El orbe cristiano
Os clama por Reina;
El Rey de los reyes
Os tiene a su diestra.

¡Oh Madre de Gracia!
¡Oh esperanza nuestra!
De náufragos puerto
Y del mar estrella.

Puerta del Empíreo
Patente y perpetua,
Salud del enfermo,
Luz en las tinieblas.

Por ti, pues, logremos
Ver a Dios en esa
Corte de los Santos,
Donde vive y reina.

Guiad nuestros pasos
Y asistidnos tierna,
¡Oh dulce María!
En la hora postrera.

Admite alabanza
De afectuosa lengua,
Que expresar no puede
Tus raras grandezas.

Antífona.— Santa María, socorred a los miserables, ayudad a los débiles, esforzad a los afligidos, rogad por el pueblo, interceded por el clero, pedid por los devotos. Sientan Señora, vuestro favor y amparo, todos los que celebran vuestra memoria santísima.

℣. Rogad por nosotros ¡Oh Virgen del Buen Suceso!
℟. Para que seamos dignos de alcanzar las promesas de Cristo.

ORACION FINAL

Os rogamos, Dios y Señor Nuestro, que nos concedáis la salud del alma y del cuerpo por la intercesión de la gloriosa Virgen María; por cuyos méritos y los de su soberano Hijo Jesús, esperamos ser libres de los males presentes, y alcanzar los bienes eternos. Amén.

DIA SEGUNDO

Considera en la alta providencia del Altísimo como quiso favorecer a los mortales, manifestándoles un tesoro escondido en la preciosa imagen de su Santísima Madre, bajo la advocación del Buen Suceso, con prodigiosa suerte. Porque habiendo muerto el hermano Bernardino de Obregón, fundador de la Hermandad de los Mínimos para el servicio de enfermos; fue elegido para reemplazarle Gabriel de Fontaned y éste con Guillermo Rigosa fueron a impetrar del Sumo Pontífice la aprobación del Instituto y del hábito y cruz morada que le distingue. Luego que ellos llegaron a los confines del Principado de Cataluña, pasando por el pueblo de Traigueras de la jurisdicción de Tortosa, les sobrevino una espantosa tempestad, de agua y granizo, acompañada de truenos y relámpagos cuyos estruendos herían sus pechos con horror y espanto. En tales conflictos acudieron a Dios suplicándole que les deparara algún albergue, a donde pudiesen refugiarse para disponerse a bien morir, porque la porfía y rigor de la tempestad, les persuadía ser inevitable un fracaso. Mas, como la Divina Misericordia premia la resignación y la paciencia, dispuso que aquel trabajo fuese presagio de una feliz aventura; porque a la medrosa claridad de un relámpago, divisaron unas peñas algo desviadas del camino, y hallaron en ella una espaciosa concavidad tan bien labrada y dispuesta que parecía obra de pulido artífice y en lo alto y cóncavo de aquellas peñas vieron un resplandor admirable y sintieron juntamente una fragancia suavísima y unos aromas celestiales, que excedían en mucho a los olores terrenos. Bañóseles el alma de una alegría tan grande mezclada con afecto de admiración y reverencia, que sintieron al mismo tiempo un impulso interior de conocer las causas de aquellas maravillas.

ORACION

¡Oh Dios admirable en todas vuestras obras! que convertisteis siempre los más azarosos sucesos de la vida en pruebas de vuestras misericordias, y que en los conflictos más desesperados disponéis los preludios de vuestros prodigios en favor nuestro como hicisteis con los hermanos Mínimos por medio de esa horrorosa tempestad. Concedednos por intercesión de esa Reina del Buen Suceso, la virtud de la paciencia, para sufrir con ánimo resignado los trabajos que nos enviare vuestra Divina Voluntad: porque Vos mismo los convertiréis en consuelos de esta vida y después nos daréis el premio eterno, donde cantaremos para siempre vuestras alabanzas y de María Santísima. Amén.

DIA TERCERO

Considera como los viajeros impulsados por la gracia y atraídos por la curiosidad de examinar tan sorprendentes maravillas, se encaminaron al sitio en donde divisaron su refugio. Descalzáronse y trepando, con grandes dificultades y con mutua ayuda, por enriscados peñascos y abruptos despeñaderos, llegaron a la concavidad divisada a la claridad del relámpago. ¡Y cuál su sorpresa de gozos y admiración! al contemplar en esa cueva primorosamente trabajada por la naturaleza como espacioso templo, una hermosísima Imagen de la Santísima Virgen con su bello Hijo en el brazo izquierdo, un cetro en la mano derecha y ceñida la frente con preciosísima corona. Su traje a la antigua, pero aseado, y a un lado otro de la misma tela y hechura. Adornan el sitio muchas y variadas flores que alfombraban el pavimento y trepando por las paredes embalsamaban con exquisita fragancia la dichosa estancia de la Reina del Cielo. Mas era de singular reparo una lámpara incrustada en la roca con habilísimo artificio, que encendida despedía el fulgor de muchas luces. ¡Cuánta belleza y encanto propios para honrar a tan admirable Señora! ¡Cuánta sorpresa y admiración para los absortos viajeros! quienes extasiados contemplaban un trozo de Cielo y desahogaban su corazón convulso y anhelante en presencia de su Madre que por modo tan casual, y después de tan horrorosa tormenta, se les presentaba radiante de hermosura y afabilísimo rostro para servirles de refugio y de consuelo en tan desesperado trance.

Desahoga, pues alma mía, tus penas ante la imagen de María, siempre que los pesares de la vida y los peligros más inminentes quieren hacerte desesperar. Acude a Ella con tranquilidad y confianza, agradeciendo a Dios, porque ha ostentado su Omnipotencia, haciendo encontrar en tan escondido paraje esa portentosa imagen, para honra de la Inmaculada Virgen, y para que todos la venerásemos bajo tan preciosa advocación del Buen Suceso.

ORACION

¡Oh Dios de Misericordia! que jamás abandonas en la desolación a quien te sirve fiel y fervoroso en medio de los azares y peligros del tiempo, y que para nuestro refugio en las adversidades nos mandas acudir a vuestra Madre y abogada de los atribulados; concédenos un corazón tierno y fervoroso para buscar a María y hallarla amante y protectora siempre que la sirvamos con todas veras, para merecer, por su intercesión una vida cristiana y después el Cielo. Amén.

DIA CUARTO

Considera cuál sería el gozo inefable que se apoderó de los buenos Hermanos al contemplar tantos primores que circundaban estancia tan magnífica, en donde sobresalía como astro esplendoroso la Imagen de su Madre querida, ante quien se postraron reverentes para bendecirle y agradecerle un don tan singular y de una dicha tan extraordinaria, levantando sus pensamientos y afectos a consideraciones celestiales, creyéndose favorecidos por una aspiración sobrenatural; porque todo lo que veían y sentían no era, en ese paraje de tan inaccesible roca, y tan lejos de todo caserío, previsión de manos humanas. Repitieron con fervor sus oraciones de agradecimiento y solicitando luz y gracia del Cielo para resolver lo que deberían hacer y determinaron averiguar el origen de ese santuario y de la Imagen, y de las piadosas personas o comunidad que cuidaban tan prodigiosamente de este culto, y aunque les parecía imposible que tanta magnificencia fuera obra de los hombres en lugar tan retirado e inaccesible, sin embargo, la prudencia y la piedad les aconsejaban hacer primero cuidadosas inquisiciones sobre el caso; y andando por los caseríos menos retirados de la cueva, que estaban más de tres leguas de distancia, no hallaron quien les diera la más leve noticia de la Imagen, aun cuando entre las personas a quienes preguntaron habían ancianos de ochenta y de cien años, quienes jamás habían oído hablar de la existencia y culto de imagen alguna en esos solicitados peñascos ni en otro lugar vecino a la comarca.

Pondera, ahora, alma mía, el estupor y santo gozo de los Hermanos, dueños ya de un hallazgo extraordinario; cómo se postraron de nuevo ante la Santa Imagen, le dieron efusivas gracias, con ósculos y abrazos de entusiasmos, eligiéndola por especial patrona y medianera con el título muy significativo de la Madre del Buen Suceso. Arranca de tu corazón sanos afectos de gratitud piadosa, derrama tus sentimientos de admiración por un prodigio tan señalado en favor de esos dos Santos Hermanos. Únete a ellos en las caricias a María, ámala y obséquiala con resoluciones generosas, porque tú también la has encontrado misericordiosamente en el camino peligroso de la vida entre el horror de la tempestad de las pasiones.

ORACION

¡Oh Dios de infinita caridad! que nos habéis dado en vuestra Madre una prenda preciosa de consuelo, hallándola en el camino de azarosa vida para tenerla como escudo de defensa en las persecuciones y peligros, como Madre del Buen Suceso; para que siendo agradecidos a vuestra bondad, os correspondamos con virtudes y con una tierna y constante devoción a María Santísima; para que por su intercesión merezcamos hallar el Cielo. Amén.

DIA QUINTO

Considera como ya convencidos los santos viajeros de que su precioso hallazgo les pertenecía, encerraron a la hermosa Imagen en una cestilla, y con tan amable y poderosa compañía continuaron fácil y alegremente el viaje hasta Roma; en donde recibidos benignamente por el Santo Padre Pablo V, varón castísimo y piadoso, fueron agasajados por él, quien informado del hallazgo de la imagen de la Virgen y viéndola tan preciosa y radiante de sobrenatural aspecto, postróse ante Ella, colgó su precioso pectoral de oro y esmalte en el cuello de la estatua, concediendo gracias e indulgencias a todos los que la venerasen, y encargando a los religiosos afortunados que la habían encontrado de manera tan prodigiosa, que la honrasen con devoción y celo propagando su culto en todas partes. En todo esto y aun en el nombre de Nuestra Señora del Buen Suceso, que le dio el Papa, sin saberlo, vieron todos especiales muestras de ser este hallazgo sobrenatural; difundiéndose este don prodigioso en inagotable fuente de gracias y portentos, que experimentó la ciudad de Valencia a donde le trajeron los religiosos Mínimos, trasladándola después con solemne pompa al suntuoso templo de Madrid, capital de España, en donde siguió siendo portentosísima la venerada Imagen, extendiéndose su culto y su valimiento por toda Europa y aun hasta las más lejanas regiones de nuestra América.

Anímate, alma mía, en presencia de María, que te sale al encuentro en los más duros trances de la vida y te muestra su rostro risueño y encantador para consolarte. Mira, al Padre de los fieles postrado en su presencia, ofrendándole sus mejores preseas y encargándote que le seas devota y confiad en el valimiento de María. Alégrate del estado en que te ha puesto Dios, junto a María que te sirve de compañía y de protectora. Alábale, bendícele y obséquiale también el pectoral de tu amor, colocando a sus pies tu pasión dominante; ofreciéndole el trabajar con empeño y constancia en vencerte para obtener los singulares favores que tantas personas piadosas han conseguido de esta Santa Imagen del Buen Suceso.

ORACION

¡Oh Dios soberano! que habéis deparado en vuestro Supremo Consejo darnos de compañera en nuestra peregrinación a la Santísima Virgen del Buen Suceso que nos sirva de guía, de guarda y protectora en los conflictos, y que en Ella vayamos llenos de confianza y facilidad en el viaje hacia la morada de nuestro Padre Eterno, en donde recibiremos todo lo que pedimos. Concédenos un corazón abrasado en amor a la Virgen Santísima del Buen Suceso para ofrecérselo a esta Divina Madre, como don de gratitud, un amor firme y constante y el vencimiento de nuestras pasiones, por los inmensos beneficios que hemos recibido de sus manos compasivas para tenerla siempre propicia en la vida, y después dulce amparo en la muerte, para merecer la salvación eterna. Amén.

DIA SEXTO

Considera como nuestra ciudad de Quito, y su más antiguo Monasterio, el de Conceptas, experimentó también el favor más especial de la gloriosa Madre del Buen Suceso, apareciéndose prodigiosamente a la Madre Mariana de Jesús Torres, española, una de las fundadoras de este Monasterio y estando ella en ese entonces de Abadesa, el año de mil seiscientos diez; esto es, a los treinta y tres años de fundado este Monasterio. La afortunada y piadosa religiosa que con tierna devoción oraba sola, y derramaba su corazón implorando el socorro de María en la advocación del Buen Suceso, por las necesidades de su alma, de sus hermanas de clausura y toda la sociedad, estaba absorta en el fervor de su plegaria dirigida con tan profunda fe y confianza, con tan vivos deseos de ver e interesar a María en sus peticiones, que alzaba los ojos anhelantes al Cielo, como llamando a su Madre para que venga a socorrerla y concederle cuánto le pedía humildemente y con sincero interés del bien de su convento, y de toda la Iglesia Católica.

Y he aquí que una refulgente luz inunda el templo, y la buena monja se queda estática y admirada de tanto resplandor, ocupando su mente un estupor repentino y su corazón un gozo inexplicable. Crece su fe y se aumenta su devoción mientras la luz va difundiéndose ante sus miradas atónitas y deslumbradas por una claridad nunca vista. Un gozo singular embarga su corazón sorprendido por el suave calor de afectos sobrehumanos, redobla sus plegarias en éxtasis de confianza ilimitada.

Ahí dichosa alma, que dejando la mezquina tierra, mira al Cielo con los ojos de una fe vivísima y penetrante; abre con ella un conducto a la luz de divinas claridades y se inunda en los resplandores de la divinidad... "El justo vive de la fe," el justo hace su Cielo el mezquino suelo atrayendo con la fe las luces que no despiden ninguno de los astros matinales.

Avivemos, alma mía, la fe en los misterios revelados; veamos con ojos de inteligencia ilustrada por las verdades religiosas todos los actos de nuestra vida, abstrayendo todo pensamiento de los rastreros usos de la vida material y fijando con esfuerzos de fe, nuestro entendimiento en el gobierno de la Providencia Divina que dirige nuestros corazones. Y principalmente en la oración dejemos la tierra, y trasladémonos con el pensamiento a lo más alto del Cielo, en donde Dios Omnipotente y María Hija, Madre y Esposa moran, esperan nuestra humilde actitud de peregrinos que postrados a sus pies, imploramos las gracias que necesitamos.

ORACION

¡Oh luz inaccesible de verdad sobrenatural! que ilumináis con vuestros resplandores celestiales nuestra senda que nos lleva a Vos teniendo por guía y protección a vuestra predilecta criatura María Santísima, ilustra nuestras inteligencias con esa luz de la Fe viva y firme con que la Madre del Buen Suceso resplandeció a los ojos de la afortunada religiosa de este Monasterio, haciéndola contemplar absorta las bellezas de la gloriosa Virgen, para que ansiosas de gozar de los bienes sobrenaturales no ambicionemos otra cosa en la tierra que la protección de María Santísima y una constante y segura fe en los misterios revelados, que nos hagan vivir contemplando los fulgores de nuestra dicha futura y anhelando gozar de vuestra vista y de la de María Santísima por toda la eternidad. Amén.

DIA SEPTIMO

Considera como la afortunada religiosa, en el fervor de su plegaria e ilustrada por esa vivísima luz en que se vio inundada, fijó sus ojos en el foco de esos resplandores, encontrando ante sí una bellísima Señora de extraordinaria hermosura y suavidad en el semblante, que risueña y amable despedía de sí resplandecientes fulgores, teniendo en su brazo izquierdo un Niño que lucía también como el lucero matutino, lleno de Gracia y simpatía, de dulzura y de candoroso afecto en su semblante. Hermoso cetro de reluciente oro y pedrería, empuñaba con su mano derecha la preciosa visión, y ceñía sus sienes con magnífica corona de deslumbrantes brillos. Llevaba también su traje en todo semejante al de la Imagen de María del Buen Suceso, cuyo prodigioso hallazgo hemos considerado en los días anteriores, y a quien se encomendaba entonces la piadosa Concepta que obtuvo el favor de esta visión.

Absorta se quedó la buena religiosa y confundida al verse así visitada por su Madre Celestial. Se enardeció su alma en gratitud sin límites y se inundó su corazón en santos afectos y entre sus coloquios exuberantes de viva Fe y valiente amor y confianza, le preguntó: "Quién sois, y qué queréis?"... Y ¡Oh prodigio de bondad!... Con suave y dulce voz le contestó la visión: "Soy María del Buen Suceso a quien con tan tierno afecto has invocado. Tu oración me ha sido muy grata, tu fe me ha traído, tu amor me ha invitado a visitarte."

Pondera, alma mía, el singular privilegio de esta afortunada religiosa, que mereció por su fe, su atención y fervor en la oración, atraer a María Santísima a su presencia y contemplarla tan bella, tan pura y tan hermosa, solazarse con sus resplandores, gozar de sus cariños y escuchar su amabilísima voz. ¡Ah, dichosa criatura! ¡Cuán enamorada quedarías de tu Madre Celestial! ¡Cuán vehemente sería tu inclinación a obsequiarla y bendecirla! ¡Cuánto la querrías en adelante!... ¡Cómo sería tu oración continua, atenta y devotísima!...

Aliéntanos también a nosotros la bondad de María para invocarla con penetrante fe en su advocación del Buen Suceso, para orar siempre con atención y confianza, considerando que sólo la fe viva y el cuidado en fervorizar nuestro corazón con vigilante atención y piadosos afectos, han de merecernos ser escuchados y favorecidos por la Virgen Santísima, si no con visiones privilegiadas, a lo menos con otros dones de gracia y de triunfo sobre nuestras pasiones y sobre los enemigos de la religión.

ORACION

¡O Dios bondadoso y padre amante de vuestras almas escogidas! que os dignáis premiar su fe y anhelantes afectos de piedad, con las visitas de María Santísima, llenándolas de fervor y de piedad que les conduce a la santidad; oíd también nuestros ruegos para que la presencia de esta Imagen aparecida del Buen Suceso, ilumine más y más nuestra fe y nos aliente en la confianza de ser escuchados benignamente por Ella, y concedednos más y más fe en su poderoso patrocinio, más confianza de alcanzar lo que pedimos y más fervor en nuestras oraciones, para que apoyadas en el valimiento de esta nuestra poderosa Patrona consigamos librarnos de los peligros que nos amenazan, serviros con más empeño y conseguir la dicha de estar en vuestra compañía y la de María Santísima en el Cielo. Amén.

DIA OCTAVO

Considera que la Santísima Virgen al hacer su aparición a una religiosa, no era para favorecerla a ella sola con una gracia singular y transitoria; porque los dones especiales de Dios que no se prodigan sino con providenciales planes de fomentar la piedad, excitar el progreso moral y la disciplina religiosa en la generalidad de los miembros de una Comunidad, de un pueblo o de toda la Iglesia. Y por esto, María Santísima del Buen Suceso en la aparición a esta religiosa le dijo que "era Voluntad de Dios que se mandara trabajar una estatua que representara a la aparición en todos sus detalles para que fuera colocada en el coro donde oran todas las religiosas y sobre el respaldo de la silla de la Abadesa, a fin de que considerasen a la memorable Imagen de un prodigio singular, como la principal Prelada;" y fuera estímulo de agradecimiento perpetuo, de atención especial en el rezo, de perfección en la obediencia, de firmeza en la fe, de confiada esperanza y de ardoroso amor a María Santísima que así se ofrecía a vivir gobernando ese Monasterio.

¡Ah si tuviéramos una fe viva! ¡con cuánta veneración y respeto estaríamos delante de esa Imagen! ¡Cómo recordáramos de su bondadosísima aparición, de sus promesas y favores! ¡Cuán confiadas no serían nuestras súplicas, cuán atentos nuestros rezos, cuán ferviente nuestra oración, cuán espontánea nuestra obediencia, cuán regular nuestra observancia de los Mandamientos y de los deberes de nuestro estado!

Aviva, alma mía tu fe y si no la tienes tanta, pídele a Dios y a María del Buen Suceso, para que aprovechando el don especial y privilegio singular hecho a este Monasterio no nos hagamos responsables de desperdicio y menosprecio de las gracias con que la Providencia ha querido fomentar nuestra piedad y ejercitar nuestras virtudes de fe, confianza, caridad, obediencia y observancia de todas nuestras obligaciones.

ORACION

¡Oh Dios! amante cuidadoso de las Comunidades piadosas que a Vos se congregan y que con prodigios especiales vigiláis por su regular observancia y ostentáis vuestra poderosa providencia en portentos de marcada protección, oye ahora nuestros ruegos, acude a nuestros clamores, enciende vivísima la luz de nuestra fe en vuestra protección poderosa, para no temer a nuestros enemigos; porque si Vos nos amparáis, nadie nos hará daño; y dadnos en María Santísima del Buen

Suceso una confianza ilimitada y la gracia de que en la obediencia y en el cumplimiento de nuestra regla, para no despreciar un don tan singular magnífico de prelada tan Santa y de protectora tan poderosa, a fin de que seamos siempre súbditas agradecidas y sumisas, respetuosas y observantes; y así podamos un día cantar con gloria sus favores y sus alabanzas en el Cielo en presencia del Padre, del Hijo y del Espíritu Santo que privilegiaron a María como Hija, Madre y Esposa de la Santísima Trinidad, Dios uno que vives y reinas por toda la eternidad. Amén.

DIA NOVENO

Considera cómo la tímida religiosa al oír el mandato de María Santísima, de que se mandara hacer una estatua del tamaño y figura de la aparición, se excusó diciendo que sería imposible que ningún escultor reprodujera tan rara belleza ni fijara con precisión la estatura y demás proporciones de la obra. Y la hermosa visión, con más amable condescendencia, le contestó: "No temas por ello; trae acá el cordón con que te ciñes y mide la altura." Y como por natural cobardía no se atreviese la Religiosa a tocar con sus manos a María, Ella cogió un extremo de la cuerda y lo puso a la altura de su cabeza, mientras la dichosa monjita aplicaba a los pies la medida exacta de la maravillosa visión. "He ahí, le dijo, la altura de la estatua que mandarás hacer; y las demás proporciones resultarán de la misma.

Coloca esta estatua en el lugar indicado con un báculo y las llaves de la clausura en mi mano derecha, porque quiero ser Abogada y Protectora de este Monasterio." Dicho lo cual desapareció la visión.

Penetra ahora en el corazón de la Religiosa que acaba de recibir favor tan señalado y misión tan grata de María Santísima. ¡Cómo quedaría agradecidísima, reconocida y llena de tantos afectos hacia la Virgen! ¡Qué recuerdos tan piadosos, qué propósitos tan firmes, qué anhelos tan cordiales!... ¡Ah! Busca, alma mía, en tu corazón esos sentimientos, y procura deshacerlo en gratitud para con la Abogada y Protectora de este Monasterio, y venerar su Imagen con los más tiernos agradecimientos y vehementes deseos de corresponder a tan singulares beneficios con una santa vida, obediente y observante de los más mínimos conceptos de tus reglas.

Pues la buena religiosa favorecida por la visión se apresuró mandar a trabajar la estatua con el más hábil escultor, y ahí está para perpetua memoria esa imagen hermosa, llena de dulzura y majestad, que se venera en el coro alto de este monasterio, a cuyo patrocinio acuden siempre las religiosas en los más graves conflictos. Ella ha sido el refugio del pueblo en sus necesidades, y por su intercesión se ha obtenido señalados portentos y gracias especiales para la Comunidad.

La medida está dada por María también de su humildad, de su obediencia, de su amor de Dios y del prójimo: imítala, y esculpirás también tú una imagen de la Virgen Santísima en tu corazón. Apresúrate como aquella religiosa a trabajar la imagen moral de tu Madre Virgen en tus costumbres y en tus afectos, en tu porte y en tu trato; en tu fidelidad a la regla y en tu oración, en tu mansedumbre y en tu candor, en tu pureza, en tu desprendimiento de los bienes terrenos, aspirando sólo a los bienes celestiales.

ORACION

¡Oh Dios! Padre cuidadoso de tus criaturas que de todas maneras muestras esa Providencia de gobierno paternal y cariñoso para con nosotros, dándonos principalmente a María Santísima como Abogada, Protectora y ejemplar modelo de virtud; infunde a nuestros corazones un constante anhelo de imitar a esa nuestra Madre Reina, tomando en nuestros pensamientos, deseos y acciones a la medida de los de María Santísima para asemejarlos a Ella en lo que permita nuestra naturaleza frágil y auxílianos con tu Divina Gracia para vencernos en nuestras pasiones y alcanzar los altos merecimientos de nuestra Madre en favor de sus hijas que le imploran con tierna gratitud en sus necesidades apremiantes a fin de que teniéndola siempre por Abogada, la hallaremos también propicia en el último trance de la vida, y logremos de su compañía en el Cielo. Amén.

ORACION A MARIA SANTISIMA DEL BUEN SUCESO

Virgen Santísima, Madre amante y Protectora de todos los hombres, remedio universal de todos los males y vigilante cuidadosa de nuestras almas: yo venero vuestra Santa Imagen que representa y recuerda los favores especiales de vuestro cuidado en favor de los peregrinos, y vuestro patrocinio bondadoso en bien de esta Comunidad; y confiada en tu singular protección, acudo a vuestros pies a derramar mi corazón, arrepentido de mis ofensas a Dios y a Vos, pidiéndoos me alcancéis el perdón de mis culpas e imperfecciones, os agradezco nuevamente por todos los beneficios en favor nuestro, por vuestra aparición milagrosa y por la prenda que nos habéis dado de predilección en esta vuestra Santa Imagen, nuestra Prelada y Abogada. Escucha mis clamores, Madre mía, y sois médica de todas las enfermedades, no os faltará el remedio para las mías que son tantas, porque supera a ellos vuestra bondad y misericordia. No os disgustéis de seguir siendo nuestra protectora, por nuestras infelicidades; sino disimulándolas por la fragilidad de nuestra naturaleza; oye nuestros clamores con tierna compasión, ayúdanos, socórrenos en nuestros conflictos, desbarata los planes siniestros de nuestros enemigos, alcánzanos valor y resignación en las tribulaciones y mucha confianza en el poder de Dios. Renueva el fervor en todas las religiosas para que sean fieles observantes, la obediencia a los Superiores y a la regla: y dadnos constante anhelo de serviros y amaros como a nuestra Prelada, con quien vivamos unidas en un mismo sentir y obrar, agradeciendo tantos beneficios como es el de teneros aquí de recuerdo perenne de vuestra aparición: para que sirviéndonos de estímulo y de influjo sobrenatural, os poseamos también eternamente en el Cielo. Amén.

L.D.et B.M.V.

CPSIA information can be obtained
at www.ICGtesting.com
Printed in the USA
BVOW07s1419230417
481849BV00023B/188/P